Н.И. Бондарь, С.А. Лутин

КАК СПРОСИТЬ?

КАК СКАЗАТЬ?

Пособие по развитию речи для изучающих
русский язык как иностранный

Издание 2-е, исправленное

МОСКВА
2013

УДК 811.161.1
ББК 81.2 Рус-96
     Б81

Бондарь, Н.И.

Б81   **Как спросить? Как сказать?** Пособие по развитию речи для изучающих русский язык как иностранный/ Н.И. Бондарь, С.А. Лутин. — 2-е изд., испр. — М.: Русский язык. Курсы, 2013. — 256 с.

ISBN 978-5-88337-109-6

Пособие предназначено для занятий русским языком как иностранным на этапе В1. Цель пособия — обучение общению в социально-бытовой сфере, а именно: речевой этикет, описание внешности и характера человека, бытовое обслуживание, русские праздники; общение в общежитии, в деканате, в международном отделе, на почте, в библиотеке, в магазине, на рынке и т. д.

Предусматривается обучение всем видам речевой деятельности. Каждый раздел содержит грамматический материал в рамках первого сертификационного уровня владения русским языком и соответствующую систему упражнений.

В конце пособия дан краткий Грамматический комментарий, удобный для обобщения и систематизации базовой грамматики.

К пособию прилагается CD с текстами для аудирования.

Учебное издание

Бондарь Наталья Ивановна
Лутин Сергей Алексеевич

КАК СПРОСИТЬ?
КАК СКАЗАТЬ?

Пособие по развитию речи для изучающих
русский язык как иностранный

Редактор: *М. А. Кастрикина*
Корректор: *В. К. Ячковская*
Компьютерная верстка: *М. А. Моисеева*

Подписано в печать 23.10.2012 г. Формат 60х90^1/$_8$
Объем 32 п. л. Тираж 1000 экз. Заказ 2481

Издательство ЗАО «Русский язык». Курсы
125047, Москва, 1-я Тверская-Ямская ул., д. 18.
Тел./факс: (499) 251-08-45, (499) 280-48-68
e-mail: ruskursy@gmail.com; rkursy@gmail.com; ruskursy@mail.ru
www.rus-lang.ru/eng/

Отпечатано в ОАО «Щербинская типография»
117623, г. Москва, ул. Типографская, д. 10
тел. 659-23-27

ISBN 978-5-88337-109-6

СОДЕРЖАНИЕ

ПРЕДИСЛОВИЕ

Данное пособие рассчитано на изучение русского языка иностранными учащимися на этапе B1. Оно может быть использовано в качестве дополнения к основному учебнику, начиная со второго семестра подготовительного факультета, а также на первом—втором курсах высших учебных заведений.

Цель пособия — научить иностранных учащихся общению в реальных ситуациях, с которыми они ежедневно сталкиваются, живя и обучаясь в России.

Учебное пособие состоит из пяти глав, материал которых организован по тематическому принципу. Первая и вторая главы предусматривают формирование и активизацию речевых навыков в официально-деловой сфере общения (общение в международном отделе, библиотеке, поликлинике и т. п.; оформление соответствующих документов); третья и четвёртая — в бытовой (общение на таможне, на вокзале, в гостинице, ресторане, в ремонтных мастерских, в магазине, на рынке и т. п.); пятая — в неофициальной сфере (описание внешности и характера человека, его одежды; дружеское общение и т. п.).

Лексико-грамматический материал пособия может использоваться как корректировочный курс к программе первого семестра и как сопроводительный — к программе второго семестра подготовительного факультета и позволяет закрепить и расширить знания, полученные в ходе изучения основной программы. В конце учебного пособия находится краткий Грамматический комментарий, к которому учащиеся могут обратиться по ходу изучения материала и выполнения упражнений.

Каждый параграф содержит предтекстовые и послетекстовые упражнения, облегчающие ввод новой лексики и грамматики, а также способствующие развитию навыков и умений во всех видах речевой деятельности. Особое внимание в пособии уделяется аудированию. С этой целью на прилагаемом CD содержатся аудиотексты, а в соответствующих параграфах пособия имеются упражнения на проверку понимания прослушанных текстов, отмеченные знаком 🎧.

В конце каждой главы помещены контрольные тесты, ориентированные на проверку уровня знаний иностранных учащихся по всем видам речевой деятельности.

Пособие прошло апробацию на кафедре русского языка Московского авиационного института.

Авторы

I. ЛЮДИ ВСТРЕЧАЮТСЯ...

1. Давайте знакомиться!

☑ ЛЕКСИКА

Формы знакомства

1. а) Обратите внимание на формы знакомства без посредника, которые используются в различных ситуациях.

Формы знакомства без посредника		
НЕЙТРАЛЬНАЯ СИТУАЦИЯ	**Меня зовут**	Сергей Иванович! Сергей! Серёжа!
	Я Жук Сергей Иванович!	
	Я хотел бы Мне хотелось бы — с вами познакомиться.	Я Сергей Иванович Жук.
ОФИЦИАЛЬНАЯ СИТУАЦИЯ	**Моя фамилия** Жук.	
Ответные реплики		
Очень приятно! Очень приятно с вами познакомиться! Очень рад нашему знакомству! Давно хотел с вами познакомиться!		

б) Прочитайте диалоги. Используя информацию упр. 1а, найдите в них формы речевого этикета. Определите, в какой ситуации используются эти формы.

— Здравствуйте! Вы наши новые студенты? Я хотела бы с вами познакомиться. Я Ольга Дмитриевна Шанина, ваш куратор. А вас как зовут?
— Меня зовут Кумар. Я студент из Индии.
— А меня — Тьен. Я вьетнамец.
— Моя фамилия Лопес. Я приехала из Мексики.
— Я Пак. Я кореец.
— А меня зовут Зо Зо. Я приехал из Мьянмы.
— Я Пань Минь. Я из Китая.
— Очень рада нашему знакомству.

②

— Как тебя зовут?
— Меня зовут Пань Минь!
— Очень приятно! А меня Зо Зо. Давно хотел с тобой познакомиться! Я видел тебя в общежитии. Правда, хорошо, что мы будем учиться вместе?

2. *Используя информацию упр. 1а, вместо точек употребите необходимые по смыслу формы речевого этикета.*

* * *

— ... Пименов Николай Юрьевич, декан факультета информатики.

— ... .

* * *

— Как тебя зовут?

— ... .

* * *

— Можно? ... Лопес. Я студентка первого курса факультета информатики.

— Входите, пожалуйста.

* * *

— Здравствуйте! ... Анна Сергеевна. В этом году я буду вести у вас занятия по русскому языку.

3. *а) Обратите внимание на формы знакомства через посредника, которые используются в различных ситуациях.*

Формы знакомства через посредника		
НЕОФИЦИАЛЬНАЯ СИТУАЦИЯ	**Вы ещё не знакомы?**	Это Сергей (Серёжа)!
НЕЙТРАЛЬНАЯ СИТУАЦИЯ	**Познакомьтесь, пожалуйста,**	это Сергей Иванович Жук. с Сергеем Ивановичем Жуком.

б) Прочитайте диалоги. Используя информацию упр.3а, найдите в них формы речевого этикета. Определите, в какой ситуации используются эти формы.

①

— Познакомьтесь, пожалуйста. Это Зо Зо. Он приехал из Мьянмы и теперь будет учиться вместе с нами.

— Очень приятно! Меня зовут Татьяна. А это моя подруга. Её зовут Екатерина.

— Очень приятно! Зо Зо.

②

— Тьен! Что это ты? Сидишь рядом с такой симпатичной девушкой и молчишь?

— Ну...

— Может, вы ещё не знакомы? Это Пань Минь.

— Очень приятно! Давно хотел с тобой познакомиться! Меня зовут Тьен.

③

— Познакомьтесь, пожалуйста, с Анной Марией Лопес. Это ваша новая студентка.

— Очень приятно. Меня зовут Анна Сергеевна. Я ваш преподаватель русского языка.

4. *Используя информацию упр. За, вместо точек употребите необходимые по смыслу формы речевого этикета.*

* * *

— ... с Дмитрием Петровичем Смирновым, начальником международного отдела. По всем вопросам оформления документов обращайтесь, пожалуйста, к нему.

— ... . Меня зовут Пак. Мне нужно оформить визу. Когда к вам можно прийти?

* * *

— ... . Это заведующий кафедрой русского языка Александр Иванович Петров.

— ... . Я Пань Минь. Я приехала из Китая.

* * *

— ... . Это Катя.

— ... . Кумар. Я приехал из Индии и ещё плохо говорю по-русски.

Приветствие. Прощание

5. а) Обратите внимание на формы приветствия и прощания, которые используются в различных ситуациях.

Формы приветствия

НЕОФИЦИАЛЬНАЯ СИТУАЦИЯ	НЕЙТРАЛЬНАЯ СИТУАЦИЯ	ОФИЦИАЛЬНАЯ СИТУАЦИЯ
Привет!	Доброе утро!	Я приветствую вас от имени...
Кого я вижу!	Добрый день!	
Какая встреча!	Добрый вечер!	
	Здравствуйте!	

Формы прощания

НЕОФИЦИАЛЬНАЯ СИТУАЦИЯ	НЕЙТРАЛЬНАЯ СИТУАЦИЯ
Пока!	До свидания!
До скорого!	Всего хорошего (доброго)!
Всего!	До завтра!

б) Прочитайте диалоги. Используя информацию упр. 5а, найдите в них формы речевого этикета. Определите, в какой ситуации используются эти формы.

①

— Добрый день, Ольга Дмитриевна!
— Добрый вечер, Кумар! Рада вас видеть!
— Я тоже очень рад. Как вы поживаете?
— Спасибо, хорошо. Дома всё в порядке?
— Ничего, спасибо. Рад был вас увидеть.
— Я тоже. До свидания.
— Всего хорошего.

②

— Анна Мария, привет!
— Привет! Как жизнь?
— Нормально. А ты как?
— Так себе. Бегу на занятия.
— До скорого!
— Пока!

③

— Дмитрий Петрович, здравствуйте!
— Доброе утро!
— Когда мне можно к вам прийти?
— Я буду в международном отделе в два часа. Приходите!
— Спасибо.

④

— Тьен! Кого я вижу!
— Ваня! Какая встреча! Что у тебя нового?
— Всё по-старому. Давай завтра встретимся.
— Давай!
— Тогда до завтра! До вечера!
— Всего!

⑤

— Уважаемый Александр Иванович! Я приветствую вас от имени вьетнамских студентов и благодарю за то, что вы приняли наше приглашение и приехали к нам.

6. *Используя информацию упр. 5а, вместо точек употребите необходимые по смыслу формы речевого этикета.*

* * *

— Доброе утро!

— ... . Как дела?

— Ничего, спасибо. Рад был вас увидеть.

— Я тоже. До свидания.

— ... .

* * *

— Кажется, мы обсудили все вопросы, связанные с вашей учёбой в нашем институте. Завтра приходите ко мне с заявлением. ... .

— До завтра!

* * *

— Уважаемые преподаватели! ... всех студентов нашей страны, которые учатся в этом институте, и благодарю вас за то, что вы пришли к нам, чтобы вместе с нами отпраздновать наш национальный праздник.

* * *

— ..., как жизнь?

— Нормально. Спешу в театр.

— До скорого.

— ... .

* * *

— ...! Сто лет не виделись! Как ты здесь оказался?

— Приехал на каникулы.

— Вот это да! Слушай, нужно обязательно встретиться! Приходи ко мне сегодня вечером.

— С удовольствием.

— Тогда до скорого!

— ... .

Обращение

7. а) *Обратите внимание на формы обращения, которые используются в различных ситуациях.*

Формы обращения		
НЕОФИЦИАЛЬНАЯ СИТУАЦИЯ	НЕЙТРАЛЬНАЯ СИТУАЦИЯ	ОФИЦИАЛЬНАЯ СИТУАЦИЯ
Серёжа!	Сергей Иванович!	Господин Иванов!

б) *Прочитайте диалоги. Используя информацию упр. 7а, найдите в них формы речевого этикета. Определите, в какой ситуации используются эти формы.*

①

— Анна Сергеевна! Вы будете завтра в институте?

— Обязательно буду. У меня завтра с девяти занятия.

②

— Татьяна! Ты будешь сегодня вечером дома?

— Буду, а что?

— Мне надо с тобой поговорить. Я позвоню тебе вечером?

— Конечно, звони!

③

— Таня! Ты не можешь сходить в магазин. У нас хлеб кончился.

— Сейчас, мама, схожу.

– Госпожа Смирнова! Проходите, пожалуйста! Ректор вас уже ждёт.
– Спасибо!

8. *Используя информацию упр. 7а и слова для справок, вместо точек употребите необходимые по смыслу формы речевого этикета.*

Слова для справок: Александр Иванович, Александр, Саша, Петров, Петрова.

1) Господин ...! Вас ждут в комнате № 15. 2) ..., сыночек! Посмотри, кто к нам пришёл! 3) ...! У меня к тебе серьёзный разговор. 4) ...! Вы будете завтра на конференции? 5) ... Ну, сколько можно! Все тебя ждут, а ты снова опаздываешь! 6) Госпожа ...! Мы рады, что вы согласились принять участие в работе нашей конференции.

9. *К полным именам подберите имена сокращённые. Помните, что сокращённые имена часто используются в неофициальной обстановке.*

1.
1) Юрий	а) Саша
2) Иван	б) Петя
3) Александр	в) Юра
4) Дмитрий	г) Толя
5) Анатолий	д) Ваня
6) Пётр	е) Коля
7) Николай	ж) Дима
8) Михаил	з) Андрюша
9) Владимир	и) Миша
10) Андрей	к) Вова

2.
1) Татьяна	а) Оля
2) Наталья	б) Надя
3) Ольга	в) Юля
4) Ирина	г) Таня
5) Надежда	д) Наташа
6) Юлия	е) Катя
7) Екатерина	ж) Ира
8) Мария	з) Аня
9) Елена	и) Маша
10) Анна	к) Лена

☒ **ГРАММАТИКА**

> Склонение русских имён, отчеств и фамилий

10. *Заполните таблицы по образцу. Для заполнения третьей графы используйте информацию упр. 9.*

Таблица 1

Полное имя, имя отца	Имя+ отчество	Сокращённое имя
Сергей (Иван)	Сергей Иван+**ович** = Сергей Иван**ович**	Серёжа
Иван (Сергей)	Иван Сергей (**й/е**)+**вич** = Иван Серге**евич**	Ваня
Юрий (Виктор)		
Дмитрий (Владимир)		
Анатолий (Андрей)		
Пётр (Николай)		
Николай (Степан)		

Таблица 2

Полное имя, имя отца	Имя+ отчество	Сокращённое имя
Наталья (Иван)	Наталья Иван+**овна** = Наталья Иван**овна**	Наташа
Анна (Сергей)	Анна Сергей (**й/е**)+**вна** = Анна Серге**евна**	Аня
Ольга (Николай)		
Ирина (Владимир)		
Надежда (Андрей)		
Екатерина (Олег)		
Юлия (Александр)		

11. а) *Используя слова для справок, закончите данные предложения. В случае затруднения воспользуйтесь Грамматическим комментарием, п.4.*

Слова для справок: Сергей Андреевич Васильев, Надежда Владимировна Самойлова, Иван Дмитриевич Лапин, Ольга Николаевна Шанина, Дмитрий Владимирович Мостовой, Ирина Сергеевна Боровая, Екатерина Петровна Андреевская, Андрей Юрьевич Соколовский, Анатолий Андреевич Бронштейн

1) Это (кто?) ....
2) Сегодня нет (кого?) ....
3) Представьте меня (кому?) ....
4) Недавно я встретил (кого?) ....
5) Познакомьте меня (с кем?) ....
6) Я слышал много хорошего (о ком?) ....

б) *Вместо точек употребите слова в скобках в нужной форме. В случае затруднения воспользуйтесь Грамматическим комментарием, п.4.*

1) Я вчера встретил ... (Надя и Наташа). 2) Я познакомлю тебя с ... (Пётр Иванович Жук). 3) (Ольга Анатольевна Томилина) ... уже сказали, что завтра приезжает делегация. 4) (Владимир Александрович Трубецкой) ... сегодня не было. 5) Я много слышал о ... (Юлия Андреевна Борисова). 6) Вы уже познакомились с ... (Александр Сергеевич Папанин).

ЧТЕНИЕ

Текст 1

а) *Проверьте, знаете ли вы следующие слова. В случае необходимости обратитесь к словарю.*

Вечеринка, комендант, называть (*кого? как?*), ровесник, стесняться, юноша.

б) *Прочитайте текст. Обратите внимание на формы речевого этикета.*

КАК МЫ ПОЗНАКОМИЛИСЬ

Меня зовут Тьен. Я вьетнамец. Когда я ехал в Россию, то очень волновался. Дело в том, что я там никого не знал и, что ещё хуже, плохо говорил по-русски. Теперь я уже больше года живу в Москве и ничего не боюсь. У меня появились друзья. Они приехали из разных стран. Мы вместе живём в общежитии, вместе ездим на занятия и помогаем друг другу.

Со многими из моих друзей я познакомился на самом первом занятии по русскому языку. Тогда же я познакомился и с первым преподавателем, с Анной Сергеевной Поповой, которая преподаёт нам русский язык. Я хорошо помню, как она вошла к нам в аудиторию, улыбнулась и сказала:

— Здравствуйте. Давайте познакомимся. Меня зовут Анна Сергеевна. Я буду заниматься с вами русским языком.

— Меня зовут Тьен, — ответил я.

— Очень приятно! — сказала Анна Сергеевна и обратилась к моей соседке. — Я хотела бы познакомиться и с вами. Как ваша фамилия?

— Моя фамилия Лопес. Я приехала из Мексики.

— А как ваше имя? — продолжала спрашивать Анна Сергеевна.

— Анна Мария.

— Очень приятно с вами познакомиться. Анна Мария, вы знаете кого-нибудь из нашей группы?

— Да. Познакомьтесь, пожалуйста, с Кумаром. Он приехал из Индии. А это Пак. Он кореец.

— Очень рада нашему знакомству.

— Мы тоже очень рады, преподаватель, — ответили вместе Кумар и Пак.

— Не называйте меня, пожалуйста, преподавателем. В России это не принято. Обращайтесь ко мне по имени-отчеству. Анна — это моё имя, Сергеевна — отчество, то есть имя моего отца. Его звали Сергей.

— Хорошо, Анна.

— Не Анна, а Анна Сергеевна, — поправила она Кумара. — По имени вы можете называть только своих ровесников, друзей и тех, кто значительно младше вас.

Потом начался урок. Когда мы после занятий вернулись в общежитие, комендант сказал мне, что вместе со мной будет жить студент из Мьянмы. Я поднялся на восьмой этаж, вошёл в комнату и увидел очень симпатичного молодого человека.

— Привет! — поздоровался я. — Меня зовут Тьен. Комендант общежития сказал, что мы будем жить вместе.

— Меня зовут Зо Зо, — представился юноша. — Я только сегодня приехал и не знаю, что мне делать.

— Не бойся, — сказал я ему. — Завтра мы вместе пойдём к Поповой Анне Сергеевне, и она всё расскажет.

Мы так и сделали. Анна Сергеевна сказала, чтобы мы подошли к Петрову Александру Ивановичу, заведующему кафедрой русского языка, и к начальнику международного отдела Смирнову Дмитрию Петровичу. С Александром Ивановичем мы познакомились в тот же день. Он сказал, что Зо Зо будет заниматься русским языком в одной группе со мной. А вот Дмитрия Петровича Смирнова не было на месте. С ним мы встретились только на следующий день.

А потом из Китая приехала Пань Минь. Мне она сразу понравилась, но я стеснялся и не знал, как с ней заговорить. Все решилось само собой. Однажды на вечеринке у Анны Марии я сидел рядом с Пань Минь, но не знал, как начать разговор. К нам подошла хозяйка вечеринки.

— Тьен! Что это ты? Сидишь рядом с такой симпатичной девушкой и молчишь?

— Ну...

— Может, вы ещё не знакомы? Это Пань Минь.

— Очень приятно! Давно хотел с тобой познакомиться! Меня зовут Тьен, — радостно ответил я.

Мне нравятся ребята, с которыми я учусь. Они все очень хорошие люди. Но всё-таки Пань Минь нравится мне больше всех.

в) Прочитайте текст ещё раз. Ответьте на вопросы.

1. Почему Тьен волновался, когда ехал в Россию?
2. С кем познакомился Тьен на первом занятии по русскому языку?
3. Почему Анна Сергеевна попросила не называть её преподавателем?
4. Кого в России можно называть по имени?
5. О чём узнал Тьен, когда после занятий вернулся в общежитие?
6. Что посоветовала Тьену и Зо Зо Анна Сергеевна?
7. Зачем Тьен и Зо Зо ходили к Петрову Александру Ивановичу?
8. Почему студенты не встретились с Дмитрием Петровичем Смирновым?
9. Кто познакомил Тьена с Пань Минь?
10. Как вы думаете, почему Тьену Пань Минь нравится больше всех?

г) Расскажите текст от лица Анны Сергеевны, Анны Марии, Пань Минь.

🎧 **АУДИРОВАНИЕ**

12. *Прослушайте диалоги. Ответьте на вопросы.*

①

1. К кому сначала должен подойти Зо Зо?
2. Зачем Зо Зо должен к нему подойти?
3. К кому потом должен подойти Зо Зо?
4. Зачем Зо Зо должен к нему подойти?

②

1. К кому пришли студенты?
2. Когда им сказали прийти снова?

1. К кому пришли студенты?
2. Что они хотели узнать?
3. Что ответили студенту на его вопрос?

ГОВОРЕНИЕ

13. *Составьте диалоги по ситуациям.*

Ситуация 1. К вам пришли гости. Не все они знают друг друга. Познакомьте гостей, которые к вам пришли, друг с другом.

Ситуация 2. Вы не были на первом занятии, поэтому преподаватель вас не знает. Познакомьтесь с преподавателем. Объясните причину, по которой вы не были на занятиях.

Ситуация 3. Вы преподаватель. Познакомьтесь со студентами. Представьтесь. Спросите у студентов их фамилии и имена.

Ситуация 4. Вы пришли к заведующему кафедрой. Представьтесь. Объясните, по какому вопросу вы пришли.

2. Ты идёшь в международный отдел?

☑ ЛЕКСИКА

Виды документов

14. а) *Обратите внимание на названия документов, которые необходимы для пребывания на территории Российской Федерации.*

		собрать сдать получить	документы.	
Мне (вам) Я Вы	нужно (надо) необходимо должен(-на) должны	оформить получить	выездную выездную-въездную многократную однократную справку, заменяющую паспорт.	визу.

б) *Прочитайте диалоги. Скажите, зачем студенты пришли в международный отдел. О каких документах говорилось в диалогах?*

①

— Кого я вижу! Кумар! Куда ты так спешишь?
— Привет, Пак! Я иду в международный отдел!
— Зачем?
— Мне нужно получить многократную визу.
— А у тебя что — однократная?
— Да. Вот хочу сегодня сдать документы.
— Знаешь, я пойду с тобой. Мой друг хочет учиться в нашем институте. Мне надо узнать, какие документы он должен собрать, чтобы приехать сюда.
— Ну, тогда идём!

②

— Пань Минь! Какая встреча! А ты что делала в международном отделе?
— Да вот, получила справку, заменяющую паспорт.
— Что? Какую справку? Зачем?

— Чтобы оформить визу, нужно сдать паспорт. Пока я не получу паспорт, у меня будет справка, которая его заменяет. Вот и всё.

— А такие справки дают всем студентам?

— Конечно! Ты, Кумар, тоже её получишь! Ладно, до скорого!

— Пока!

в) Используя информацию упр. 14а, вместо точек употребите необходимые по смыслу слова.

Чтобы ... выездную визу, вы должны прийти в международный отдел и узнать, какие документы вам необходимо ... . После того как вы соберёте документы, вам нужно их ... в международный отдел. Там вам скажут, когда можно ... визу. Там же вы должны ... справку, заменяющую паспорт.

15. *а) Обратите внимание на названия документов, которые должен иметь студент-иностранец, чтобы начать обучение в российском вузе.*

Мне (вам) Я Вы	нужно (надо) необходимо должен(-на) должны	прислать принести	сертификат об окончании	школы. подфака. курсов.
			копию диплома	бакалавра. магистра.
		заключить подписать	контракт.	
		обратиться	к	заведующему кафедрой. декану. заместителю декана (замдекану).

б) Прочитайте диалоги. Скажите, зачем студенты пришли в международный отдел. О каких документах говорилось в диалогах?

①

— Можно?

— Входите, пожалуйста.

— Здравствуйте!

— Добрый день!

— Я вот по какому вопросу. Мой друг хотел бы учиться в вашем институте. Как ему въехать на территорию России?

— Он должен прислать нам копию своего паспорта и копию сертификата об окончании школы. Мы оформим ему однократную визу. По этой визе он сможет въехать в Россию. Вот адрес, телефон и адрес электронной почты (E-mail) международного отдела.

— Большое спасибо. До свидания.

②

— Извините! Можно вас спросить?

— Да, пожалуйста. Слушаю вас!

— Мой друг хотел бы продолжить образование в нашем институте.

— А что он окончил?

— Он окончил пекинский университет.

— А какую степень он имеет? Это очень важно. Если он имеет степень бакалавра, то он может учиться у нас в магистратуре. А если у него степень магистра, то мы можем предложить ему обучение в аспирантуре.

— Он магистр.

— Тогда ему нужно прислать нам копию диплома магистра и копию паспорта. Мы оформим ему въездную визу, и он сможет въехать в Россию.

— Большое спасибо за консультацию.

— Не за что.

— Можно войти?

— Да, пожалуйста. Слушаю вас.

— Это мой друг. Он вчера приехал из Кореи. Что он должен делать дальше?

— Он должен подписать контракт с нашим институтом на обучение на подфаке.

— Извините, я вас не понял. Я не знаю, что такое подфак.

— Подфак — это подготовительный факультет.

— Понятно. К кому мы должны обратиться, чтобы заключить контракт?

— Обратитесь к начальнику международного отдела.

— Большое спасибо. Мы так и сделаем.

в) Используя информацию упр. 15б, закончите предложения.

1) Чтобы въехать на территорию России и учиться в институте, иностранцу нужно прислать копию ... 2) Чтобы учиться в российском вузе и получить степень магистра, иностранец должен прислать в международный отдел копию ... 3) Чтобы поступить в аспирантуру, иностранцу необходимо принести в международный отдел ... 4) Чтобы учиться на подфаке, иностранцу надо ... 5) Чтобы заключить контракт, иностранец должен обратиться ...

г) Используя информацию упр. 15а, вместо точек употребите необходимые по смыслу слова.

Чтобы учиться в российском институте, иностранец должен ... сертификат об окончании школы или копию диплома бакалавра (магистра), ... к декану и ... контракт. Если иностранец закончил подготовительное отделение в другом институте, ему необходимо ... сертификат об окончании подфака.

16. *а) Обратите внимание на названия документов, которые необходимы, чтобы оформить многократную визу и продолжить обучение в российском вузе.*

Мне (вам)	нужно (надо) необходимо	принести	фотографии. миграционную карту. медицинскую страховку. паспорт. справку из деканата. переводную справку.	
Я Вы	должен(-на) должны		приказ	о зачислении. *(на какой факультет?)* о переводе. *(с какого курса на какой?)* об окончании института.
		поставить	печать **на** (+в.п.)	контракт. приказ. справку.
			подпись	контракт. заявление.
		расписаться	**на** (+п.п.)	контракте. заявлении.
		написать заявление на имя (+р.п.).		

б) Прочитайте диалоги. Скажите, зачем студенты пришли в международный отдел. О каких документах говорилось в диалогах?

①

— Можно?

— Входите, пожалуйста.

— Доброе утро!

– Здравствуйте!

– Я Укирде Кишор Кумар, студент первого курса факультета информатики. Мне нужно оформить визу.

– Какая виза вам нужна?

– Мне нужна многократная виза.

– Вам нужно написать заявление на имя начальника международного отдела и собрать документы.

– Какие документы?

– Вы должны принести паспорт, миграционную карту, медицинскую страховку, четыре матовые чёрно-белые фотографии и копию приказа о зачислении на первый курс.

– Когда я могу прийти с документами?

– Когда соберёте. Мы работаем каждый день, кроме субботы и воскресенья, с 9 до 18 часов. Возьмите наше расписание работы и телефон.

– Спасибо. До свидания.

②

– Извините, я забыл спросить.

– Слушаю вас.

– Ван Чжу, который живёт вместе со мной в общежитии, перешёл на второй курс. Он просил узнать, нужно ли ему приносить приказ о переводе с первого на второй курс.

– Нет, не нужно. Ему достаточно принести из деканата переводную справку.

– А что такое переводная справка?

– Это справка о переводе с одного курса на другой.

– Спасибо. До свидания.

– Всего хорошего!

③

– Добрый день!

– Здравствуйте! Слушаю вас.

– Я принёс документы.

– Давайте посмотрим. Миграционная карта есть. Медицинская страховка и фотографии есть. Это паспорт. А это что?

– Это контракт, приказ о зачислении на факультет информатики и справка из деканата.

– Здесь нет печатей. Вам необходимо поставить печати на контракт и справку.

– А куда мне обратиться, чтобы поставили печати?

– Обратитесь в деканат. Да, ещё. На контракте нет вашей подписи. Вы должны поставить на контракт свою подпись.

– Где?

– Вам нужно расписаться вот здесь.

– Спасибо.

в) Используя информацию упр. 16б, закончите предложения.

1) Чтобы получить многократную визу, иностранцу нужно, написать ... и принести ... 2) Чтобы сдать документы в международный отдел, студенту, который перешёл на следующий курс, необходимо ... 3) На контракт, приказ и справку из деканата студент должен ... 4) Студент должен подписать контракт и заявление, то есть ...

г) Используя информацию упр. 16а, вместо точек употребите необходимые по смыслу слова.

Для получения или продления визы студенту необходимо ... в международный отдел миграционную карту, медицинскую страховку, четыре матовые чёрно-белые фотографии и копию приказа о зачислении на первый курс. Он также должен ... печати на контракт, приказ и справку. Ещё ему нужно ... заявление и ... свою подпись.

17. *а)* *Обратите внимание на то, что ещё должен сделать студент-иностранец, чтобы оформить документы.*

Мы можем Вы можете	оформить регистрацию	**на**	полгода. год. срок оплаты.
	заплатить за обучение	**за**	один год. один семестр.

Срок действия регистрации	**до** первого февраля. **с** первого сентября **до** первого февраля. **по** первое февраля `включительно.` **с** первого сентября **по** первое февраля

Вам	нужно (надо) необходимо	оплатить квитанцию		обучение	**в течение** трёх дней.
Вы	должны	произвести оплату	**за**	проживание в общежитии	
				медицинскую страховку	
		уплатить штраф		просроченную регистрацию	

сдать документы на продление регистрации **за** 14 дней **до** окончания её срока.

Мы работаем Приём	**во**	вторник	с девяти **до** шести часов.
	в	понедельник среду четверг пятницу	

б) *Прочитайте диалоги. Скажите, зачем студенты пришли в международный отдел. О каких сроках оформления документов говорилось в диалогах?*

①

— Доброе утро! Мы снова к вам. Мой друг подписал контракт с институтом. Что теперь ему нужно сделать?

— Он должен оформить регистрацию в течение трёх дней. Для этого ему необходимо произвести оплату за обучение и проживание в общежитии, а также за медицинскую страховку.

— А если он не успеет?

— Тогда ему придётся уплатить штраф. А это тысяча рублей.

— Понятно. А на какой срок вы можете оформить ему регистрацию?

— Только на срок оплаты. Он может заплатить за один год, и тогда мы оформим регистрацию на год, то есть с первого сентября 2006 года по 31 августа 2007 года.

— А за семестр он заплатить может?

— Конечно. Но тогда мы оформим регистрацию с первого сентября по первое февраля. Ему решать.

— Спасибо. Мы подумаем.

— Думайте. А пока возьмите вот эти квитанции. Вы должны их также оплатить в течение трёх дней. 150 рублей — за визу и 20 рублей — за оформление паспорта.

— Когда к вам можно прийти?

— У нас приём в понедельник и в среду с девяти до двух, а во вторник и четверг с двух до шести.

— Тогда до завтра.

— Всего хорошего.

— Здравствуйте! Меня зовут Тьен. У меня заканчивается срок действия регистрации.

— На какой срок у вас была регистрация?

— На год.

— До какого числа у вас регистрация?

— До девятнадцатого сентября.

— А сегодня десятое. Почему вы пришли так поздно? Вам нужно было сдать документы на продление регистрации за две недели до окончания её срока. Теперь вы должны уплатить штраф за просроченную регистрацию. Вот квитанция.

— Я сегодня же оплачу квитанцию. Когда к вам можно прийти?

— Приходите во вторник. Мы работаем с двух до шести.

— Спасибо. До свидания.

— До свидания.

в) Используя информацию упр. 17а, вместо точек употребите необходимые по смыслу слова.

Иностранный учащийся может ... регистрацию на срок оплаты. Для этого он должен ... оплату за обучение, за проживание в общежитии и за медицинскую страховку. Ему необходимо также ... квитанцию за оформление паспорта и визы в течение трёх дней. Чтобы продлить срок действия регистрации студенту нужно ... документы за 14 дней до окончания срока. Если студент сдал документы позже, чем за две недели, он должен будет ... штраф за просроченную регистрацию.

Банки

18. *а) Обратите внимание на названия учреждений, в которых можно оплатить квитанции.*

Квитанцию можно оплатить	в банке. в Сбербанке. в кассе.

Валюту можно обменять	в банке. в Сбербанке. в пункте обмена валют.

б) Посмотрите на рисунок. В этом окошке в Сбербанке можно оплатить квитанцию.

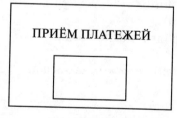

ПРИЁМ ПЛАТЕЖЕЙ

в) Прочитайте диалоги. Скажите, где студенты обменяли валюту и оплатили квитанцию.

①

— Вот квитанции. Вы должны оплатить их в течение трёх дней. Здесь 150 рублей — за визу и 20 рублей — за оформление паспорта.

— Где можно оплатить квитанцию?

— В Сбербанке.

— Вы знаете, у меня только доллары и совсем нет рублей. Что мне делать?

— Валюту можно обменять там же, в окошке «Обмен валюты», или в любом пункте обмена валют.

— Спасибо.

— Не за что.

②

— Привет, Тьен. Ты куда?

— Привет, Кумар! В международном отделе мне сказали, что нужно оплатить вот эти квитанции и уплатить штраф за просроченную регистрацию. Вот иду в Сбербанк.

— Слушай, я тоже ещё не оплатил квитанции. Пойдём вместе.

— Пойдём.

③

— Тьен, ты знаешь, в каком окошке можно оплатить квитанцию?

— Нет, а ты?

— Я тоже. Давай спросим. Скажите, пожалуйста, где можно оплатить квитанции?

— Седьмое окно. Там написано «Приём платежей».

— Спасибо.

— Пожалуйста.

г) Используя информацию упр. 18в, закончите предложения.

1) Квитанцию можно оплатить ... в окошке ... . 2) В банке, в окошке ..., можно обменять ... .

Фотография

19. *а) Обратите внимание на то, какие бывают фотографии.*

Фотография	цветная
	чёрно-белая
	глянцевая
	матовая

б) Вы хотите сделать фотографию. Скажите, какая фотография вам нужна.

Образец: 6×12: Мне нужна фотография шесть на двенадцать.

3×4 $\qquad$ 6×8 $\qquad$ 4×6

в) Прочитайте диалог. Скажите, какая фотография была нужна студенту.

— Здравствуйте. Мне нужны три цветные фотографии шесть на восемь.

— Пожалуйста. Ваша фамилия, имя, адрес?

— Укирде Кишор Кумар. Улица Профсоюзная, дом 43, квартира 176.

— С вас 90 рублей. Возьмите квитанцию.

— Когда будут готовы фотографии?

— Завтра. Приходите за фотографиями после обеда.

г) Используя информацию упр. 19а,б, скажите, какая фотография нужна вам.

☒ ГРАММАТИКА

Выражение временных отношений с помощью предлогов в простом предложении.

20. *а) Вспомните названия месяцев.*

I –	IV –	VII –	X – ... .
II –	V –	VIII –	XI – ... .
III –	VI –	IX –	XII – ... .

б) Образуйте от количественных числительных порядковые. В случае затруднения воспользуйтесь Грамматическим комментарием, п. 10.1.

один	четыре	семь	десять	сорок	семьдесят	сто
два	пять	восемь	двадцать	пятьдесят	восемьдесят	тысяча
три	шесть	девять	тридцать	шестьдесят	девяносто	

21. *а) Обратите внимание на значения предлогов **до, по, с ... до ..., с ... по ...** при выражении временных отношений.*

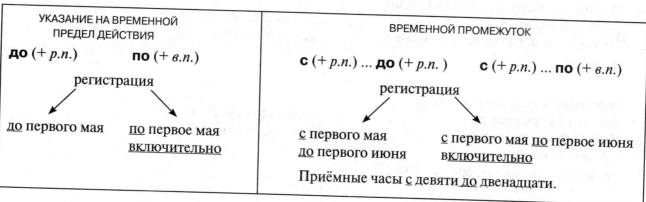

б) Используя информацию упр. 21а, ответьте на вопросы с помощью данных справа слов.

* * *

1. До какого числа действителен ваш паспорт?
2. По какое число действителен ваш паспорт?

12.12; 07.05; 24.02; 18.08

* * *

1. По какое число у вас регистрация?
2. До какого числа у вас регистрация?

09.03; 15.09; 21.07; 30.01

* * *

1. До какого числа у вас виза?
2. По какое число у вас виза?

02.04; 26.10; 31.06; 03.11

в) Используя информацию упр. 21а, ответьте на вопросы с помощью данных справа слов. В случае затруднения воспользуйтесь Грамматическим комментарием, п. 9.1.

1) До которого часа вы работаете?

12.00; 18.00; 15.00; 19.00; 14.00

2) Когда у вас приём?

9.00 — 12.00; 14.00 —18.00; 10.00 —15.00

3) Когда можно сдать документы?

10.00 —18.00; 11.00 —16.00; 13.00 —15.00

22. *а) Обратите внимание на значения предлогов **в течение, за, на** при выражении временных отношений.*

ОБОЗНАЧЕНИЕ ПЕРИОДА, В ТЕЧЕНИЕ КОТОРОГО СОВЕРШАЛОСЬ, СОВЕРШАЕТСЯ ИЛИ БУДЕТ СОВЕРШАТЬСЯ ДЕЙСТВИЕ	ОБОЗНАЧЕНИЕ ПЕРИОДА, В ТЕЧЕНИЕ КОТОРОГО БЫЛ ИЛИ БУДЕТ ПОЛУЧЕН РЕЗУЛЬТАТ	ОБОЗНАЧЕНИЕ СРОКА, НА КОТОРЫЙ РАСПРОСТРАНИЛИСЬ ИЛИ БУДУТ РАСПРОСТРАНЯТЬСЯ РЕЗУЛЬТАТЫ ДЕЙСТВИЯ
в течение (+ *р.п.*) *обычно НСВ или модальные глаголы*	**за** (+ *в.п.*) *всегда СВ*	**на** (+ *в.п.*) *обычно СВ*
Я должен собирать (собирал, собираю, буду собирать) документы **в течение** трёх дней.	Я собрал (соберу) документы **за три дня**.	Я оформил (оформлю) регистрацию **на один год**.

2*

б) Используя информацию упр.22а, ответьте на вопросы с помощью данных справа слов.

* * *

1. В течение какого времени ты
должен собрать документы?

день, 2 дня, 5 дней, неделя,
2 недели

2. За сколько времени ты собрал
документы?

* * *

1. В течение какого времени ты будешь
учиться в Москве?

семестр, 2 семестра, 1 год,
5 лет, учебный год

2. На какой срок ты поедешь учиться
в Россию?

* * *

1. В течение какого времени тебе
должны оформить визу?

7 дней, 14 дней, 21 день,
30 дней, 2 месяца

2. За сколько времени тебе
оформили визу?

3. На какой срок тебе оформили визу?

* * *

1. В течение какого времени нужно
оформить регистрацию?

сутки, трое суток , 1 день,
3 дня
срок оплаты, полгода, 1 год,
2 семестра

2. На какой срок тебе оформили
регистрацию?

* * *

1. В течение какого времени тебе делали
справку, заменяющую паспорт?

15 минут, 20 минут,
30 минут, час

2. За сколько времени тебе сделали
справку, заменяющую паспорт?

3. На какой срок тебе дали справку,
заменяющую паспорт?

7 дней, 14 дней, 2 недели,
30 дней, месяц

в) Используя информацию упр. 22а, вместо точек употребите предлоги **в течение, за, на.**

Я пришёл в международный отдел, чтобы сдать документы. ... тридцать минут я сдал документы и получил справку, заменяющую паспорт. Мне объяснили, что документы оформляются ... одного месяца, поэтому и справку мне дали сроком ... один месяц. Я спросил, что мне делать, если документы не успеют оформить ... месяц. Мне ответили, что тогда я должен прийти в международный отдел и продлить справку ещё ... неделю.

23. *а) Обратите внимание на значения предлогов* **за ... до, через ... после** *при выражении временных отношений.*

УКАЗЫВАЕТ НА ТО, СКОЛЬКО ВРЕМЕНИ ПРОЙДЁТ ДО ТОГО, КАК ПРОИЗОЙДЁТ СОБЫТИЕ	УКАЗЫВАЕТ НА ТО, СКОЛЬКО ВРЕМЕНИ ПРОШЛО ПОСЛЕ ТОГО, КАК ПРОИЗОШЛО СОБЫТИЕ
за (+ *в.п.*) **... до** (+ *р.п.*)	**через** (+ *в.п.*) **... после** (+ *р.п.*)
Я сдал документы на продление регистрации <u>за</u> 14 дней <u>до</u> окончания её срока.	Я сдал документы на продление регистрации <u>через</u> день <u>после</u> окончания её срока.

б) Используя упр. 23а, вместо точек употребите предлоги **за ... до, через ... после.**

1) Я успел сдать документы, потому что пришёл ... полчаса ... окончания работы международного отдела. Я не успел сдать документы, потому что пришёл ... пять минут ... окончания работы международного отдела. 2) Я вовремя сдал документы на продление регистрации, то есть ... две недели ... окончания её срока. Мне пришлось уплатить штраф, потому что я сдал документы на продление

регистрации ... неделю ... окончания её срока. 3) ... 5 дней ... получения диплома я получил выездную визу и уехал к себе на родину. Я получил въездную визу ... 10 дней ... моего приезда в Россию. 4) Я поменял валюту ... 15 минут ... закрытия Сбербанка. Я не поменял валюту, потому что пришёл в Сбербанк ... 20 минут ... закрытия. 5) Я поступил в институт ... год ... окончания школы. Я был ещё школьником, но уже ... год ... окончания школы знал, что буду учиться в России.

24. *Вместо точек употребите предлоги* **до, по, с ... до, с... по, в течение, за, на, за ... до, через ... после.**

Я приехал в Санкт-Петербург ... неделю ... начала учебного года. ... день ... моего приезда в этот город я пришёл в международный отдел института. Там я сказал, что у меня виза ... конца сентября, точнее, ... 30-е число включительно. Мне сказали, что мне могут оформить регистрацию и многократную визу ... срок оплаты за обучение. Я заплатил за обучение ... семестр, поэтому визу мне оформили ... полгода, то есть ... первого октября ... первого марта. Если бы я заплатил за обучение ... год, мне бы оформили визу ... двенадцать месяцев, то есть ... первого октября ... тридцатое сентября включительно. Ещё в международном отделе мне сказали, что я должен принести им паспорт и все необходимые документы ... трёх дней.

ЧТЕНИЕ

а) Проверьте, знаете ли вы следующие слова и словосочетания. В случае необходимости обратитесь к словарю.

Текст 2

Выдворить — выдворение на родину
Нарушить — нарушение правил пребывания

Отчислить — отчисление из института
Подать — подача документов

б) Обратите внимание, что в официальных документах часто используются сокращённые названия стран.

Российская Федерация — РФ

в) Прочитайте текст. Обратите внимание на оформление документа.

Я, Укирде Кишор Кумар, гражданин Республики Индия, предупреждён об ответственности за нарушение правил пребывания иностранного гражданина на территории РФ, а именно:

1. За несвоевременную подачу документов на продление регистрации (менее чем за 14 дней до окончания её срока) штраф от 1000 до 1500 рублей;

2. В случае повторного нарушения — отчисление из института и выдворение на родину без права въезда.

Подпись   *Укирде Кишор Кумар*

Дата   *1 сентября 2006 года*

г) Прочитайте текст ещё раз. Ответьте на вопросы.

1. О чём предупреждён студент из Индии Укирде Кишор Кумар?
2. В каком случае Укирде Кишор Кумар должен будет уплатить штраф?
3. Каков размер этого штрафа?
4. Что ожидает студента в случае повторного нарушения?
5. Когда Укирде Кишор Кумар подписал этот документ?

а) Проверьте, знаете ли вы следующие слова. В случае необходимости обратитесь к словарю.

Текст 3

Догадываться (догадаться), задуматься, замереть, мучение, палец, представить себе, причесаться, стекло, страх, фотограф, щёлкнуть.

КАК Я ПЕРВЫЙ РАЗ ФОТОГРАФИРОВАЛСЯ
В МОСКВЕ

Вы себе и представить не можете, как трудно иностранцу в Москве. Нет, конечно, не тому иностранцу, который приехал на неделю в Москву, который живёт в гостинице и которому всё рассказывает и показывает гид-переводчик. Я имею в виду студента-иностранца, приехавшего учиться. Он-то ведь должен все проблемы решать сам. Нужно самому купить себе поесть, нужно купить себе одежду. А если поломаются часы, появится на одежде пятно или в деканате тебе скажут, что должен принести фотографии для документов, что тогда делать? Куда идти? Выйдешь на улицу, а везде незнакомые слова. Задумаешься...

Вот, помню, учился я первый год в Москве, говорил ещё плохо. Сказали мне, что нужно принести в деканат две фотографии, а у меня-то их и нет. Ну, увидел я надпись «Фотография», зашёл в дверь, спустился вниз по лестнице, зашёл в комнату. Вижу, за столом сидит мужчина. Потом я догадался, что это фотограф. Подхожу к нему. Он поднимает голову и спрашивает: «Что вы хотите?» А я от страха все слова забыл. Не знаю, что сказать. Тут смотрю — у него под стеклом на столе фотографии. Я пальцем показываю. А он опять:

— Вам цветную или чёрно-белую? Для какого документа?

Я молчу. Пальцем только показываю. Наконец-то он понял. Начал бумагу какую-то писать и всё спрашивает:

— Как вас зовут? Ваш адрес? Телефон?

Я отвечаю и никак не пойму, зачем это ему нужно знать. Ну, мне интересно стало, и я спросил:

— А зачем вам нужно знать, где я живу?

— Квитанцию я заполняю, — отвечает он. — Здесь написано, кому, сколько и какие фотографии я делаю. Вот пишу: «Шесть чёрно-белых фотографий 3 × 4». Придёте за фотографиями во вторник. Покажете мне эту бумагу. И я вам отдам фотографии. С вас 60 рублей.

Заплатил я 60 рублей. Ну, думаю, кончились мои мучения. Да не тут-то было. Он опять начал говорить:

— Сумку поставьте на стул. Вот зеркало. Если хотите, причешитесь. Готовы? Тогда проходите вот сюда и садитесь на стул.

Причёсываться я не стал, потому что не понял, что это такое. Сумку на стул поставил, а сам сел на другой стул. А он опять:

— Поднимите немного голову, а теперь поверните немного вправо. Не шевелитесь.

— Что такое «не шевелитесь»? — спрашиваю я.

— Ну, значит, замрите.

Я не очень понимал разницу между «замрите» и «умрите», поэтому решил вообще не двигаться и молчать. Но, по-моему, ему всё понравилось. В фотоаппарате что-то щёлкнуло. Он сказал:

— Всё. Приходите во вторник. Не забудьте взять с собой квитанцию.

— Хорошо, — сказал я.

И пошёл в общежитие спрашивать у друзей, что же такое квитанция, которую я должен не забыть ...

в) Прочитайте текст ещё раз. Ответьте на вопросы.

1. Почему герой рассказа завидует иностранцам, которые приезжают на экскурсию в Москву?
2. С какими проблемами сталкивается студент-иностранец в Москве?
3. Зачем герою рассказа нужны были фотографии?
4. Как объяснил герой рассказа фотографу, какие фотографии ему нужны? Почему он объяснялся именно таким способом?
5. Какие фотографии были нужны герою рассказа?
6. Как вы думаете, почему герой рассказа не причесался?
7. Как вы думаете, зачем фотограф просил героя рассказа поднять голову и повернуть её немного вправо?
8. Как вы думаете, почему после ответа фотографа студент решил не двигаться и молчать?

г) Расскажите текст от лица героя рассказа, от лица фотографа и от лица друга героя рассказа.

д) Расскажите, с какими проблемами вы столкнулись, приехав в Москву.

🎧 АУДИРОВАНИЕ

25. *Прослушайте диалоги. Ответьте на вопросы.*

①

1. Где происходит диалог?
2. Что хочет студент-иностранец?

②

1. Что нужно сделать студенту-иностранцу?
2. Что посоветовал студенту-иностранцу его друг?
3. Почему он дал такой совет?

③

1. Где происходит диалог?
2. О чём спрашивал студент-иностранец?
3. Что ему ответили на его вопрос?

④

1. Какие фотографии заказал клиент?
2. Сколько стоят фотографии?

🗣 ГОВОРЕНИЕ

26. *а) Вы пришли в международный отдел. Вам нужно получить многократную визу. Восстановите недостающие реплики диалога.*

— .... ?

— Входите, пожалуйста.

— .... !

— Здравствуйте!

— ....

— Какая виза вам нужна?

— ....

— Вам нужно написать заявление на имя начальника международного отдела и собрать документы.

— .... ?

— Вы должны принести паспорт, миграционную карту, медицинскую страховку, четыре матовые или чёрно-белые фотографии и копию приказа о зачислении на первый курс.

— .... ?

— Когда соберёте. Мы работаем каждый день, кроме субботы и воскресенья, с 9 до 18 часов. Возьмите наше расписание работы и телефон.

— ....

б) Вы сдаёте документы на оформление многократной визы. Восстановите недостающие реплики диалога.

— .... !

— Здравствуйте! Слушаю вас.

— ....

— Давайте посмотрим. Какие документы вы принесли?

— ....

23

— А это что?

— ....

— Здесь нет печатей. Вам необходимо поставить печати на контракт, приказ и справку из деканата.

— .... ?

— Обратитесь в деканат. Да, ещё. На контракте нет вашей подписи. Вы должны поставить на контракт свою подпись.

— .... ?

— Вам нужно расписаться вот здесь.

— ....

в) Ваш друг просил вас узнать в международном отделе, какие документы он должен сдать, чтобы продлить регистрацию. Восстановите недостающие реплики диалога.

— Ты узнал, какие документы мне нужно сдать, чтобы продлить регистрацию?

— ....

— Ну, миграционная карта и паспорт у меня есть. За обучение, за проживание в общежитии и за медицинскую страховку я заплатил. Фотографии сделаю. А ты спросил, мне нужно приносить приказ о переводе с первого на второй курс или переводную справку?

— ....

— А когда я должен сдать документы на продление регистрации?

— ....

— Понятно. Я тебе очень благодарен за то, что ты всё узнал. Спасибо.

г) Вы пришли в международный отдел. У вас закончился срок действия справки, заменяющей паспорт. Вам нужно её продлить. Восстановите недостающие реплики диалога.

— .... !

— Добрый день! Слушаю вас!

— ....

— Давайте вашу справку. Сейчас я вам её продлю.

— .... ?

— Я вам продлю справку на две недели.

— .... ?

— Я думаю, что за две недели вам сделают визу и вы получите свой паспорт. Не волнуйтесь!

— ....

д) Вы пришли в Сбербанк. Вам нужно оплатить квитанции. Восстановите недостающие реплики диалога.

— .... ?

— Там, где написано «Приём платежей у населения». Видите?

— .... ?

— Пятое окошко.

— ....

— Пожалуйста.

е) Вам нужно сделать фотографии. Восстановите недостающие реплики диалога.

— .... ?

— Пожалуйста. Какие фотографии вам нужны?

— ....

— Сколько фотографий вам нужно?

— ....

— Фотографии будут готовы в среду после обеда. С вас шестьдесят рублей. Возьмите квитанцию.

✍ *ПИСЬМО*

27. *Обратите внимание на оформление заявления.*

<u>Адресат</u> *в д.п. (кому?):*	Проректору МАИ Соколовскому А.Ю.
<u>Данные студента</u> *в р.п. (от кого?):*	от Укирде Кишор Кумара, гражданина Республики Индия, студента первого курса факультета информатики
<u>Название документа:</u>	ЗАЯВЛЕНИЕ.
<u>Содержательная часть документа:</u>	Прошу Вас оформить выездную-въездную визу: страна: Индия; выезд с: 01.09.2005 г.; въезд до: 30.08.2006 г.
<u>Подпись:</u>	*Укирде Кишор Кумар*
<u>Дата:</u>	*29 августа 2005 года*

28. *а) Обратите внимание, что при написании заявления часто используются сокращённые названия учебных заведений и иных учреждений.*

Московский государственный университет имени М.В. Ломоносова	— МГУ им. М.В. Ломоносова
Российский университет дружбы народов	— РУДН
Московский авиационный институт	— МАИ
Московский автодорожный институт	— МАДИ
Московский инженерно-физический институт	— МИФИ
Московский физико-технический институт	— МФТИ
Отдел внутренних дел района «Аэропорт»	— ОВД р-на «Аэропорт»
Паспортно-визовый отдел Отдела внутренних дел	— ПВО ОВД

б) Оформите правильно адресат.

Образец: Ректор Московского автодорожного института Васильев Сергей Андреевич:
Ректору МАДИ
Васильеву С.А.

1) Проректор Московского инженерно-физического института Волков Анатолий Иванович. 2) Декан факультета информатики Пименов Николай Юрьевич. 3) Начальник Международного отдела Смирнов Дмитрий Петрович. 4) Заведующий кафедрой русского языка Петров Александр Сергеевич. 5) Начальник Паспортно-визового отдела Отдела внутренних дел района «Тушино» Сахаров Николай Владимирович.

в) Оформите правильно данные студента.

Образец: Студент первого курса факультета информатики, гражданин Индии Укирде Кишор
Кумар: от Укирде Кишор Кумара,
          гражданина Индии,
          студента первого курса
          факультета информатики

1) Студентка подготовительного факультета, гражданка Кореи Ким Хюн Джин. 2) Студент второго курса экономического факультета, гражданин Китая Ван Чжу Дзе. 3) Студентка первого курса факультета информатики, гражданка Мексики Анна Мария Лопес.

29. *а) Обратите внимание на конструкции, которые используются при написании содержательной части заявления.*

Прошу Вас	оформить (*какую?*) визу.
	продлить регистрацию (*на какой срок?*).
	выдать мне миграционную карту в связи с утерей.

б) Прочитайте заявления. Обратите внимание на конструкции, которые используются при написании содержательной части заявления.

1) Прошу Вас оформить выездную визу:
   страна: Китай;
   выезд с: 01.07.2006 г.
2) Прошу Вас продлить регистрацию на срок оплаты за обучение с 01.09.2006 г. по 28.02.2007 г.
3) Прошу Вас выдать мне миграционную карту в связи с утерей.

30. *Напишите заявления по ситуациям.*

Ситуация 1. Заявление на имя проректора вашего института (университета) с просьбой оформить для вас выездную-въездную визу.

Ситуация 2. Заявление на имя начальника международного отдела с просьбой продлить вам регистрацию.

Ситуация 3. Заявление на имя начальника Паспортно-визового отдела Отдела внутренних дел района «Юго-Западный» Зайцева Юрия Викторовича с просьбой выдать вам новую миграционную карту, так как старую миграционную карту вы потеряли.

3. Расскажи мне о себе...

☑ . ЛЕКСИКА

31. *а) Обратите внимание на значения данных слов.*

ИМЕТЬ ИМЯ, ИМЯ И ОТЧЕСТВО *кого* **зовут** *как*	ИМЕТЬ НАЗВАНИЕ *что* **называется** *как*
Её зовут Оля.	Село называется Вороново.

б) Прочитайте диалоги. Обратите внимание на использование слов, данных в упр. 31а.

①

— Вы не подскажете, как зовут нашего куратора?
— Ольга Дмитриевна.

②

— Скажите, пожалуйста, как называется эта улица?
— Это улица Тверская.

32. *а) Используя информацию упр. 31а, замените выделенные словосочетания близкими по значению.*

1) Мы не знали, какое имя у новой студентки. 2) Деревня имеет название Орлово. 3) Имя девочки — Екатерина. 4) Все к нему обращаются только по имени-отчеству — Юрий Иванович. 5) Имя ребёнка — Коля. 6) Город имеет название Курск. 7) Мы решили спросить, какое имя и отчество у нашего нового преподавателя. 8) Название этой улицы Тверская.

б) Используя информацию упр. 31а, вместо точек употребите необходимые по смыслу слова.

1) К Ольге приехали сестра с мужем. Сестру ... Наташа, мужа ... Андрей. 2) — Как ... город? — Старый Оскол. 3) Меня ... Петя. 4) Вы не знаете, как ... декана факультета информатики. 5) Скажите, пожалуйста, как ... эта улица?

33. *а) Прочитайте диалоги. Обратите внимание на то, какое образование имеют эти люди.*

①

— Тьен, что ты окончил во Вьетнаме?
— Я окончил школу в прошлом году.
— Значит, у тебя среднее образование. У тебя есть брат или сестра?
— У меня есть сестра.
— Она учится или работает?
— Учится. Она поступила в педагогическое училище. Когда окончит училище, будет работать воспитателем в детском саду.
— Значит, у неё будет среднее специальное образование.

②

— Пань Минь, какое у тебя образование?
— Среднее специальное. Я окончила в Китае авиационный техникум.
— Давно?
— Уже два года назад.
— Надо же, а я был уверен, что ты поступила в институт сразу после школы.

③

— Вы знаете, Николай Юрьевич так переживал за своего сына. Всё говорил, что он не хочет учиться. А он окончил институт и, что удивительно, даже без троек.
— Боже мой, а я и не знал, что у Николая Юрьевича такие взрослые дети.
— Да что вы! Его старший сын окончил университет уже три года тому назад, а теперь вот и у младшего высшее образование.

б) Используя информацию упр. 33а, закончите предложения.

1) Он окончил институт. У него ... 2) Она окончила среднюю школу. У неё ... 3) Они окончили педагогическое училище и теперь работают в школе. У них ... 4) Он окончил авиационный техникум. У него ... .

34. *а) Обратите внимание, как определяется семейное положение человека.*

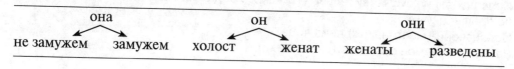

27

б) Прочитайте диалоги. Обратите внимание на использование данных в упр. 34а слов.

①

— Зо Зо, ты женат?

— Да, уже год. А ты, Пак?

— Нет, я холост. А ты не знаешь, Пань Минь замужем?

— Нет, она не замужем.

②

— Мне нужно сегодня обязательно позвонить домой и поздравить родителей!

— С чем?

— Сегодня 25 лет, как они женаты.

— Счастливая ты, Анна Мария. А мои родители разведены. Они разошлись, когда мне было три года.

в) Используя информацию упр. 34а, закончите предложения.

1) У неё нет мужа. Она ... . 2) У него есть жена. Он ... . 3) У её брата ещё нет жены. Он ... . 4) — У неё есть муж? - Да, она ... . 5) Они больше не муж и жена. Они разошлись. Они ... . 6) Они муж и жена. Они ... уже 20 лет.

35. *а) Познакомьтесь с содержанием таблицы.*

Страна	Он	Она	Они	Какой?
Америка	американец	американка	американцы	американский
Англия	англичанин	англичанка	англичане	английский
Бангладеш	бангладешец	бангладешка	бангладешцы	бангладешский
Вьетнам	вьетнамец	вьетнамка	вьетнамцы	вьетнамский
Индия	индиец	индианка	индийцы	индийский
Испания	испанец	испанка	испанцы	испанский
Китай	китаец	китаянка	китайцы	китайский
Корея	кореец	кореянка	корейцы	корейский
Мексика	мексиканец	мексиканка	мексиканцы	мексиканский
Мьянма	мьянманец	мьянманка	мьянманцы	мьянманский
Россия	россиянин	россиянка	россияне	российский
Франция	француз	француженка	французы	французский

б) Используя информацию упр. 35а, ответьте на вопросы.

1. Откуда вы приехали?
2. Кто вы по национальности?
3. Кто по национальности ваша мама?
4. Кто по национальности ваш папа?
5. Какие языки вы знаете?
6. Какой ваш родной язык?

☒ *ГРАММАТИКА*

1. Выражение временных отношений: обозначение конкретной продолжительности действия.
2. Использование существительных мужского рода для называния лиц женского пола по профессии.
3. Обозначение местонахождения лица.
4. Разносклоняемое существительное **имя**.

36. *а) Скажите, когда родились эти люди.*

Образец: Пак родился 12.12.1982. — Пак родился двенадцатого декабря тысяча девятьсот восемьдесят второго года.

1) Соколовский Андрей Юрьевич родился 1.01.1939. 2) Петров Александр Иванович родился 23.03.1950. 3) Мой брат родился 12.05.1991. 4) Попова Анна Сергеевна родилась 27.04.1960. 5) Зо Зо родился 30.10.1979. 6) Дочь Зо Зо родилась 5.08. 2004. 7) Ольга Дмитриевна Шанина родилась 26.09.1957. 8) Смирнов Дмитрий Петрович родился 17.02.1963. 9) Мама Анны Сергеевны Поповой родилась 3.11.1922.

б) Назовите даты рождения и смерти выдающихся деятелей русской культуры и науки.

Образец: Александр Сергеевич Пушкин (1799–1837) — А.С. Пушкин родился в тысяча семьсот девяносто девятом году и умер в тысяча восемьсот тридцать седьмом году; А.С. Пушкин жил с тысяча семьсот девяносто девятого года по тысяча восемьсот тридцать седьмой год. Он прожил 37 лет.

1) Хирург Николай Иванович Пирогов (1810–1881). 2) Художник Иван Иванович Шишкин (1832–1898). 3) Композитор Михаил Иванович Глинка (1804–1857). 4) Писатель Лев Николаевич Толстой (1828–1910). 5) Учёный-химик Дмитрий Иванович Менделеев (1834–1907).

37. *а) Заполните таблицы по образцу.*

Таблица 1

Он -ий -ый	Она -ая	Они -ие -ые
служащий	служащая	служащие
рабочий		
учёный		

Таблица 2

Он	Она	Они -ы, -и
инженер	инженер	инженеры
милиционер		
бизнесмен		
врач		
секретарь		

б) Используя информацию упр. 37а (таблица 2), скажите, кто кем работает.

Образец: Он работает инженером, она — инженером, они — инженерами.

38. *а) Обратите внимание на использование предлогов* **в** *и* **на** *при обозначении местонахождения лица.*

ГДЕ?			
	в + предложный падеж		**на** + предложный падеж
страна, государство, республика	*в Китае*	остров, полуостров	*на Тайване*
город, деревня, переулок	*в Пекине*	улица, проспект, площадь, бульвар	*на улице*
учреждение	*в институте*	факультет, отделение, курс	*на пятом курсе*
дом, подъезд	*в большом доме*	этаж	*на первом этаже*

ЗАПОМНИТЕ!

на заводе   **на** фабрике   **на** концерте   **на** выставке

*б) Используя информацию упр. 38а, вместо точек употребите предлоги **в** или **на**. Слова в скобках употребите в нужной форме. В случае затруднения воспользуйтесь Грамматическим комментарием, п. 3.6.1., 6.6.*

Я часто бываю ... (театры), ... (музеи), ... (концерты), ... (выставки). Мой друг Андрей тоже интересуется искусством, но познакомились мы с ним, как ни странно, ... (бассейн). Андрей родился ... (Россия), жил ... (Индия), потом ... (Корея). Андрей жил в ... (эти страны), потому что там работали его родители. Сейчас он живёт ... (Петербург) ... (центр города) ... (Невский проспект) ... (многоэтажный дом) ... (третий этаж) ... (второй подъезд). Его родители работают ... (университет). Отец работает ... (кафедра зарубежной литературы), а мама — секретарём ... (деканат). Андрей сейчас учится ... (технологический институт) ... (экономический факультет) ... (пятый курс). Когда он окончит институт, он собирается работать инженером ... (автомобилестроительный завод).

39. *Вместо точек употребите слово **имя** в нужной форме. В случае затруднения воспользуйтесь Грамматическим комментарием, п. 3.7.*

1) Я хожу в школу ... Жукова. 2) Сначала все меня называли по ..., а потом к ... стали прибавлять отчество. 3) У неё было редкое ..., и она гордилась своим ... . 4) Я часто думаю о своём ... . Почему родители назвали меня именно так?

 **ЧТЕНИЕ**

Текст 4

а) Обратите внимание на значения данных слов и словосочетаний.

Автобиография	— рассказ о своей жизни.
	Секретарь попросила студента написать свою <u>автобиографию</u>.
Девичья фамилия	— фамилия женщины до того, как она вышла замуж.
	Фёдорова — это фамилия мужа. Моя <u>девичья фамилия</u> — Павлова.
Загранкомандировка (заграничная командировка)	— поездка за границу по заданию учреждения.
	В 1991 году я был в <u>загранкомандировке</u> в Дели. По заданию нашего завода я должен был научить индийских инженеров обслуживать самолёты, которые они у нас купили. Я работал в Индии два года.
Красный диплом (диплом с отличием)	— документ, который получает студент после окончания института, если окончил его только на «5».
	Иванов окончил институт с <u>красным дипломом</u>.
Конструкторское бюро	— учреждение, в котором инженеры создают новые машины, аппараты.
	Этот новый самолёт создали инженеры <u>конструкторского бюро</u> им. С.В. Ильюшина.

б) Прочитайте автобиографию. Составьте её план.

Автобиография

Я, Попова Анна Сергеевна (девичья фамилия – Федотова), русская, родилась 27 апреля 1960 года в городе Ленинграде, в семье служащих.

Мой отец – Федотов Николай Петрович, родился в 1932 году в городе Ленинграде, русский, по профессии врач, в настоящее время – пенсионер.

Моя мать – Федотова Татьяна Михайловна (девичья фамилия – Новикова), 1935 года рождения, русская, преподаватель средней школы, в настоящее время – пенсионерка.

В 1966 году мои родители переехали в Москву.

В 1967 году я начала учёбу в московской средней школе № 145, которую окончила в 1977 году.

С 1977 по 1978 год работала секретарём в Московском государственном университете им. М.В. Ломоносова в деканате филологического факультета.

В 1978 году поступила на филологический факультет Московского государственного университета им. М.В. Ломоносова, который окончила с красным дипломом в 1983 году.

После окончания университета работала преподавателем на кафедре русского языка и стилистики. В 1989–1991 годах находилась в загранкомандировке в Дели. Там я работала в университете в качестве преподавателя русского языка как иностранного.

В настоящее время являюсь доцентом кафедры русского языка МАИ.

Замужем, имею дочь.

Мой муж – Попов Владимир Андреевич, 1957 года рождения, работает в конструкторском бюро им. С.В. Ильюшина в должности инженера-конструктора.

Моя дочь – Попова Елена Владимировна в 1992 году окончила 152-ю школу г. Москвы. В настоящее время является студенткой первого курса МАДИ.

в) Прочитайте текст ещё раз. Ответьте на вопросы.

1. Кто Анна Сергеевна по национальности?
2. Какая фамилия была у Анны Сергеевны до того, как она вышла замуж?
3. Какое образование у Анны Сергеевны?
4. Плохо или хорошо училась Анна Сергеевна в МГУ? Почему вы так думаете?
5. Где сейчас живёт и работает Анна Сергеевна?
6. Кто по специальности Анна Сергеевна?
7. Кто по специальности муж Анны Сергеевны и какое у него образование?
8. Какое образование у дочери Анны Сергеевны?
9. Как вы думаете, какое образование у родителей Анны Сергеевны?

г) Найдите в тексте ответы на вопросы.

1. Когда родилась Попова Анна Сергеевна?
2. В каком году родился её отец?
3. С какого года её мать?
4. Когда родители Анны Сергеевны переехали в Москву?
5. С какого года по какой год Анна Сергеевна училась в школе №145?
6. Сколько лет она работала секретарём в деканате?
7. С какого года по какой год Анна Сергеевна училась в МГУ?
8. С какого года по какой год Анна Сергеевна была в загранкомандировке?
9. В каком году родился муж Анны Сергеевны?
10. Когда дочь Анны Сергеевны окончила школу?

а) Обратите внимание, что в России часто используются сокращённые названия учреждений и предприятий.

Автомобилестроительный завод = автозавод

б) Прочитайте анкету. Обратите внимание на форму её заполнения.

Место для фотографии	**АНКЕТА**
1. Фамилия, имя, отчество	*Петров Александр Сергеевич*
2. Год, число и месяц рождения	*23 марта 1950 г.*
3. Место рождения	*г. Нижний Новгород*
4. Место жительства	*г. Москва*
5. Адрес, телефон	*Ленинградский проспект, д. 7, кв. 69; тел.: 151-30-78*
6. Образование и специальность, когда и какое учебное заведение закончили	*Высшее. Окончил филологический факультет МГУ им. М.В. Ломоносова в 1972 г.*
7. Национальность	*русский*
8. Место работы, учёбы	*МАИ, заведующий кафедрой русского языка*
9. Какими иностранными языками владеете и в какой степени	*Английский – говорю свободно, немецкий – читаю, могу объясниться, французский – читаю, перевожу со словарём*
10. Сведения о родителях	*Мать – Петрова Александра Львовна, пенсионерка; отец – Петров Юрий Фёдорович, инженер-конструктор на автозаводе в г. Нижний Новгород*
11. Семейное положение	*Женат, имею 3 детей*

в) На основании анкеты сформулируйте вопросы, которые мы задаём при устном знакомстве.

🎧 АУДИРОВАНИЕ

40. *Прослушайте информационное сообщение. Ответьте на вопросы.*

1. Где родился В.И. Ширин?
2. В какой семье родился В.И. Ширин?
3. Какое образование у В.И. Ширина?
4. Где работает В.И. Ширин?
5. Какую должность он занимает?
6. Сколько у него детей?
7. Зачем он пришёл в радиостудию?

🗣 ГОВОРЕНИЕ

41. *а) Расскажите о себе, используя в качестве плана данные вопросы.*

1. Как вас зовут?
2. Когда и где вы родились?
3. Кто вы по национальности?
4. Где вы раньше жили и где вы живёте теперь?
5. Вы женаты (замужем)?

6. Какое у вас образование?
7. Где учитесь сейчас?
8. Какие у вас планы на будущее?
9. Где работают ваши родители?
10. Кто они по специальности?

б) Расскажите о своих знакомых, используя вопросы упр. 41а.

ПИСЬМО

42. *а) Заполните анкету, вписав данные о себе.*

Место для фотографии	АНКЕТА
1. Фамилия, имя, отчество	
2. Год, число, месяц и место рождения	
3. Место жительства (с указанием адреса и телефона)	
4. Образование и специальность, когда и какое учебное заведение закончили	
5. Национальность	
6. Место работы, учёбы	
7. Какими иностранными языками владеете и в какой степени	
8. Сведения о родителях	
9. Семейное положение	

б) Используя в качестве образца текст 4, напишите свою автобиографию.

4. На что жалуетесь?

ЛЕКСИКА

43. *а) Посмотрите на рисунок. Покажите, где у человека голова, глаза, нос, зубы, горло, сердце, желудок, живот, ноги, руки.*

глаза → головa
горло → зубы
рука → сердце
→ желудок
→ живот
нога →

б) Этого человека зовут Пак. Используя информацию упр. 43а, скажите, что у него болит.

Образец: У Пака бол<u>ит</u> голова. У Пака бол<u>ят</u> зубы.

в) Обратите внимание на названия симптомов болезней.

У	меня	кашель.
	него	насморк.
	неё	температура.

г) Скажите, какая у вас температура.

Образец: 36,6 — У меня тридцать шесть и шесть.

36,0	36,2	36,4	36,8	37,1
37,5	37,7	37,9	37,0	37,3
40,0	41,0	38,6	38,5	38,0

д) Обратите внимание на названия наиболее часто встречающихся болезней.

У	меня	ангина. грипп. гепатит. воспаление лёгких. малярия. простуда. расстройство желудка. туберкулёз.	Я болею (+ *т.п.*)	ангиной. гриппом. гепатитом. воспалением лёгких. малярией. туберкулёзом.
	него			
	неё			
		перелом | ноги. вывих | руки.		

е) Прочитайте диалоги. Скажите, о каких болезнях в них говорилось.

①

— Тьен! Что с тобой? Ты сегодня плохо выглядишь?
— У меня болит горло.
— А насморк есть?
— Насморка пока нет, но нос болит.
— А какая у тебя температура?
— Пока 37,4.
— Наверное, у тебя ангина или простуда, а может быть, ты болеешь гриппом. Тебе надо пойти к врачу.

②

— Зо Зо! Как ты себя чувствуешь?
— Уже лучше. Живот не болит.
— А что у тебя было?
— Расстройство желудка.
— Пойдёшь завтра в институт?
— Скорее всего да.

③

— Здравствуйте! А где Пак? Почему его нет на занятиях?
— Анна Сергеевна, он вчера неудачно упал. У него перелом руки и вывих ноги. Он просил передать, что месяц он не сможет ходить на занятия.
— Очень жаль. Передайте ему от меня привет. Скажите, чтобы быстрее выздоравливал.

ж) Используя информацию упр. 43а, вместо точек употребите необходимые по смыслу слова.

1) Если у тебя высокая температура и болит ..., то это, наверное, ангина. 2) Если у тебя болит ..., то, вероятно, начнётся насморк. 3) Если у тебя высокая температура, болит ... и начался насморк, то это, скорее всего, грипп или простуда. 4) Если у тебя болит ..., то, вероятно, это расстройство желудка. 5) Если ты не можешь наступить на ногу, то скорее всего у тебя ... или ... ноги.

44. *а) Обратите внимание на названия медицинских учреждений.*

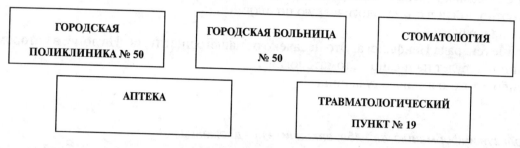

б) Обратите внимание, что в России часто используются сокращённые названия учреждений.

Травматологический пункт = травмопункт

в) Используя информацию упр. 44а, ответьте на вопросы.

1. Куда вы обратитесь, если заболели?
2. Где вы будете покупать лекарства?
3. Куда вас положат, если болезнь окажется серьёзной?
4. Куда вы обратитесь, если у вас болит зуб?
5. Где вам окажут помощь, если у вас перелом или вывих руки?

45. *а) Обратите внимание на использование данных глаголов.*

ИДТИ ПОЙТИ	в	аптеку поликлинику травмопункт	НО:	лечь положить	в больницу
ПОЙТИ обратиться	к	врачу			

б) Прочитайте диалоги. Скажите, куда должны обратиться эти люди.

①

— Анна Сергеевна! Тьен себя очень плохо чувствует!
— Что с ним?
— Вчера у него была невысокая температура, а сегодня уже 38,2. Что нам делать?
— У него есть медицинская страховка?
— Да, есть.
— Тогда ему нужно пойти в поликлинику при нашем институте.
— А его не положат в больницу?
— Если болезнь не очень серьёзная, то нет.

②

— Тьен, ты был у врача.
— Был.
— Что он тебе сказал?
— Он сказал, что у меня грипп и мне нужно купить эти лекарства. Но у меня не было сил идти аптеку.
— И не нужно тебе никуда ходить. Я пойду в аптеку и куплю лекарства.

③

— Вы куда?

— Мы идём с Паком в травмопункт.

— Что случилось?

— У него очень болит рука и левая нога. Наверное, у него перелом или вывих.

④

— Анна Сергеевна! У меня болит зуб. Я не знаю, что мне делать...

— Вам нужно пойти в стоматологическую поликлинику.

— А где она находится?

— На улице генерала Панфилова. Это недалеко от нашего института. На доме, в котором находится поликлиника, будет написано «Стоматология».

— Спасибо. Можно я сейчас туда пойду?

— Идите!

в) Используя информацию упр. 45а, закончите предложения.

1) Если у тебя болит горло, тебе ... 2) Если у тебя серьёзная болезнь, то, вероятно, тебя ... 3) Если у тебя болят зубы, тебе ... 4) Если тебе нужно купить лекарства, ты ... 5). Если ты не можешь наступить на ногу, то скорее всего у тебя перелом или вывих ноги и тебе ...

46. *а) Обратите внимание на медицинские услуги, которые оказывает поликлиника.*

Мне (вам)	нужно (надо) необходимо	сделать	прививки. флюорографию. рентген.
Я Вы	должен (-на) должны	сдать	анализы. кровь.
		взять получить пройти	направление **на** анализы. рентген. медицинский осмотр (медосмотр).

б) Посмотрите на рисунки и прочитайте подписи под ними.

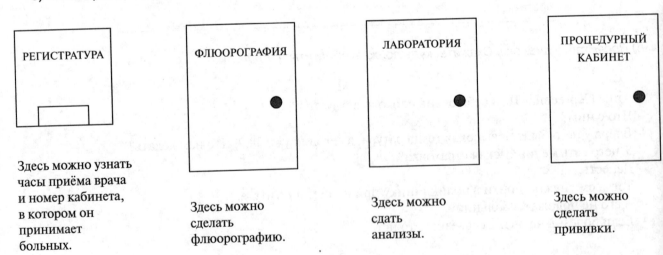

РЕГИСТРАТУРА

Здесь можно узнать часы приёма врача и номер кабинета, в котором он принимает больных.

ФЛЮОРОГРАФИЯ

Здесь можно сделать флюорографию.

ЛАБОРАТОРИЯ

Здесь можно сдать анализы.

ПРОЦЕДУРНЫЙ КАБИНЕТ

Здесь можно сделать прививки.

в) Используя информацию упр. 46б, ответьте на вопросы.

1. Где можно узнать, когда и в каком кабинете принимает врач?
2. В какой кабинет вы пойдёте, если вам нужно сделать флюорографию?
3. Где можно сдать анализы?
4. Куда вы пойдёте, чтобы сделать прививки?

36

г) Прочитайте диалоги. Скажите, куда должны обратиться эти люди.

①

— Скажите, пожалуйста, где мы можем узнать, когда и где можно сделать флюорографию?
— Обратитесь в регистратуру. Там вам всё скажут.

②

— Здравствуйте! Скажите, пожалуйста, когда можно сделать флюорографию?
— В понедельник и в среду с 9.00 до 14.00. Во вторник и четверг с 15.00 до 19.00.
— А в каком кабинете делают флюорографию?
— Кабинет №5. Это на первом этаже.
— Я ещё хотел спросить... Мне нужно сдать кровь. Вот направление. Когда и где это можно сделать?
— Лаборатория работает каждый день, кроме пятницы, с 8.00 до 10.00. Она находится на третьем этаже.
— Спасибо. И последний вопрос. Я ещё должен сделать прививки. Куда мне обратиться?
— Вам нужно пойти в процедурный кабинет. Он работает каждый день, кроме выходных, с 9.00 до 14.00.
— Спасибо. Вы не могли бы мне всё это написать. Я боюсь, что забуду.
— Подождите минуточку. Сейчас я вам всё напишу.
— Ещё раз спасибо!

д) Используя информацию упр. 46а, вместо точек употребите необходимые по смыслу слова.

Чтобы ... медицинский осмотр, нужно ... направление и ... в поликлинику. В регистратуре поликлиники вы должны узнать, где можно ... флюорографию, ... анализы и ... прививки.

47. *а) Обратите внимание на синонимию данных способов выражения временных отношений.*

Врач принимает	каждый	понедельник. вторник. четверг.	Врач принимает **по**	понедельникам. вторникам. четвергам.
	каждую	среду. пятницу. субботу.		средам. пятницам. субботам.
	каждое	воскресенье.		воскресеньям.

б) Посмотрите на рисунки и прочитайте подписи под ними.

ТЕРАПЕВТ

ХИРУРГ-ОРТОПЕД

СТОМАТОЛОГ

Здесь принимает врач, который лечит простуду, грипп и другие болезни.

Здесь принимает врач, к которому обращаются больные, если у них перелом или вывих.

Здесь принимает врач, к которому обращаются больные, если у них болят зубы.

в) Прочитайте диалоги. Обратите внимание на способы выражения временных отношений.

①

— Здравствуйте! Скажите, пожалуйста, когда принимает терапевт?
—Терапевт принимает по понедельникам, средам, пятницам с 16.00 до 19.00.

②

— Добрый день! Скажите, пожалуйста, хирург-ортопед сейчас принимает?
— Нет, он уже закончил приём. Приходите в понедельник.
— А завтра у него нет приёма?
— Нет, по субботам и воскресеньям поликлиника не работает.

③

— Здравствуйте! Скажите, пожалуйста, когда принимает стоматолог Нестерова?
— Она принимает по вторникам и четвергам. Но сейчас она больна, поэтому в четверг приёма не будет.

г) Используя информацию упр. 47а, выразите ту же мысль иначе.

1) Терапевт принимает каждый вторник и каждую пятницу с 11.00 до 15.00. 2) Хирург принимает каждый понедельник и каждую среду с 10.00 до 15.00. 3) Каждую субботу и каждое воскресенье поликлиники не работают. 4) Мой стоматолог принимает каждый четверг.

☒ ГРАММАТИКА

Выражение временных отношений в сложном предложении.

48. *а) Обратите внимание на использование видов глагола при выражении временных отношений в сложных предложениях.*

ПАРАЛЛЕЛЬНЫЕ ДЕЙСТВИЯ В ГЛАВНОЙ И ПРИДАТОЧНОЙ ЧАСТЯХ	ПОСЛЕДОВАТЕЛЬНЫЕ ДЕЙСТВИЯ: ДЕЙСТВИЕ В ГЛАВНОЙ ЧАСТИ НАЧИНАЕТСЯ ПОСЛЕ ЗАВЕРШЕНИЯ ДЕЙСТВИЯ В ПРИДАТОЧНОЙ ЧАСТИ	ПОСЛЕДОВАТЕЛЬНЫЕ ДЕЙСТВИЯ: ДЕЙСТВИЕ В ГЛАВНОЙ ЧАСТИ ЗАВЕРШАЕТСЯ ДО НАЧАЛА ДЕЙСТВИЯ В ПРИДАТОЧНОЙ ЧАСТИ
пока НСВ	**после того как как только*** СВ	**до того как** СВ
Я <u>буду ждать</u> моего друга у аптеки, <u>пока</u> он <u>будет покупать</u> лекарства.	Мой друг <u>выйдет</u> из аптеки, <u>после того как (как только)</u> он <u>купит</u> лекарства.	Мой друг <u>купит</u> лекарство в аптеке, <u>до того как</u> она <u>закроется</u>.
Я <u>жду</u> своего друга у аптеки, <u>пока</u> он <u>покупает</u> лекарства.	Мой друг <u>вышел</u> из аптеки, <u>после того как (как только)</u> он <u>купил</u> лекарства.	Мой друг <u>купил</u> лекарство в аптеке, <u>до того как</u> она <u>закрылась.</u>
Я <u>ждал</u> своего друга у аптеки, <u>пока</u> он <u>покупал</u> лекарства.		

* Союз **как только** подчёркивает быструю смену событий.

б) Используя информацию упр. 48а, вместо точек употребите слова в скобках в нужной форме в будущем времени.

1) Пак боится, что у него во время экзаменов не будет времени, поэтому он ... прививки, до того как ... сессия (делать, сделать; начинаться, начаться). 2) Как только студенты ... в Россию, они ... медицинскую страховку (приезжать, приехать; покупать, купить). 3) Вы ... продлить визу, после того как ..

медицинский осмотр (мочь, смочь; проходить, пройти). 4) После того как Кумар ... направление, он ... в поликлинику (получать, получить; идти, пойти). 5) Не волнуйся! Мы ... в поликлинику, до того как приём у хирурга ... (ехать, приехать; заканчиваться, закончиться). 6) Врач ... Пань Минь, как только из регистратуры ... её медицинскую карту (принимать, принять; приносить, принести).

в) Используя информацию упр. 48а, вместо точек употребите слова в скобках в нужной форме в настоящем времени.

1) Мы не ... к врачу, пока мы хорошо себя ... (обращаться, обратиться; чувствовать, почувствовать). 2) Пока Пак ... и не ... в институт, мы ... ему делать домашнее задание (болеть, заболеть; ходить, идти; помогать, помочь). 3) Пока Кумар ..., когда принимает врач, я ... его в коридоре (узнавать, узнать; ждать, подождать). 4) Я никогда не ... мороженое, пока у меня ... горло (есть, съесть; болит, заболит).

г) Используя информацию упр. 48а, вместо точек употребите слова в скобках в нужной форме в прошедшем времени.

1) После того как Тьену ... флюорографию, он ... домой (делать, сделать; ехать, поехать). 2) До того как Пань Минь ... из поликлиники, она ..., когда принимает терапевт (уходить, уйти; узнавать, узнать). 3) До того как у Зо Зо ... горло, у него ... температура (болеть, заболеть; подниматься, подняться). 4) Друзья каждый день ... к Анне Марии, пока она ... в больнице (приходить, прийти; лежать, лечь). 5) Кумар сразу же ... к врачу, как только он ... (обращаться, обратиться; болеть, заболеть). 6) Пока врач ... мне рецепт, я ... у него в кабинете (выписывать, выписать; сидеть, сесть).

д) Закончите предложения.

1) После того как у него заболело горло, ... 2) Как только он заболел, ... 3) До того как у Анны Сергеевны поднялась температура, ... 4) Пока Александр Иванович болел, ...

49. *а) Обратите внимание на использование видов глагола при выражении временных отношений в сложных предложениях с союзом **когда**.*

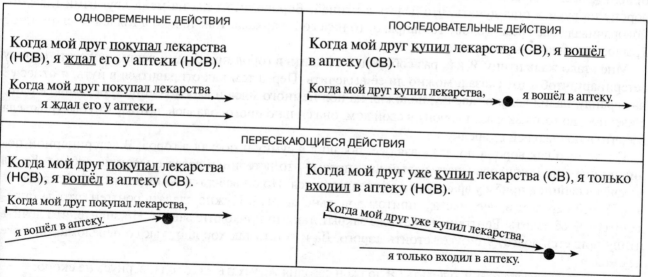

б) Используя информацию упр. 49а, вместо точек употребите слова в скобках в нужной форме. Скажите, о каких действиях говорится в предложениях.

1) Когда Пань Минь пришла в поликлинику, она ..., что приём у хирурга уже начался (узнавать, узнать). 2) Когда человек болеет гриппом, он всегда себя плохо ... (чувствовать, почувствовать). 3) Когда мы приходим в поликлинику, мы всегда сначала ... в регистратуре, в каком кабинете принимает врач (спрашивать, спросить). 4) Когда врач осмотрел больного, он ... , что у него грипп (говорить, сказать). 5) Когда у меня заболел зуб, я ... к стоматологу (обращаться, обратиться). 6) Когда у вас болит голова, вы ... лекарство (принимать, принять)?

в) Используя информацию упр. 49а, вместо точек употребите слова в скобках в нужной форме таким образом, чтобы они указывали на частичное совпадение действий в главной и придаточной частях.

1) Когда Кумар ... в поликлинику, там его уже полчаса ждал Тьен (приходить, прийти). 2) Когда Пань Минь ... кровь, она отдала медсестре направление на анализы (сдавать, сдать). 3) Когда Анна Мария ... в больнице, она познакомилась с русской девушкой (лежать, лечь). 4) Когда я ... в регистратуре, в каком кабинете можно сделать флюорографию, ко мне подошёл мой друг (спрашивать, спросить). 5) Когда я ... в кабинет хирурга, там уже был больной (входить, войти). 6) Когда студенты ... медицинскую страховку, в комнату вошёл начальник международного отдела (получать, получить). 7) Когда мой друг ... лекарство, он спросил, сколько оно стоит (покупать, купить).

 ЧТЕНИЕ

Текст 6

а) Проверьте, знаете ли вы следующие слова и словосочетания. В случае необходимости обратитесь к словарю.

Варёное яйцо, ветеринар, витамины, ворона, вырываться, жаропонижающее, каркать, клевать, кошка, кровь, крыло, махать крылом, наложить шину, проголодаться, сломать (сломанный), угощать, укусить.

б) Прочитайте текст. Скажите, как бы вы поступили в той ситуации, о которой говорится в тексте.

ПТИЦЫ ТОЖЕ БОЛЕЮТ

Прошлой весной, когда я целый месяц жил далеко за городом в небольшой деревне, произошла вот какая история. Однажды я увидел на дороге ворону со сломанным крылом. К ней осторожно приближалась чёрная кошка. Я понял, что сейчас она съест больную птицу. Поэтому я быстро взял ворону на руки и стал думать, что делать с птицей. Ворона смотрела на меня круглыми глазами, поворачивала всё время голову то направо, то налево и каркала. Как только я взялся за сломанное крыло, она начала вырываться.

Мне стало жаль птицу. Я как раз собирался съездить в город по делам и решил показать ворону ветеринару, чтобы тот сказал, можно ли её вылечить. Перед тем как отправиться в путь, я отнес её на веранду, налил воды в тарелку, положил на пол немного мяса и варёное яйцо и оставил её одну. Наверное, до того как я взял ворону в свой дом, она сильно проголодалась, потому что быстро съела всё, что я положил ей в тарелку.

После того как ворона поела, я взял её, посадил в сумку и поехал в город. В ветеринарной поликлинике мне пришлось ждать целый час, потому что ветеринар делал операцию собаке. Когда я зашёл в кабинет, приём у врача уже почти закончился. Но он всё-таки осмотрел птицу и сказал:

— У неё перелом в двух местах, притом довольно старый. Нужно сделать рентген, чтобы определить, как её лечить. Рентгенкабинет уже закрыт, так что приходите завтра. Но знайте, что лечить птицу придётся долго, это будет стоить дорого. Да и летать так хорошо, как до перелома, она уже не сможет.

— Доктор, — сказал я, — что делать? Я должен сегодня же уехать из города, вернусь не скоро.

Доктор подумал и сказал:

— Когда вы вернётесь к себе, наложите ей шину, чтобы она не махала крылом, тогда она быстрее выздоровеет. Недели через две шину снимете. Я уже сказал, что хорошо летать она всё равно никогда не будет, но с дерева на дерево перелетать сумеет. Я сейчас выпишу рецепты на лекарства, которые вы должны будете давать вороне. У неё очень высокая температура, поэтому купите также жаропонижающее.

Когда доктор выписал рецепты, я поблагодарил его и пошёл в аптеку, где купил лекарства и витамины для вороны. Как только я приехал домой, я сразу наложил птице на крыло шину. Ворона, наверное, считала меня своим главным врагом. Когда я отпустил её, она не убежала, а начала клевать мою руку. Было больно, показалась кровь. После этого мне самому пришлось обратиться к врачу.

Ворона быстро выздоравливала. Аппетит у неё был отличный, она съедала всё, что я ей давал. Но особенно любила варёные яйца. Через три недели я снял шину. Ворона, как и говорил ветеринар, с трудом, но летала с дерева на дерево. Она узнавала меня, когда я подходил к дому, и громко каркала. Я угощал её варёными яйцами. А один раз увидел, как она атаковала чёрную кошку и клевала её, пока та не убежала. «Справедливость победила», — подумал я.

в) Прочитайте текст ещё раз. Ответьте на вопросы.

1. Где жил герой рассказа прошлой весной?
2. Кого он увидел на дороге?
3. Почему ворона не могла летать?
4. Зачем герой рассказа взял её домой?
5. Что сделал герой рассказа, когда пришёл с вороной домой?
6. Куда потом он повёз ворону?
7. Почему ему пришлось ждать врача целый час?
8. Что посоветовал герою рассказа врач?
9. Зачем герой рассказа пошёл в аптеку?
10. Почему ворона начала клевать руку героя рассказа?
11. Сколько времени герой рассказа лечил ворону?
12. Как вы думаете, герой рассказа вылечил ворону? Почему вы так думаете?
13. Как вы думаете, ворона была благодарна герою рассказа? Почему вы так думаете?
14. Как вы думаете, почему герой рассказа решил, что справедливость победила?

г) Расскажите текст от третьего лица.

🎧 **АУДИРОВАНИЕ**

50. *Прослушайте диалоги. Ответьте на вопросы.*

①

1. Почему Анны Марии нет на занятиях?
2. Чем она заболела?
3. Как она себя чувствует?

②

1. Почему Тьен не может ходить на занятия в институт?
2. Какие у него симптомы болезни?

③

1. Когда студенты должны прийти в поликлинику?
2. Что они должны там сделать?

④

Когда принимает хирург?

⑤

1. Где происходит диалог?
2. Что ему сказал врач?

ГОВОРЕНИЕ

51. *а) Посмотрите на рисунок. Это медицинская карта. Её заполняют, когда пациент приходит в поликлинику.*

Министерство здравоохранения РФ	Код формы по ОКУД ....
	Код учреждения по ОКПО ....
_____	Медицинская документация
Наименование учреждения	Форма № 025/у
	Утв. Минздравом РФ 04.10.80 г. № 1030

МЕДИЦИНСКАЯ КАРТА АМБУЛАТОРНОГО БОЛЬНОГО № _____

Фамилия, имя, отчество *Лопес Анна Мария*

Пол м **ж** Дата рождения *12. 09. 1983*   Телефон: домашний *217-24-00*
число, месяц, год   служебный

Адрес больного: область _____   населенный пункт _____
район _____ улица (переулок) *ул. Цветочная*
дом № *12* корпус _____ кв. *233*

Место службы, работы *студентка МАИ* отделение, цех _____
наименование и характер производства

Профессия, должность _____   иждивенец _____

Взят на диспансерное наблюдение   Перемена адреса, работы

Дата взятия на учет	По поводу	Дата снятия с учета	Причина снятия		Дата	Новый адрес (новое место работы)

б) Прочитайте диалог. Обратите внимание, что при заполнении медицинской карты врач задаёт краткие вопросы, на которые нужно дать такие же краткие ответы.

— Фамилия? Имя? Отчество?	— Лопес Анна Мария.
— Год рождения?	— 1985.
— Адрес?	— Улица Цветочная, дом 12, квартира 233.
— Домашний телефон?	— 212-24-00

в) Вы пришли в поликлинику. Вам нужно сделать флюорографию. Восстановите недостающие реплики диалога.

— ....?
— Входите.
— ....
— Садитесь вот сюда. Фамилия? Имя? Отчество?
— ....
— Год рождения?
— ....
— Адрес?
— ....
— Домашний телефон?
— ....
— Раздевайтесь и проходите вот сюда.

г) Вы пришли в травмопункт. У вас болит нога. Восстановите недостающие реплики диалога.

— .... ?

— Входите. Садитесь вот сюда. На что жалуетесь?

— ....

— Давайте я посмотрю. Так больно?

— ....

— Я думаю у вас перелом ноги. Вам нужно сделать рентген. Сейчас я вам напишу направление. Фамилия? Имя? Отчество?

— ....

— Год рождения?

— ....

— Адрес?

— ....

— Домашний телефон?

— ....

— Вот направление. Идите в первый кабинет. А потом со снимком снова ко мне.

д) Вы пришли в стоматологическую поликлинику. У вас болит зуб. Восстановите недостающие реплики диалога.

— .... !

— Здравствуйте! Слушаю вас.

— .... ?

— Пожалуйста. Но сначала вы должны завести карту. Это стоит 30 рублей. А потом уже с картой пойдёте к врачу. Фамилия? Имя? Отчество?

— .... ?

— Год рождения?

— .... ?

— Адрес?

— ....

— Домашний телефон?

— ....

— Вот ваша карта. Кабинет №15. Второй этаж. Врач Петрова. Вот здесь я всё написала.

— ....

52. *Вы пришли в поликлинику. Вам нужно сдать анализы. Узнайте в регистратуре, где и когда можно это сделать.*

— .... ?

— Лаборатория работает каждый день, кроме пятницы, с 8.00 до 10.00.

— .... ?

— Она находится на третьем этаже.

— .... ?

— 38-й кабинет.

— ....

53. *а) Вы не были на занятиях в институте. Объясните преподавателю, почему вас не было на занятиях.*

— Здравствуйте! Кумар, почему вас не было вчера на занятиях?

— ....

— Что с вами случилось?

— ....

б) Ваш друг не пришёл на занятия в институт. Объясните преподавателю, почему вашего друга нет на занятиях.

— Здравствуйте! А где Тьен? Почему его нет на занятиях?

— ....

— Очень жаль. Передайте ему от меня привет. Скажите, чтобы быстрее выздоравливал.

ПРОВЕРЬТЕ СЕБЯ!

☑ *КОНТРОЛЬНАЯ РАБОТА ПО ЛЕКСИКЕ*

1. *Вместо точек употребите нужную форму обращения.*

  Слова для справок: господин Степанов, Николай Петрович, Коля

1) Слушай, ..., ты уже сделал уроки. 2) ...! Разрешите вам представить Антона Павловича. 3) Внимание! Внимание! ... ! Пройдите, пожалуйста, к кассам аэропорта. Вас ожидает представитель фирмы «Антей».

2. *Замените выделенные словосочетания близкими по значению.*

1) Город <u>имеет название</u> Новосибирск. 2) <u>У Бориса есть жена.</u> 3) Да, мы знаем, <u>какое имя у этой студентки</u>. 4) <u>У Юрия нет жены.</u> 5) <u>У Лены нет мужа.</u>

3. *Образуйте из данных слов словосочетания.*

① 1. собрать   а) контракт
     2. оформить   б) заявление
     3. подписать   в) документы
     4. поставить   г) визу
     5. написать   д) печать

② 1. оплатить   а) справку
     2. произвести   б) штраф
     3. уплатить   в) валюту
     4. обменять   г) квитанцию
     5. получить   д) оплату

③ 1. сделать   а) направление
     2. сдать   б) медосмотр
     3. взять   в) прививки
     4. пройти   г) анализы

④ 1. воспаление   а) руки
     2. перелом   б) лёгких
     3. расстройство   в) больных
     4. приём   г) желудка

☒ *КОНТРОЛЬНАЯ РАБОТА ПО ГРАММАТИКЕ*

1. *Вместо точек употребите слова в скобках в нужной форме.*

1) Я вчера встретил ... (Таня Соловьёва). 2) Я познакомлю тебя с ... (Александр Петрович Папанин). 3) Я представлю тебя ... (Иван Сергеевич Трубецкой). 4) Я рассказывал тебе о ... (Мария Михайловна

Красина). 5) Я родился 5 апреля 1961 ... (год). 6). Я работал в институте с 1992 по 1996 ... (год). 7) В 1995 ... (год) я окончил среднюю школу. 8) Виза действительна с (первое сентября) до (тридцатое декабря). 9) Моя мама работает на ... (центральный вокзал). 10. Мой папа работает в ... (большая лаборатория).

2. *Вместо точек употребите предлоги* **в** *или* **на**.

1) Коля живёт ... Петербурге ... площади Свободы ... доме № 16 ... первом подъезде ... 10 этаже. 2) Сестра учится ... историческом факультете ... третьем курсе ... университете. 3) Он часто бывает ... театрах, ... музеях, ... концертах, ... выставках. 4) Он любит отдыхать ... море, а зимой ходить плавать ... бассейн.

3. *Вместо точек употребите предлоги* **в течение, на, до, по, за, к, с ... до, за ... до**.

Я пришёл в международный отдел ... две недели ... окончания срока действия визы и обратился ... сотруднику международного отдела с просьбой продлить мне визу ... один год, потому что я заплатил ... обучение ... один год. Сотрудник международного отдела посмотрел мои документы и сказал, что может продлить мне визу только ... полгода, то есть ... тридцатое июня, потому что мой паспорт действителен только ... первого сентября этого года. Ещё сотрудник международного отдела сказал, что я должен поставить печать ... справку и расписаться ... заявлении. Я спросил его, когда мне нужно принести справку. Он ответил, что я могу сдать документы ... трёх дней и что он принимает документы ... понедельникам и ... вторникам ... девяти ... двух часов.

4. *Вместо точек употребите слова в скобках в нужной форме.*

После того как я приехал в Россию, я ... медицинскую страховку (покупать, купить). Мне ... медицинскую страховку, как только я оплатил её стоимость (оформлять, оформить). Пока я чувствовал себя хорошо, я не ... медицинской страховкой (пользоваться, воспользоваться). Но как только я заболел, я ... обратиться к врачу (решать, решить). До того как пойти к врачу, я ... в регистратуру поликлиники, чтобы узнать, когда принимает врач (звонить, позвонить). Когда я пришёл в поликлинику, меня ..., есть ли у меня медицинская страховка (спрашивать, спросить).

📚 КОНТРОЛЬНАЯ РАБОТА ПО ЧТЕНИЮ

1. Прочитайте письмо. Напишите ответы на данные после текста вопросы.

Здравствуй, Юра!

У меня всё нормально. В школе сейчас каникулы, и у меня появилось немного свободного времени на то, чтобы поиграть в футбол, походить по музеям, почитать книги, которые мне нравятся, а не те, которые надо читать по программе. Осталось два месяца до окончания школы. У всех начнутся летние каникулы, а у нас экзамены. Поэтому даже сейчас, во время весенних каникул, я вынужден заниматься часа два в день, потому что хочу поступить в институт. Я ещё не решил, в какой институт поступать. Папа советует поступать в авто-

дорожный институт, а мама - в медицинский. А я бы всё-таки, наверное, выбрал авиационный. Я с детства увлекаюсь самолётами, да и продолжил бы семейную традицию. Саша (ты знаешь, что это мой друг) уже всё для себя решил. Он поступает в Московский авиационный институт.

А я всё ещё не знаю, что мне делать. Мой папа - инженер-конструктор. Он работает в Конструкторском бюро имени Ильюшина. Он говорит, что строить самолёты - это очень трудная профессия. Может быть, поэтому он не хочет, чтобы я шёл в авиацию. Мама работает бухгалтером в частной фирме. Но очень любит рассказывать, что в детстве она хотела стать медсестрой. Она даже лечила кукол, которые у неё были. Это была её любимая игра. Может быть, поэтому она хочет, чтобы я стал врачом. У меня есть старший брат и младшая сестра. Старшему брату 19 лет, он учится в университете на историческом факультете. Он ничего мне не советует. Он говорит, что я уже взрослый и должен решить для себя сам, кем я буду. И никто не может мне в этом помочь. Младшей сестре 7 лет, она ходит во второй класс. И, как ты понимаешь, тоже ничего не советует. Хотя для себя она твёрдо решила, что, когда вырастет, станет учительницей. Она каждый день учит своих кукол читать и писать.

Прошу тебя, напиши мне, как ты живёшь, как твои дела, что ты будешь делать летом.

До свидания, Серёжа.

Вопросы к тексту:

1. Когда Серёжа написал письмо?
2. Кто и почему советует Серёже поступать в автодорожный институт?
3. Кто и почему советует Серёже поступать в медицинский институт?
4. Что советуют Серёже брат и сестра?
5. Почему Серёжа хочет поступать в авиационный институт?
6. Как вы думаете, кто такой Юра?

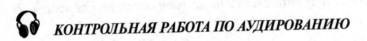 **КОНТРОЛЬНАЯ РАБОТА ПО АУДИРОВАНИЮ**

1. *Прослушайте диалоги. Ответьте на вопросы.*

①

1. К кому пришли студенты?
2. Как его зовут?
3. Когда он будет на работе?

②

1. Зачем студент пришёл в международный отдел?
2. Когда работает международный отдел?

1. О ком говорили студенты?
2. Как его имя-отчество?

④

1. Какой документ должен иметь студент, чтобы его осмотрел врач?
2. В каком кабинете принимает врач?
3. Где находится кабинет?

КОНТРОЛЬНАЯ РАБОТА ПО ГОВОРЕНИЮ

1. *Восстановите недостающие реплики диалога.*

①

— ....?
— Моя фамилия Буй.
— ....?
— Меня зовут Дык Хань.
— ....?
— Я приехал из Вьетнама.
— ....?
— Вьетнамец.
— ....?
— Я родился в 1985 году.
— ....?
— В апреле.
— ....?
— 23-го числа.
— ....?
— Я родился в Хошимине.
— ....?
— Среднее специальное.
— ....?
— Техникум.
— ....?
— Мама — домохозяйка. Папа — инженер.

②

— ....
— На какой срок у вас была регистрация?
— ....
— До какого числа у вас регистрация?
— ....
— Тогда вы должны собрать документы в течение недели.
— ....?
— Миграционную карту, чёрно-белые фотографии, паспорт и переводную справку из деканата.
— ....?
— По вторникам и четвергам с 9.00 до 14.00, по пятницам с 14.00 до 19.00.

③

....?

— Флюорографию можно сделать в понедельник и в среду с 9.00 до 14.00. Во вторник и четверг с 15.00 до 19.00.

....?

— В кабинете №1.

....?

— На первом этаже.

④

— Почему вчера вы не были на занятиях?

— ....

КОНТРОЛЬНАЯ РАБОТА ПО ПИСЬМУ

1. Напишите заявление на имя начальника Паспортно-визового отдела Отдела внутренних дел района «Тушино» Смирнова Алексея Михайловича с просьбой выдать вам новую миграционную карту, так как старую миграционную карту вы потеряли.

II. КАК ДЕЛА В ИНСТИТУТЕ?

☑ *ЛЕКСИКА*

1. а) *Посмотрите на рисунки и прочитайте подписи под ними. Обратите внимание на способы выражения временных отношений.*

Сколько сейчас времени?

12.00	13.00	14.00
двенадцать часов	час	два часа
12.15	12.30	12.45
пятнадцать минут первого	половина первого	без пятнадцати час

б) *Обратите внимание на согласование имён существительных с именами числительными.*

1	час, минута	12.15	15 минут (*какого часа?*) перв**ого**
2, 3, 4	час**а**, минут**ы**	12.30	половина (*какого часа?*) перв**ого**
5, 6 ...	час**ов**, минут	12.45	**без** (*скольких минут?*) пятнадцати минут (*сколько?*) час

в) *Скажите, сколько сейчас времени.*

1.05	5.20	9.10	11.25	3.17	12.10
12.30	12.15	2.15	2.45	4.30	4.40
4.45	9.40	9.35	9.50	8.55	10.10
10.15	10.30	10.45	10.55	1.30	1.45

г) *Обратите внимание на вопрос, который задаётся, если нужно узнать о продолжительности, длительности действия.*

> — **Сколько времени** вы писали контрольную работу?
> — **Сорок пять минут.**

д) *Прочитайте диалог. Обратите внимание на способы выражения временных отношений.*

— Тьен, сколько времени ты тратишь на дорогу в институт?
— Тридцать минут. А сколько сейчас времени?
— Пятнадцать минут девятого. И нам пора ехать, а то опоздаем на занятия.
— Я ещё не собрался.
— Сколько времени тебе нужно, чтобы собраться?
— Десять минут. Ты не бойся. Успеем. У нас ещё есть в запасе пятнадцать минут.

е) Используя информацию упр. 1г, ответьте на вопросы.

1) Сколько времени ты был в институте? 2) Сколько времени продолжался экзамен? 3) Сколько времени ты разговаривал с преподавателем? 4) Сколько времени ты делал вчера домашнее задание? 5) Сколько времени ты смотрел телевизор? 6) Сколько времени ты читал книгу?

2. *а) Сравните ответы на данные вопросы.*

	Сколько сейчас времени?	Когда начинаются занятия?		
Сейчас	двенадцать часов. половина первого. пять минут первого. без пяти минут час.	Занятия начинаются	**в**	двенадцать часов. половине первого. пять минут первого. без пяти минут час.

б) Прочитайте диалог. Обратите внимание на способы выражения временных отношений.

— Зо Зо, сколько сейчас времени?

— Двадцать пять минут девятого. А занятия начинаются в девять часов. Я тебе говорил, что мы опоздаем.

— А я тебе говорю, что успеем.

— И когда же мы приедем в институт?

— Без пяти девять. Спорим?

— Нет, спорить я с тобой не буду. Лучше пойдём побыстрее. А то приедем не без пяти девять, а без пяти десять.

— Всё, всё, я готов. Идём.

*в) Используя информацию упр. 1 и 2, вместо точек употребите там, где необходимо, предлог **в**.*

Разрешите представиться. Меня зовут Кумар. Я студент и живу в общежитии. Каждый день, кроме воскресенья, я езжу на занятия в институт. Поэтому я встаю ... (7, час). После того как я умоюсь, оденусь и уберу постель, я иду завтракать. Я сажусь завтракать ... (7.45). Я завтракаю ... (15-20, минута). Из общежития я выхожу ... (8.30), чтобы ... (9.20) быть в институте. Первая лекция начинается ... (9.30). ... (11, час) и ... (12.30) мы делаем перерыв. Во время перерыва, который продолжается ... (30, минута), можно отдохнуть и выпить кофе. ... (14.30) занятия заканчиваются, и я еду домой. Дома я отдыхаю ... (2, час), а потом сажусь заниматься. Время летит быстро. Смотришь на часы, а они показывают, что уже ... (8, час). Значит, пора ужинать. После ужина я смотрю телевизор или читаю газету. ... (12, час), а иногда и ... (1) я ложусь спать.

3. *а) Обратите внимание на способы приблизительного выражения времени.*

Сейчас 6 часов. Давай встретимся	около (+ *р.п*) после	семи.
	часов в (+ *в.п*)	семь.
	между (+ *т.п.*)	семью и восемью часами.

б) Прочитайте диалоги. Обратите внимание на способы выражения временных отношений.

— Анна Мария, сколько сейчас времени?

— Точно не знаю. Я забыла дома часы. Но, думаю, около девяти.

— Тогда, пока не начались занятия, я схожу на кафедру русского языка.

— Доброе утро! А Анна Сергеевна уже пришла?

— Нет, её пока нет. Она будет часов в десять.

③

— Ну что, Пань Минь, Анна Сергеевна на кафедре?
— Нет, мне сказали, что она будет часов в десять.
— Так в десять часов мы будем на занятиях по математике.
— Значит, пойду после десяти.

④

— Анна Сергеевна, здравствуйте! Вы знаете, когда наша группа писала контрольную работу, я болела гриппом. Можно мне написать её сегодня?
— Хорошо. Приходите между тремя и четырьмя часами. Я буду на кафедре.
— Спасибо! Я обязательно приду.
— Всего хорошего.

в) Скажите, когда и где вы будете ждать своего знакомого. В случае затруднения воспользуйтесь Грамматическим комментарием, п. 9.1., 3.6.1.

1) Между 12.00 и 13.00 (буфет). 2) Около 9.00 (аудитория № 111). 3) Между 8.00 и 8.30 (остановка трамвая № 23). 4) После 18.00 (общежитие). 5) Между 16.00 и 17.00 (библиотека). 6) Около 10.00 (станция метро «Третьяковская»). 7) Часов в 11.00 (поликлиника). 8) После 15.00 (дом). 9) Часов в 16.00 (кафедра).

4. *а) Обратите внимание на синонимию данных способов выражения временных отношений.*

ДНИ НЕДЕЛИ, ВРЕМЯ СУТОК				ЕДИНИЦЫ ИЗМЕРЕНИЯ ВРЕМЕНИ		
каждый	понедельник вечер	**по**	понедельникам вечерам	каждый	. час месяц год	**ежечасно ежемесячно ежегодно**
				каждую	неделю секунду	**еженедельно ежесекундно**

ЗАПОМНИТЕ!

каждый день = **ежедневно**

б) Прочитайте диалог. Обратите внимание на выражние временных отношений.

— Анна Мария, когда у нас во втором семестре занятия по русскому языку?
— По понедельникам, средам, четвергам, пятницам и субботам.
— А когда ты успеваешь делать домашнюю работу.
— По вечерам. Я вообще занимаюсь русским языком ежедневно, даже когда нет занятий в институте.

в) Используя информацию упр. 4а, выразите ту же мысль иначе.

1) Каждое утро я пью кофе. 2) В общежитии очень трудно заниматься, каждую секунду меня кто-нибудь отвлекает. 3) Каждую среду я хожу в бассейн. 4) Эта газета выходит каждый день, а эта — каждую неделю. Журналы, как правило, выходят каждый месяц. 5) Новости по радио передают каждый час. 6) Каждый вторник и каждую пятницу у меня занятия по математике. 7) Каждый вечер перед сном я читаю книгу. 8) Каждый год на летние каникулы я езжу домой. 9) Каждый понедельник лекции заканчиваются в три часа. 10) Каждую субботу и воскресенье у нас нет занятий в институте. 11) Телефон звонит каждую минуту. 12) Каждый четверг я очень занят.

| 1. Выражение временных отношений с помощью предлогов в простом предложении. |
| 2. Разносклоняемое существительное **время**. |
| 3. Трудные случаи спряжения глаголов. |

5. *а) Обратите внимание на использование предлогов* **в** *и* **на**.

ДНИ НЕДЕЛИ	МЕСЯЦЫ	ГОДЫ
в понедельник	в апреле	в прошлом году

ЗАПОМНИТЕ!
на прошлой (будущей, следующей) **неделе**

б) Используя информацию упр. 5а, вместо точек употребите предлоги **в** *или* **на**. *Слова в скобках употребите в нужной форме.*

1) ... (прошлый год) я был студентом подготовительного отделения. А ... (этот год) я уже студент первого курса. 2) ... (будущая неделя) я зайду к тебе. 3) ... (вторник) я встала в 6 часов. 4) Экзамены у меня ... (январь). 5) ... (этот месяц) у меня как никогда много работы. 6) Давайте договоримся встретиться ... (следующая неделя) ... (среда).

6. *а) Обратите внимание на значения предлогов* **во время**, **в течение** *при выражении временных отношений.*

ОДНО СОБЫТИЕ ПРОИСХОДИТ В ПЕРИОД ДРУГОГО СОБЫТИЯ	СОБЫТИЕ ПРОИСХОДИТ В ОПРЕДЕЛЁННЫЙ ИНТЕРВАЛ ВРЕМЕНИ
во время + *существительное в р.п., обозначающее событие*	**в течение** + *существительное в р.п. со значением времени*
<u>Во время</u> каникул я встретил друга.	Мы гуляли с ним по городу <u>в течение</u> двух часов.

б) Прочитайте диалоги. Обратите внимание на использование предлогов **во время** *и* **в течение**.

— Кумар! Что ты делаешь?
— Домашнюю работу.
— Во время ужина?
— Ну и что...
— Ничего. Просто странно, что в течение дня ты не нашёл времени сделать домашнюю работу.
— Не тебе об этом говорить!

— Дмитрий Петрович! Я хочу поехать домой во время летних каникул. Мне нужна виза.
— Тогда, Пак, вы должны сдать документы в течение месяца. Иначе мы не успеем оформить вам визу.

*в) Используя информацию упр.6а, вместо точек употребите предлоги **во время** или **в течение**.*

1) ... ужина мы говорили о новом фильме, который мы недавно посмотрели. 2) ... месяца ты не нашёл времени зайти ко мне. 3) Врач сказал принимать эти лекарства ... семи дней. 4) ... завтрака мы разговаривали о том, что будем делать в воскресенье. 5) ... года я изучал русский язык на подготовительном факультете. 6) ... обеда мы молчали, и каждый думал о своём. 7) ... каникул мы были в Кремле и на Красной площади. 8) ... всего дня мы гуляли по городу.

7. *а) Обратите внимание на значения предлогов **после**, **через** при выражении временных отношений.*

УКАЗЫВАЕТ НА СОБЫТИЕ, ВСЛЕД ЗА КОТОРЫМ СОВЕРШАЕТСЯ ДЕЙСТВИЕ ДЕЙСТВИЕ	УКАЗЫВАЕТ НА ВРЕМЕННОЙ ИНТЕРВАЛ, ВСЛЕД ЗА КОТОРЫМ СОВЕРШАЕТСЯ
после + *существительное в р.п., обозначающее событие*	**через** + *существительное в в.п. со значением времени*
Мы встретимся <u>после</u> занятий.	Мы встретимся <u>через</u> два часа.

*б) Прочитайте диалоги. Обратите внимание на использование предлогов **после** и **через**.*

①

— Зо Зо, когда мы пойдём к Пань Минь?
— После обеда.
— А точнее можешь сказать?
— Ну, если мы пойдём через три часа, тебя устроит?
— Вполне.

②

— Ван Чжу, через сколько месяцев ты начал хоть немного понимать по-русски?
— Наверное, через три-четыре месяца после приезда в Москву.
— А говорить?
— Говорить? После первого семестра я стал немного говорить по-русски, а через год уже понял, что знаю русский язык прилично.
— А я пока ничего не понимаю и ничего не могу сказать.
— Не расстраивайся ты так, Зо Зо. Ещё научишься.

в) Используя информацию упр. 7а, выразите ту же мысль иначе.

Образец: Прошли экзамены, и я поехал отдыхать на родину. — После экзаменов я поехал отдыхать на родину.

1) Прошли каникулы, и в институте начались занятия. 2) Прошла неделя, и я начал привыкать к этому городу. 3) Прошёл месяц, и я уже смогла немного говорить по-русски. 4) Прошла секунда, и я вспомнила, откуда я знаю этого человека. 5) Пройдёт второй семестр, и мы поедем на летние каникулы на родину. 6) Пройдёт два часа, и мы сядем делать домашнюю работу. 7) Пройдёт шесть лет, и мы вернёмся на родину. 8) Пройдут занятия, и мы поедем в общежитие. 9) Прошёл отпуск, и я пошла на работу.

*г) Используя информацию упр. 7а, вместо точек употребите предлоги **после** или **через**.*

1) ... обеда я зайду к тебе. 2) ... пять лет я стану инженером. 3) ... экзамена я пошёл в кафе. 4) ... практики у меня начнутся каникулы. 5) Я приеду к тебе ... полчаса. 6) ... неделю Новый год. 7) ... месяц я получил письмо от мамы. 8) ... ужина я всегда смотрю передачи по телевизору.

8. *Вместо точек употребите предлоги **во время, в течение, после, через, через ... после.***

... месяц ... приезда в Москву я заболел. ... дня у меня болели голова и горло, а ... день поднялась температура. ... болезни я не ходил в институт. ... трёх дней я принимал лекарство, и ... три дня
я почувствовал себя лучше. Пока я болел, каждый день ... обеда ко мне приходили мои друзья и ...
нескольких часов рассказывали мне, что они делали в институте.

9. *Вместо точек употребите слова в скобках в нужной форме.*

В ... (среда) у меня контрольная работа по русскому языку, то есть через ... (неделя). В течение
... (неделя) я готовился к ней. До ... (среда) я повторил все темы, которые мы изучали во время ...
(занятия) по русскому языку. В ... (среда) я приехал в институт около ... (девять часов). Контрольную
работу мы начали писать в ... (половина десятого). За ... (два часа) я её написал. В ... (половина двенадцатого) я был свободен. После ... (контрольная работа) я позвонил своему другу и сказал, что
могу встретиться с ним. Мы договорились встретиться с ним между ... (половина двенадцатого
и двенадцать) в кафе института.

10. *Вместо точек употребите слово **время** в нужной форме. В случае затруднения воспользуйтесь
Грамматическим комментарием, п. 3.7.*

1) У меня сегодня есть ... . Мы можем сходить в кино. 2) У него никогда нет ..., потому что он
много занимается. 3) По ... вроде бы всё получается. 4) Где мне взять ..., чтобы успеть сделать всё.
5) У меня плохо со ... . 6) О дне и ... экзамена я вам скажу позже.

11. *а) Вспомните спряжение глаголов **вставать, умываться, причёсываться, одеваться,
ложиться, (ис)купаться**. В случае затруднения воспользуйтесь Грамматическим комментарием,
п. 15.*

б) Образуйте от данных глаголов совершенный вид.

1. умы**ва**ться — умы**ть**ся: вста**ва**ть, оде**ва**ться
2. чистить — **по**чистить: спать, мыться, бриться

в) Обратите внимание на образование совершенного вида от данных глаголов.

НЕСОВЕРШЕННЫЙ ВИД	СОВЕРШЕННЫЙ ВИД
будить	разбудить
причёсываться	причесаться
купаться	искупаться
ложиться	лечь

г) Продолжите спряжение данных глаголов.

	(раз)будить	(по)чистить	(по)спать	встать	одеться
я	бужу	чищу	сплю	встану	оденусь
ты	будишь	чистишь	спишь	встанешь	оденешься
он	...	...	...	...	...

	(у)мыться	причесаться	бриться
я	умоюсь	причешусь	бреюсь
ты	умоешься	причешешься	бреешься
он	...	...	...

*д) Обратите внимание на спряжение глагола **лечь**.*

БУДУЩЕЕ ВРЕМЯ			ПРОШЕДШЕЕ ВРЕМЯ	
лечь			**лечь**	
Я	лягу	МЫ	ляжем	Я, ТЫ, ОН	лёг
ТЫ	ляжешь	ВЫ	ляжете	Я, ТЫ, ОНА	легла
ОН	ляжет	ОНИ	лягут	МЫ, ВЫ, ОНИ	легли

е) Используя информацию упр. 11а-д, вместо точек употребите слова в скобках в нужной форме.

1) — Вы всегда ... спать поздно? — Нет, вчера я ... в 9 часов (ложиться, лечь). 2) — Вы обычно рано ...? — Обычно мы ... в 8, но завтра мы ... в 6 (вставать, встать). 3) — Тьен, ты ... нас завтра в 7 часов? — Конечно, я ведь и так ... вас каждый день (будить, разбудить). 4) — Я смотрю, ты редко ... ? — Это правда. Но на будущей неделе я обязательно ... (бриться, побриться). 5) — Мама, а можно я завтра ... зубы, ... и ... ? — Нет, нельзя. ...зубы, ... и ... надо каждый день (чистить, почистить; умываться, умыться; причёсываться, причесаться). 6) Ты уже ... ? — Нет, я только иду ... (купаться, искупаться). 7) — Это правда, что каждое воскресенье они ... до 12 часов дня? — Да, они любят ... по воскресеньям (спать, поспать). 8) Мария, Пань Минь, почему вы так долго ...? —Потому что хотим ... тепло и красиво (одеваться, одеться).

 ЧТЕНИЕ

Текст 1

а) Проверьте, знаете ли вы следующие слова и словосочетания. В случае необходимости обратитесь к словарю.

Вид деятельности, животное, клуб, крохотный, организовать, путешествие (путешественник), ремонтировать, рыбалка, соревнования по боксу, стихи, сутки, футбольный матч, чертёж.

б) Прочитайте текст. Скажите, согласны ли вы с автором текста, что инженер отдыхает тогда, когда пишет стихи, а писатель – тогда, когда ремонтирует машину.

СУТКИ ... ЭТО МНОГО ИЛИ МАЛО?

Много или мало это – 24 часа? Сутки ... Крохотная часть человеческой жизни. А что можно успеть сделать за сутки? Наверное, не только проснуться, умыться, почистить зубы, одеться и причесаться, сходить на работу. Очень часто знаменитых людей представляют как людей, которые всё время работают. Но это не так.

Например, русский писатель Юрий Маркович Нагибин любил смотреть по телевизору интересные футбольные матчи, соревнования по боксу. Его любимыми телевизионными передачами были «В мире животных», «Клуб путешественников». Он очень любил музыку и чтение, не пропускал почти ни одной интересной выставки. Часто путешествовал. Почему же он в течение дня всё успевал делать и оставил для нас очень много талантливых книг?

Очень просто. Нагибин умел организовать своё время. Он вставал в семь-восемь часов утра. Сразу после завтрака, в девять часов утра, садился работать. Работал он до обеда, то есть часов до двух. Потом обедал. Иногда делал перерыв на послеобеденный получасовой сон. И через тридцать минут снова – работа. До самого вечера. Вечером, во время и после ужина, писатель встречался с друзьями, читал книги, письма, слушал классическую музыку. Юрий Нагибин успевал всё делать потому, что планировал свой день, записывал, что надо сделать, кому позвонить, с кем встретиться. Он не терял напрасно времени.

Есть ещё один секрет, как отдыхать и активно работать. Надо менять виды деятельности. Писатель, журналист, преподаватель, инженер отдыхают не только тогда, когда лежат на кровати. Для отдыха таким людям необходима перемена вида деятельности. В будний день – работа над книгой, чертежом. В свободное время – путешествие, работа на даче, рыбалка... Инженер может писать стихи. Писатель – ремонтировать свою машину... Это для них отдых.

в) Прочитайте текст ещё раз. Ответьте на вопросы.

1. Когда вставал Юрий Нагибин?
2. Когда начинался рабочий день писателя?
3. Когда и сколько времени он отдыхал днём?
4. Когда у Юрия Нагибина было свободное время?
5. Что любил делать Юрий Нагибин в свободное от работы время?
6. Почему русский писатель успевал делать всё?
7. В чём секрет активного отдыха?

г) Расскажите о рабочем дне Юрия Марковича Нагибина, о том, что он любил делать в свободное от работы время.

🎧 АУДИРОВАНИЕ

12. *Ваш друг болел и не был в институте. Прослушайте диалоги и ответьте на вопросы вашего друга.*

①

— Когда у нас будет экзамен?

②

— Андрей сказал, где и когда мы встречаемся?

③

— Когда будет контрольная работа по физике? Что нужно сделать, чтобы подготовиться к ней?

④

— Лена мне что-нибудь передавала?

⑤

— Ты не узнал, когда работает международный отдел?

🗣 ГОВОРЕНИЕ

13. *а) Расскажите, как вы обычно проводите свой день, используя в качестве плана данные вопросы.*

1. Когда вы встаёте?
2. Что вы делаете до завтрака?
3. Что вы делаете после завтрака?
4. Когда вы идёте в институт?
5. Как вы туда добираетесь и сколько времени занимает дорога?
6. За сколько времени до начала занятий вы приходите в институт?
7. Сколько времени вы обычно проводите в институте?
8. Как вы отдыхаете после занятий?
9. Что вы делаете после ужина?
10. Когда вы ложитесь спать?
11. Сколько часов в сутки вы спите?
12. Вам достаточно 24 часов в сутки на учёбу и на отдых?

б) Расскажите о том, как вы провели свой вчерашний день. В своём рассказе используйте совершенный вид глаголов.

в) Расскажите о том, как вы планируете провести свой завтрашний день. В своём рассказе используйте совершенный вид глаголов.

г) Сравните распорядок вашего дня в воскресенье и в понедельник. В своём рассказе используйте несовершенный вид глаголов.

д) Сравните распорядок сегодняшнего дня и любого другого, который был раньше. В своём рассказе используйте совершенный вид глаголов.

2. Как дойти? Как доехать?

☑ *ЛЕКСИКА*

Общественный транспорт

14. *а) Обратите внимание на значение данного словосочетания.*

Общественный транспорт — это автобус, троллейбус, трамвай, метро

Многие москвичи пользуются общественным транспортом.

б) Посмотрите на рисунок. Покажите на нём пешехода, перекрёсток, улицу, проезжую часть улицы, тротуар, светофор, наземный переход.

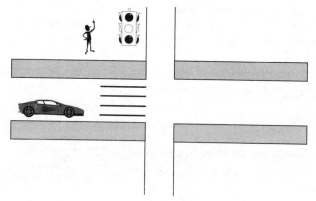

в) С помощью приставки **под-** *образуйте антоним к слову* **наземный**.

г) Прочитайте диалоги. Обратите внимание на использование слов **можно** *и* **нельзя**.

①

— Кумар, нам нужно перейти через дорогу. Давай перейдём здесь.
— Здесь нельзя переходить дорогу.
— Это почему?
— Здесь нет ни наземного, ни подземного перехода.
— А где же её можно перейти?
— Недалеко отсюда, на перекрёстке, есть светофор. Там и перейдём.

②

— Зо Зо, не выходи на дорогу. Стой на тротуаре. Видишь, сколько машин.
— Мы же опаздываем на занятия. Я хочу побыстрее перейти через дорогу.
— Стой спокойно. Ты что, не видишь: на светофоре горит красный свет.
— Уже не красный, а жёлтый.
— Ну и что, на жёлтый свет тоже нельзя переходить дорогу. Ты же сам прекрасно знаешь, что дорогу можно переходить только на зелёный свет светофора. Вот когда будет зелёный свет, тогда и перейдём.

д) Используя информацию упр. 14г, закончите предложения, употребив слова **нельзя** *или* **можно**.

Образец: Если на светофоре горит жёлтый свет, ... — Если на светофоре горит жёлтый свет, пешеходам нельзя переходить улицу.

1) Если на светофоре горит красный свет, ... 2) Если на светофоре горит зелёный свет, ... 3) Если нет наземного или подземного перехода, ... 4) Если есть наземный или подземный переход, ...

15. *а) Обратите внимание на условные обозначения, с которыми мы часто встречаемся, когда пользуемся общественным транспортом.*

Тм — трамвайная остановка   **Тб** — троллейбусная остановка
А   — автобусная остановка   **М** — станция метро

б) Выразите ту же мысль иначе.

Образец: трамвайная остановка — остановка трамвая

1. Автобусная остановка.   2. Троллейбусная остановка.

в) Обратите внимание на использование данных слов.

	автобуса	**станция** метро
остановка	трамвая	
	троллейбуса	**стоянка** такси

г) Прочитайте диалоги. Обратите внимание на вопросы, которые можно задать, если нужно получить информацию о движении общественного транспорта.

①

— Скажите, пожалуйста, как нам доехать до станции метро «Сокол»?
— На троллейбусе.
— А на каком троллейбусе?
— Можно на двенадцатом, а можно на семидесятом.
— А они часто ходят?
— Каждые пятнадцать-двадцать минут.
— А где здесь поблизости троллейбусная остановка?
— Вон там. Видите.
— Да, спасибо.

②

— Смотри, здесь останавливается ещё и первый троллейбус. Извините, пожалуйста, куда идёт первый троллейбус?
— До Боткинской больницы.
— А до станции метро «Сокол» мы на нём доедем?
— Нет, он не идёт до станции метро «Сокол».

③

— Извините, пожалуйста, какой это трамвай?
— Шестой.
— А он идёт до станции метро «Войковская»?
— Нет, он идёт до станции метро «Сокол».
— А вы не скажете, где нам лучше сделать пересадку?
— Вам нужно ехать или до станции метро «Аэропорт», или до станции метро «Сокол».

*д) Используя информацию упр. 15г, вместо точек употребите слова **куда, какой, как, где.***

1) Извините, вы не скажете, ... идёт третий трамвай? 2) Простите, вы не знаете, ... лучше сделать пересадку? 3) Скажите, пожалуйста, ... доехать до Театральной площади? 4) Простите, вы не знаете, ... это трамвай? 5) Скажите, пожалуйста, ... остановка трамвая №23?

16. *а) Обратите внимание на значения частиц -то, -нибудь.*

-то	**-нибудь**
ГОВОРЯЩИЙ НЕ ИМЕЕТ ИНФОРМАЦИИ О ТОМ, КТО, КОГДА ИЛИ ГДЕ СОВЕРШАЕТ ДЕЙСТВИЕ	ДЕЙСТВИЕ НАПРАВЛЕНО НА ЛЮБОЙ ОБЪЕКТ ИЗ РЯДА ОДНОРОДНЫХ
<u>Кто-то</u> стучит в дверь. Не знаю, кто это может быть.	Надо <u>у кого-нибудь</u> спросить, где остановка автобуса. Вот только не знаю, у кого именно.

ЗАПОМНИТЕ!
В вопросительных предложениях всегда употребляется частица **-нибудь**.

б) Прочитайте диалоги. Обратите внимание на использование частиц -то, -нибудь.

①

— Пак, мы сегодня куда-нибудь поедем?
— Если я найду свой паспорт, то поедем. Я его вчера куда-то положил и не помню куда. Но где-то же он лежит! Я должен его найти. Без паспорта я никуда не поеду.

②

— Пак! Кумар! Кто-то из вас вчера забыл в нашей комнате паспорт...
— Спасибо, Анна Мария. Это паспорт Пака. Он ищет его всё утро.

③

— Анна Мария! Ты когда-нибудь ездила до станции метро «Коломенская»?
— Когда-то ездила, но это было давно.
— Тогда скажи, где нам лучше сделать пересадку?
— Извини, но я уже не помню название станции, на которой нужно делать пересадку. Помню только, что это где-то в центре.
— Тогда спроси у кого-нибудь.
— Почему я?
— А ты лучше всех говоришь по-русски.

в) Используя информацию упр.16а, вместо точек употребите слова **куда-нибудь, куда-то, когда-нибудь, когда-то, где-нибудь, где-то, кого-нибудь.**

1) Скажите, пожалуйста, как пройти к зоопарку? — К сожалению, я не знаю. Я не москвич. Спросите у ... другого. 2) Где живёт Олег? — Не помню, ... в общежитии между метро «Аэропорт» и метро «Сокол». 3) Вы ... ездили на метро? — Да, ... ездил, но так давно, что уже даже не помню когда. 4) Куда вы поедете в воскресенье? — Не знаю, мы ещё не решили, но ... поедем. 5) Он ...ушёл, но я не знаю куда. 6) Скажите, пожалуйста, здесь ... есть остановка автобуса? Мне нужно доехать до ближайшего метро.

17. *а) Обратите внимание на использование данных глаголов.*

брать (взять) такси	**сесть (садиться) на** трамвай	**пересесть с** трамвая **на** автобус

б) Обратите внимание на значения данных слов и словосочетаний.

Конечная остановка — это последняя остановка на маршруте движения автобуса, троллейбуса и т. д. Вам нужно ехать <u>до конечной остановки</u>.

Пробка — большое количество машин на улицах города, мешающее нормальному движению.
Утром в Москве часто бывают <u>пробки</u> и из-за них иногда москвичи опаздывают на работу.

в) Прочитайте диалоги. Обратите внимание на использование слов, данных в упр. 17а,б.

— Давай возьмём такси.

— Нет, я не хочу брать такси. Во-первых, это очень дорого. Во-вторых, можно попасть в пробку. И тогда мы точно опоздаем. Лучше поедем на метро.

— До метро очень долго идти. А я устал.

— А мы сядем на троллейбус и доедем до конечной остановки. А там пересядем с троллейбуса на метро.

— Ну хорошо.

②

— Пань Минь, почему вы опоздали на занятия?

— На Ленинградском шоссе пробка, и мне пришлось долго ждать троллейбуса.

— А вы, Кумар, почему пришли так поздно?

— Я, Анна Сергеевна, тоже попал в пробку и ехал до института вместо двадцати минут час.

— Ну а вы, Тьен?

— Мой автобус тоже стоял в пробке сорок минут.

— Понятно. Проходите. Садитесь.

г) Используя информацию упр. 17а, вместо точек употребите необходимые по смыслу слова.

1) От моего дома до Киевского вокзала нет прямого сообщения. Поэтому на площади Индиры Ганди мне необходимо ... с автобуса на троллейбус. 2) За полчаса мы не успеем доехать на общественном транспорте до Курского вокзала, придётся ... такси. 3) Вам надо ... на 105-й автобус и ехать до конечной остановки.

18. *а) Обратите внимание на использование данных слов.*

где?	куда?	откуда?
здесь, тут, там	сюда, туда	отсюда, оттуда
Я <u>там</u> живу.	Я иду <u>туда</u>.	Я иду <u>оттуда</u>.

б) Посмотрите на рисунок. Используя слова упр. 18а, ответьте на вопросы.

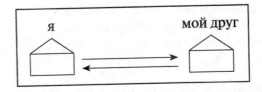

1) Где вы живёте?

2) Где живёт ваш друг?

3) Куда вы едете?

4) А куда едет ваш друг?

5) Откуда вы едете к своему другу?

6) Откуда ваш друг едет к вам?

в) Используя информацию упр. 18а, вместо точек употребите необходимые по смыслу слова.

1) В общежитии мы говорили о том, что нам очень понравился музей в Коломенском. Мы решили, что на следующей неделе мы снова поедем ... . 2) Не уходите. Подождите меня ... . Я куплю талоны и вернусь ... . 3) Я очень много слышал о Московском Кремле. И в воскресенье решил поехать ... . 4) Это наше общежитие. ... до института я еду 40 минут. 5) Если тебе надо пойти в библиотеку, то иди ... к 9 часам. 6) Автобусная остановка ..., за углом. Вы дойдёте ... за 5 минут. 7) Это наш деканат. Давай завтра встретимся ..., около деканата.

В общественном транспорте

19. *а) Обратите внимание на значения данных слов и словосочетаний.*

**Проездной билет
(проездной)** — это документ, который даёт вам право ездить в течение месяца на автобусе, троллейбусе, трамвае, метро.

Мне нужно купить <u>проездной</u> на октябрь.

Талон — это билет, который даёт вам право один раз проехать на автобусе, трамвае или троллейбусе.

У водителя всегда имеются в продаже <u>талоны</u>. Стоимость талона — 15 рублей.

Контролёр — человек, который проверяет, оплатили ли вы проезд в общественном транспорте.

<u>Контролёр</u> попросил меня показать проездной.

б) Обратите внимание на использование данных глаголов.

купить (покупать)	талон	предъявить (предъявлять) показать (показывать) проверить (проверять)	талон проездной

*в) Используя информацию упр. 19б, найдите в тексте синоним к словосочетанию **показать билет**.*

г) Прочитайте диалоги. Обратите внимание на использование слов, данных в упр. 19б.

①

— Пак, наш автобус. Пошли.
— Не могу. Я не успел купить талон.
— Ничего. Купишь у водителя автобуса.

②

— Предъявите, пожалуйста, ваш талон.
— У меня проездной.
— Проездные показываем.
— Пожалуйста.

д) Используя информацию упр. 19б, вместо точек употребите необходимые по смыслу слова и словосочетания в нужной форме.

Обычно я покупаю талоны заранее около станции метро. Но сегодня я спешил и решил ... талон у водителя автобуса. Хорошо, что я купил талон, потому что на следующей остановке в автобус вошёл контролёр и начал ... талоны. Я ... талон.

Проверка документов полицией

20. *а) Посмотрите на рисунки. Это студенческий билет. Этот документ удостоверяет, что данный человек действительно является студентом университета или института.*

МОСКОВСКИЙ ГОСУДАРСТВЕННЫЙ
УНИВЕРСИТЕТ ИМ. М.В. ЛОМОНОСОВА

Место для фотографии	Фамилия *Антонов*
	Имя *Иван*
	Отчество *Александрович*
	Факультет *журналистика*
	Отделение *дневное*
	Дата поступления *16.07.05*
	Декан *Зал*
	Дата выдачи *1.09.05*

б) Обратите внимание на синонимию данных предложений.

НЕОФИЦИАЛЬНАЯ СИТУАЦИЯ	ОФИЦИАЛЬНАЯ СИТУАЦИЯ
1. Покажите ваши документы.	1. Предъявите ваши документы.
2. Как вас зовут?	2. Ваша фамилия?
3. Где вы живёте?	3. Где вы проживаете?
4. Откуда вы приехали?	4. Из какой страны вы прибыли?
5. Зачем вы приехали в Москву?	5. С какой целью вы прибыли в Москву?

в) Прочитайте диалоги. Скажите, о каких документах говорилось в диалогах.

— Старший лейтенант Сидоров. Предъявите ваши документы.
— Пожалуйста, вот мой паспорт.
— Где у вас виза?
— Вот здесь.
— А регистрация?
— Здесь.
— С какой целью прибыли в Москву?
— Я студент. Вот мой студенческий билет.
— Возьмите ваши документы.
— Спасибо. До свидания.

— Сержант Петров. Ваш паспорт?
— Мой паспорт находится на оформлении. Вот справка, заменяющая паспорт.
— А миграционная карта?
— Я её сдал вместе с паспортом.
— Фамилия?
— Укирде Кишор Кумар.
— Из какой страны прибыли?
— Из Индии.
— Где вы проживаете?
— В общежитии на улице Никольской, дом 25.
— Ваша справка действительна до 30 сентября.
— Да, я знаю. Я думаю, до этого времени мне оформят визу и регистрацию.
— Вот ваша справка.
— До свидания. Спасибо.

г) Используя информацию упр. 20в, закончите предложения.

1) Если к вам подошёл полицейский и попросил предъявить документы, нужно показать ...
2) Если полицейский спрашивает, с какой целью вы прибыли в Москву, нужно сказать, что вы ...
3) Если полицейский спрашивает, почему у вас нет паспорта, нужно ответить, что ... 4) Если полицейский спрашивает о месте вашего проживания, нужно сказать, что ...

⊠ ГРАММАТИКА

> 1. Глаголы движения **идти** и **ехать** с приставками.
> 2. Предлоги, использующиеся с глаголами движения.

21. *а) Обратите внимание на значения данных приставок.*

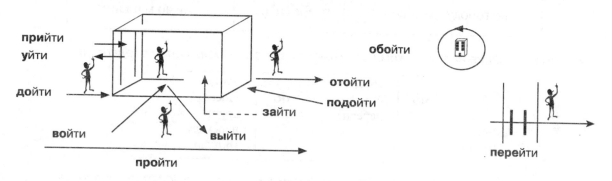

*б) Используя информацию упр. 21а, найдите антонимы к словам **выйти**, **подойти**, **прийти**.*

в) Обратите внимание на использование предлогов с приставочными глаголами движения.

		куда?			откуда?
прийти	**в**	институт	**уйти**	**из**	института
зайти	**на**	работу		**с**	работы
	к	другу		**от**	друга
войти	**в**	комнату	**выйти**	**из**	комнаты
подойти	**к**	остановке	**отойти**	**от**	остановки
дойти	**до**	института			
пройти	**через**	парк	**обойти**		дом
	мимо	остановки		**вокруг**	дома
			перейти	**через**	дорогу

г) Прочитайте текст. Обратите внимание на использование предлогов с приставочными глаголами движения.

Сегодня я ушёл из дома в 9 часов. Я спустился по лестнице и вышел из подъезда. Только я отошёл от дома, начался дождь. Поэтому я пошёл быстрее. Я прошёл мимо аптеки, зашёл в магазин, купил ручку. Потом вышел из магазина и пошёл к автобусной остановке. Когда я подошёл к остановке, мне сказали, что автобус только что отошёл. Ждать мне было некогда. И я пошёл на другую остановку. Чтобы дойти до неё, надо было обойти дом и перейти через мост. Я пришёл на автобусную остановку в тот момент, когда люди садились в автобус. Я тоже сел в автобус. На пятой остановке я вышел из автобуса и пошёл по улице, в конце которой находился мой институт. Через пять минут я вошёл в здание института.

д) Используя информацию упр. 21в, вместо точек употребите необходимые по смыслу слова в нужной форме.

1) Автобус только что ... от остановки. 2) Пожилая женщина с трудом ... до трамвая. 3) Нам нужно ... через мост, там будет остановка нашего трамвая. 4) Я, как мне сказали, ... мимо магазина и многоэтажного дома, а нужной мне остановки всё не было. 5) На следующей остановке студенты ... из трамвая. 6) Я ... в комнату и снял пальто. 7) Женщина ... к памятнику Пушкину, потом ... вокруг него, чтобы лучше его рассмотреть. 8) Студент ... в институт в 9 часов утра, а ... из института только в 5 часов вечера. 9) Девушки ... через улицу, когда на светофоре загорелся зелёный свет. 10) Я ... на стадион, чтобы посмотреть футбольный матч. После окончания футбольного матча я ... со стадиона. 11) Вам нужно ... через площадь. Остановка вашего автобуса на другой стороне площади. 12) Я хочу есть. Давай ... в кафе.

22. *а) Обратите внимание на использование предлогов с приставочными глаголами движения.*

НАСЕЛЁННЫЕ ПУНКТЫ, ДОРОГА **по** *(+ д.п.)* <u>по</u> городу, <u>по</u> дороге	«СКВОЗЬ» **через** *(+ в.п.)* <u>через</u> парк	«МИНУЯ ЧТО-НИБУДЬ» **мимо** *(+ р.п.)* <u>мимо</u> магазина

б) Обратите внимание на то, с какими словами чаще всего используется предлог **по**.

по	городу селу деревне	**по**	улице шоссе дороге переходу тротуару

в) Соотнесите диалоги с рисунками. Обратите внимание на использование предлогов с глаголами движения.

①

— Скажите, пожалуйста, как пройти к Историческому музею?
— Идите по этой улице до перекрёстка, поверните направо. Там, за углом, музей.

②

— Скажите, пожалуйста, как пройти на Парковую улицу?
— Идите через парк к автобусной остановке. Садитесь на любой автобус. Третья остановка будет «Парковая улица».

③

— Скажите, есть ли тут поблизости почта?
— Почта? Это недалеко. Перейдите на другую сторону улицы, пройдите мимо магазина «Сувениры», за ним будет почта.

④

— Скажите, как попасть на улицу Остоженка?
— Перейдите через улицу, поверните налево, а затем направо в первую улицу. Вы окажетесь в начале улицы Остоженка.

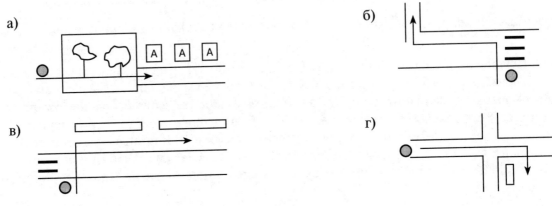

*г) Используя информацию упр. 22а, вместо точек употребите предлоги **по, через, мимо**.*

1) Летом я хожу домой ... парк. 2) Пешеходы должны ходить ... тротуару. 3) Мы гуляли ... Тверской улице. 4) Мы прошли ... остановки и не заметили её. 5) В аэропорт «Шереметьево» надо ехать ... Ленинградскому шоссе. 6) Вам нужно перейти ... улицу. Музей на противоположной стороне. 7) Поезд, не останавливаясь, проехал ... станции «Беговая». 8) Вы купите журналы, когда будете идти ... подземному переходу. 9) Идите ... здания физического факультета, за ним — корпус студенческого общежития. 10) Нельзя переходить ... дорогу на красный свет светофора.

23. *а) Обратите внимание, что значение приставок сохраняется при использовании их с любым другим глаголом движения.*

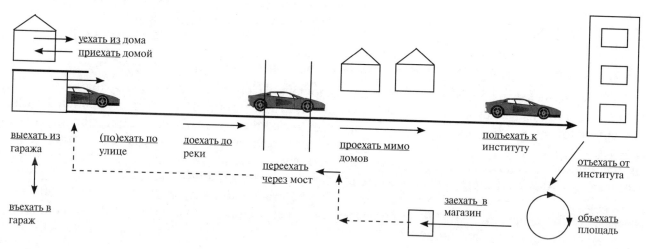

б) Используя рисунок упр. 23а, напишите рассказ о том, как заведующий кафедрой русского языка Петров Александр Иванович ехал на работу в институт и как он ехал домой после работы.

24. *а) Обратите внимание на использование предлогов с приставочными глаголами движения.*

Как	**попасть** **пройти** *(куда?)* **проехать**	**в, на, к**	в центр города? на стадион «Динамо»? памятнику Пушкину?
Как	**дойти** *(куда?)* **доехать**	**до**	центра города? стадиона?
сделать пересадку *(где?)* **выйти** **пересесть** *(куда?)*		**на**	остановке «Парковая улица» станции «Белорусская» трамвай

(по)ехать *(на чём?)* | **на** | такси автобусе | | **сесть** *(куда?)* | **на** | автобус

б) Используя информацию упр. 24а, вместо точек употребите необходимые по смыслу предлоги. Слова в скобках употребите в нужной форме.

1) Вы сели не ... (тот трамвай), вам нужно выйти ... (следующая остановка) и пересесть ... (троллейбус № 57). 2) В институт я еду ... (троллейбус). 3) Вы не знаете, если мы поедем ... (этот автобус), мы доедем ... (музей Пушкина)? 4) Вам нужно выйти ... (следующая остановка) и пересесть ... (автобус). 5) Мне всё равно. Я могу ехать и ... (трамвай), и ... (троллейбус). 6) Как проехать ... (памятник Юрию Долгорукому)? 7) Простите, вы не знаете, ... (этот автобус) я доеду ... (вокзал)? 8) Вы не знаете, как попасть ... (центр города)? 9) Простите, как дойти ... (Красная площадь)? 10) Я доеду ... (конечная остановка), а там пойду пешком. 11) Вчера я сел не ... (тот автобус). 12) Вам нужно сделать пересадку ... (станция «Тверская»).

5-2481

65

25. *Вместо точек употребите необходимые по смыслу слова в нужной форме.*

1) Как правило, я ... из дома в 8 часов, но сегодня я ... из дома в половине девятого (выходить, выйти). 2) Он ... из дома два часа назад и не сказал, куда он ... . Обычно, когда он ... из дома, он нам говорит, куда он ... (уходить, уйти; идти, пойти). 3) Каждое воскресенье мои друзья ... ко мне в гости. Вот и в это воскресенье ко мне ... Лена и Катя (приходить, прийти). 4) Иностранец спросил, как ... до посольства. Когда ему объяснили, он ... до посольства за полчаса. Теперь он хорошо знает дорогу в посольство, поэтому ... до него в течение 15 минут (доходить, дойти). 5) — Вам нужно ... через дорогу на другую сторону улицы. — Но здесь нет перехода. Здесь нельзя ... через дорогу (переходить, перейти). 6) Он редко ... в эту комнату, но сегодня он ... туда и увидел, что кто-то забыл закрыть окно (заходить, зайти). 7) Петя ... от дома уже довольно далеко, когда вспомнил, что ему сказали, чтобы он не ... далеко от дома (отходить, отойти). 8) Вам не нужно ... эту площадь, вы можете ... через неё. Нет, лучше я её ... (обходить, обойти, проходить, пройти). 9) — Я хочу ... к этому памятнику, чтобы лучше рассмотреть его. — А я не хочу ... к нему. Я очень устала (подходить, подойти).

26. *Вместо точек употребите слова в скобках в нужной форме.*

Сегодня мы с вами пойдём на ... (Красная площадь). Сейчас мы с вами проходим мимо ... (Исторический музей). Давайте подойдём поближе к ...(Мавзолей), в котором похоронен Ленин. А теперь подойдём к ... (Лобное место). Оно называется так потому, что здесь читали царские указы. Обойдём вокруг ... (Лобное место), чтобы лучше рассмотреть его, и затем пойдём в ... (храм Василия Блаженного). Сейчас мы проходим мимо ... (памятник Минину и Пожарскому), которых русский народ считает своими героями. Давайте войдём ... (храм Василия Блаженного). Его построили в XVI веке. А теперь совершим прогулку по ... (Государственный центральный магазин), или, как называют его москвичи, ГУМу. Мы пройдём через ... (весь магазин). Когда мы выйдем из ... (этот магазин), наша экскурсия закончится.

27. *Замените количественные числительные порядковыми. В случае затруднения воспользуйтесь Грамматическим комментарием, п. 10.*

Образец: 1) На работу я езжу на троллейбусе № 70. — На работу я езжу на семидесятом троллейбусе.
2) Куда идёт трамвай № 23? — Куда идёт двадцать третий трамвай?

1) Вам нужно проехать на автобусе № 111 две остановки. 2) Вы можете доехать на маршрутном такси № 20. 3) Садитесь на автобус № 282. 4) Туда лучше всего ехать на трамвае № 16. 5) Троллейбус № 12 идёт до Красной площади. 6) На автобусе № 122 вы доедете до станции метро «Динамо». 7) Мне нужно сесть на автобус № 575, тогда мне не нужно будет делать пересадку. 8) Я ехал до Трубной площади на троллейбусе № 15.

 **ЧТЕНИЕ**

Текст 2

а) Проверьте, знаете ли вы следующие слова и словосочетания. В случае необходимости обратитесь к словарю.

Архитектура (архитектор), богатырь, Вторая мировая война, глобус, герб, здание, изобразить, конь, памятник, портрет, постамент, поэт, ценный, щит, экскурсия.

б) Прочитайте текст. Обратите внимание на глаголы движения, использованные в тексте.

ЭКСКУРСИЯ ПО ТВЕРСКОЙ УЛИЦЕ

Москва — очень большой город. И даже москвичи не всегда могут сказать, где находится та или иная улица. Но Тверскую улицу знают все, потому что это главная улица Москвы. Давайте же пойдём по этой улице и посмотрим, что здесь есть интересного.

Чтобы попасть на Тверскую улицу, мы с вами доедем до станции метро «Тверская». Эта станция совсем не старая, её построили в восьмидесятые годы. Сейчас мы с вами выйдем из метро и окажемся на Тверской улице. Пройдём немного вперёд, и перед нами откроется Пушкинская площадь. На ней, как вы видите, находится памятник великому русскому поэту Александру Сергеевичу Пушкину. Подойдём поближе к памятнику, чтобы лучше рассмотреть его. Памятник этот создан на народные деньги. Их собирали много-много лет по всей России. Давайте обойдём вокруг памятника. Теперь, когда вы обошли памятник, вы увидели, что со всех сторон на его постаменте написаны стихи Пушкина.

Но наша экскурсия продолжается. Мы идём дальше по Тверской улице. Сейчас мы с вами подходим к памятнику Юрию Долгорукому. Этот человек основал наш город. У нас нет его портретов. Поэтому автор изобразил его как сказочного русского богатыря. Юрий Долгорукий сидит на коне. Отойдём немного подальше от памятника. Теперь вы видите, что щит, который он держит в руках, украшен гербом города Москвы.

Перейдём на другую сторону улицы. Прямо перед нами находится здание Городской думы, или, говоря другими словами, здание городского парламента. Это здание – ценный памятник истории и архитектуры. Оно построено в 1782 году по проекту великого русского архитектора Казакова.

Мы идём с вами дальше по Тверской улице. Мы с вами проходим мимо зданий, которые построены вскоре после окончания Второй мировой войны. И вот, наконец, мы пришли к зданию Центрального телеграфа. Вы видите над входом в здание вращающийся глобус. Если хотите, мы зайдём в здание. Видите, здесь находится Центральный переговорный телефонный пункт. Отсюда вы всегда можете позвонить в любую страну мира.

Но вернёмся снова на Тверскую улицу. С этого места уже хорошо виден Кремль и Красная площадь. Я думаю, что вы обратили на это внимание. Так что, если вас теперь спросят: «Как пройти на Красную площадь? Как дойти до Городской думы? Как попасть к памятнику Пушкину или к памятнику Юрию Долгорукому?» – вы можете смело отвечать: «Идите по Тверской улице».

А сейчас мы с вами по подземному переходу перейдём на другую сторону улицы и дойдём до станции метро «Театральная». Отсюда вы можете поехать домой, поскольку здесь наша экскурсия заканчивается. Большое спасибо за внимание. До свидания.

в) Прочитайте текст ещё раз. Ответьте на вопросы.

1. Как туристы попали на Тверскую улицу?
2. Куда сначала пошли туристы?
3. К какому памятнику они подошли? Зачем они обошли вокруг памятника?
4. К какому памятнику туристы пошли потом? Зачем экскурсовод попросил их отойти немного подальше от памятника?
5. Зачем они перешли улицу?
6. Мимо каких зданий они прошли, когда шли к Центральному телеграфу? Куда они заходили?
7. Откуда можно позвонить в любую страну мира?
8. Зачем туристы пошли по подземному переходу?

г) Найдите в тексте ответы на вопросы.

1. Почему Тверскую улицу в Москве знают все?
2. Какие памятники и учреждения можно увидеть, когда идёшь по Тверской улице?
3. Что вы узнали о памятнике Пушкину?
4. Почему Юрий Долгорукий изображён в виде сказочного русского богатыря? Что украшает его щит?
5. Почему здание Городской думы является ценным памятником архитектуры?
6. Что вы узнали о здании Центрального телеграфа?

д) Прочитайте текст ещё раз. Нарисуйте план Тверской улицы. Используя план, расскажите о Тверской улице.

е) Нарисуйте план главной улицы вашего города. Используя план, расскажите о главной улице вашего города.

🎧 АУДИРОВАНИЕ

28. *Прослушайте информационные сообщения. Ответьте на вопросы.*

①

1. Почему три станции Московского метрополитена будут работать не так, как обычно?
2. Как будет работать станция «Белорусская»?
3. Как будут работать станции «Тверская» и «Театральная»?
4. В какое время эти станции метро будут работать не так, как обычно?

②

Почему вам предложили воспользоваться наземным транспортом?

③

Что вы должны сделать, услышав такое объявление?

④

Как называется следующая станция?

⑤

О чём вас просят сотрудники метрополитена?

⑥

Что продаёт водитель?
Сколько они стоят?

⑦

От какой станции и по какому маршруту пойдёт дальше трамвай?

29. *Прослушайте информационное сообщение. Ответьте на вопросы.*

1. Что построили в этом году в Москве?
2. Как она называется?
3. Что собираются построить в следующем году?
4. Зачем она нужна?

🗣 ГОВОРЕНИЕ

30. *а) По дороге в институт вас остановил полицейский, чтобы проверить документы. Восстановите недостающие реплики диалога.*

— Сержант Смирнов. Ваш паспорт?

— ....

— Так, вижу. Это справка, заменяющая паспорт. А миграционная карта?

— ....

— Значит, тоже сдали вместе с паспортом. Фамилия?

— ....

— Из какой страны прибыли?

— ....

— Где вы проживаете?

— ....

— Ваша справка действительна до 15 января.

— ....

— Вот ваша справка. Спасибо. До свидания.

— ....

б) По дороге в институт вас остановил полицейский, чтобы проверить ваши документы. Вы опоздали на занятия. Восстановите недостающие реплики диалога.

· — Почему вы опоздали на занятия?

— ....

— Хорошо. Проходите. Садитесь.

в) На дороге, по которой вы едете в институт, была пробка. Вы опоздали на занятия. Восстановите недостающие реплики диалога.

— Почему вы опоздали на занятия на тридцать минут?

— ....

— Сколько времени вы ждали автобус?

— ....

— А почему тогда студенты из вашей группы пришли вовремя?

— ....

— Может быть, вам тоже лучше ездить на метро.

г) Вы забыли дома проездной билет (студенческий билет, паспорт). Вы вернулись за ним в общежитие и опоздали на занятия. Восстановите недостающие реплики диалога.

— Почему вы пришли так поздно?

— ....

— Нужно быть внимательнее. Садитесь.

31. *а) Обратите внимание на формы обращения незнакомых людей друг к другу.*

Безличные формы обращения				
Простите, Извините,	вы не знаете,	как	дойти доехать	до станции «Театральная»?

б) Используя информацию упр. 31а, составьте диалоги по данным ситуациям.

Образец: «Детский мир» — станция метро «Лубянка»
— Скажите, пожалуйста, как доехать до «Детского мира»?
— Вам нужно ехать до станции метро «Лубянка».

1. Концертный зал имени П.И. Чайковского — станция метро «Маяковская»
2. Третьяковская галерея — станция метро «Третьяковская»
3. Исторический музей — станция метро «Театральная»
4. МГУ — станция метро «Университет»
5. Стадион «Динамо» — станция метро «Динамо»
6. Красная площадь — станция метро «Площадь революции»
7. Большой театр — станция метро «Охотный Ряд»
8. Парк Победы — станция метро «Парк Победы»
9. Памятник Пушкину — станция метро «Тверская»
10. Кремль — станция метро «Театральная»

32. *a) Используя рисунки, объясните приезжему, как лучше добраться до того места, куда он едет или идёт.*

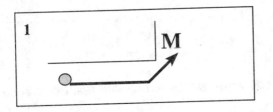

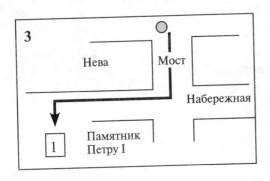

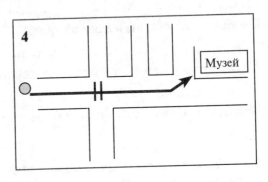

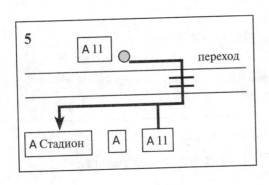

б) Посмотрите схему Московского метрополитена. Объясните приезжему, как доехать до нужной ему станции.

Образец: станция «Спортивная» — станция «Улица 1905 года»: Вам нужно доехать до станции «Парк культуры». На станции «Парк культуры» вам нужно сделать пересадку на кольцевую линию и доехать до станции «Краснопресненская». На станции «Краснопресненская» вам нужно сделать пересадку на станцию «Баррикадная» и доехать до станции «Улица 1905 года».

1) станция «Сокол» — станция «Университет»
2) станция «Сокол» — станция «ВДНХ»
3) станция «Сокол» — станция «Измайловский парк»
4) станция «Сокол» — станция «Лубянка»
5) станция «Планерная» — станция метро «Сокол»
6) станция «Планерная» — станция «Третьяковская»
7) станция «Планерная» — станция «Парк культуры»
8) станция «Планерная» — станция «Ботанический сад»

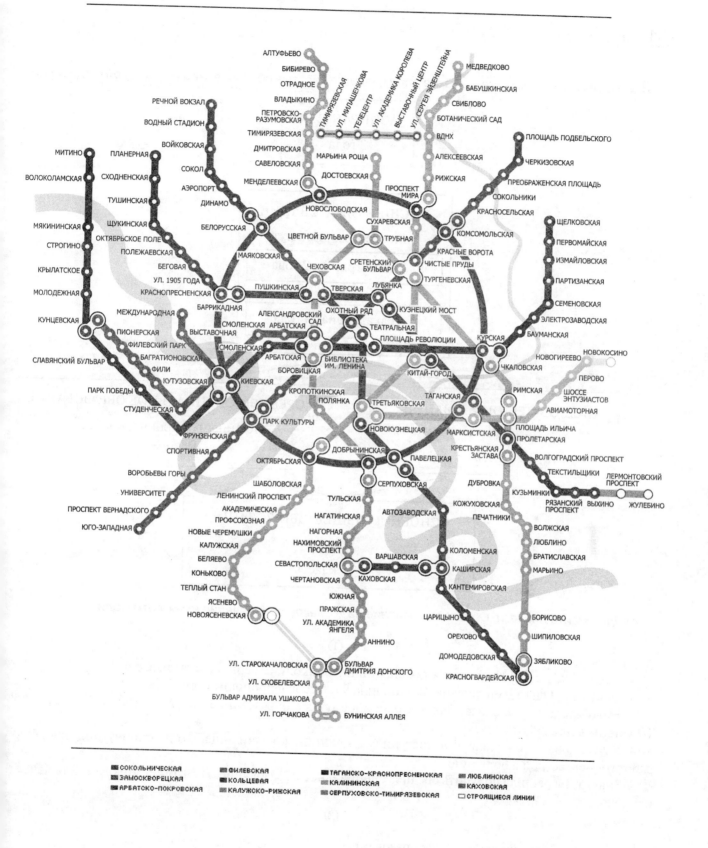

СОКОЛЬНИЧЕСКАЯ
ЗАМОСКВОРЕЦКАЯ
АРБАТСКО-ПОКРОВСКАЯ

ФИЛЕВСКАЯ
КОЛЬЦЕВАЯ
КАЛУЖСКО-РИЖСКАЯ

ТАГАНСКО-КРАСНОПРЕСНЕНСКАЯ
КАЛИНИНСКАЯ
СЕРПУХОВСКО-ТИМИРЯЗЕВСКАЯ

ЛЮБЛИНСКАЯ
КАХОВСКАЯ
СТРОЯЩИЕСЯ ЛИНИИ

☑ *ЛЕКСИКА*

33. *а) Обратите внимание, на какие этапы делится система образования в Российской Федерации.*

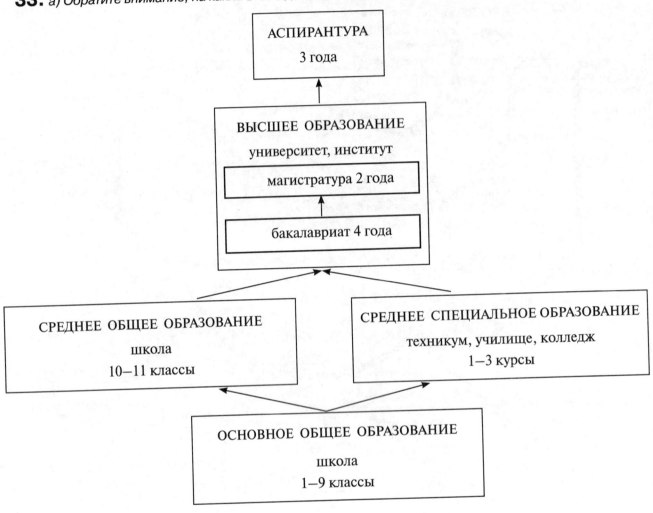

б) Прочитайте диалоги. Обратите внимание на то, какое образование имеют эти люди.

①

— Здравствуй, Лена! Куда это ты так спешишь? В школу, наверное, опаздываешь?

— Да что вы, Ольга Дмитриевна! Я окончила 9 классов в прошлом году.

— Надо же, а я и не знала. Значит, основное общее образование ты уже имеешь. Поздравляю! Ты учишься или работаешь?

— Учусь, Ольга Дмитриевна! Я поступила в медицинское училище. Когда окончу училище, буду работать медсестрой в больнице.

— Значит, ты решила получить среднее специальное образование. Ну что же, молодец! Для начала неплохо.

②

— Пётр Николаевич, какое у вас образование?

— Среднее специальное. Я окончил автомеханический техникум.

— Давно?

— Да уж лет 20 назад.

— Надо же, а я был уверен, что у вас высшее образование.

— Кумар! Куда это ты собираешься?

— Я еду в общежитие МГУ. Мы сегодня провожаем студентов, которые окончили университет.

— Счастливые! А нам ещё учиться и учиться.

— Ничего! Через несколько лет и мы окончим институт, и у нас тоже будет высшее образование.

в) Используя информацию упр. 33а, употребите необходимые по смыслу слова и словосочетания.

Основное общее образование граждане России получают в школах. Они учатся там с первого по девятый класс. Затем они могут получить либо среднее общее образование, либо среднее специальное образование. Среднее общее образование они получают ... . Они учатся там ... . Среднее специальное образование они получают ... . Они учатся там ... . После получения среднего общего образования или среднего специального образования граждане России могут получить высшее образование. Высшее образование они получают... . Если они хотят получить диплом бакалавра, они учатся ... . Если они хотят получить диплом магистра, то после получения диплома бакалавра они учатся еще ... . . После окончания высшего учебного заведения те, кто хочет заниматься научной деятельностью, могут поступить в аспирантуру при институте или университете. Там они учатся ... .

34. *а) Посмотрите на рисунки и прочитайте подписи под ними.*

Здесь работают преподаватели

Здесь студенты слушают лекции и участвуют в семинарах

Здесь студенты выполняют лабораторные работы

б) Используя информацию упр. 34а, ответьте на вопросы.

1. Где студент может найти преподавателя русского языка?
2. Куда студент пойдёт, если у него сегодня лекция или семинар?
3. Где он будет выполнять лабораторную работу?

в) Обратите внимание на значения данных слов и словосочетаний.

Семестр — это половина учебного года в высших учебных заведениях.
Учебный год делится <u>на два семестра</u>.

Расписание занятий — это таблица, в которой содержится информация о времени, месте и последовательности проведения занятий.
<u>Расписание занятий</u> на 1-й семестр 2006/07 учебного года.

г) Обратите внимание на выражение определительных отношений с помощью предлога по.

Сегодня у нас	занятие лекция семинар лабораторная работа	**по** физике.

*д) Прочитайте диалог. Обратите внимание на выражение определительных отношений с помощью предлога **по**.*

— Тьен, я вчера не был в институте. Ты не знаешь, какое у нас на завтра расписание.

— Так, завтра у нас вторник. Значит, с 9.00 до 10.30 у нас занятия по русскому языку. Потом с 10.45 до 12.15 лекция по информатике.

— В какой аудитории?

— В 228-й. С 12.30 до 14.00 семинар по философии в 502-й аудитории и с 14.15 до 15.45 лабораторная работа по физике.

— А ты знаешь, где находится лаборатория?

— Не знаю. Сказали, что надо прийти на кафедру физики.

— Спасибо. Пойду готовиться к лабораторной работе. До завтра.

— Пока.

е) Посмотрите расписание занятий на среду. Скажите, какие занятия у Тьена и Кумара в среду.

Дни недели	Время занятий	Предмет	Аудитория
Среда	9.00-10.30	Высшая математика (лекция) / преп. Прохорова А.В.	319
	10.45-12.15	История России (семинар) / преп. Семёнов Д.С.	325
	12.30-14.00	Химия (лабораторные работы) / преп. Соколова Н.Б.	112
	14.15-15.45	Основы информатики (лекция) / преп. Донцов М.Ю.	319

35. *а) Обратите внимание на значение данного словосочетания.*

Зачётно-экзаменационная сессия — это время, когда студенты сдают экзамены и зачёты.

Зачётно-экзаменационная сессия начинается с 25 декабря.

б) Посмотрите на рисунки и прочитайте подписи под ними.

ЭКЗАМЕНАЦИОННАЯ ВЕДОМОСТЬ № _____

Факультет *информатики*   **Группа** *№1*   **Семестр** *1*

Дисциплина: *высшая математика*   **Экзаменатор** *Иванов*   **Кафедра** *информатики*

№ п/п	Фамилия, имя и отчество студента	№ зачетн. книжки	Отметка о сдаче зачета	Подпись преподавателя и дата	Экзаменационная оценка		Подпись экзаменатора
					цифрой	прописью	
1	Антонов В.Д.		зачет	Иванов			
2	Боков О.С.		зачет	Иванов			
3	Васин Д.Т.		зачет	Иванов			
4	Громов А.И.		зачет	Иванов			
5	Демидов Б.С.		зачет	Иванов			
6	Зуева Е.Л.		зачет	Иванов			
7	Игнатов К.Г.		зачет	Иванов			
8	Кротов Р.Н.		зачет	Иванов			
9	Ларина Е.Ю.		незачет	Иванов			

Зачёт — это экзамен без оценки. Если зачёт сдан, то в ведомость ставится «зачёт». Если зачёт не сдан, то в ведомость ставится «незачёт». Если студент не сдал зачёт или экзамен, то у него имеется задолженность. Он должен снова сдавать этот зачёт или экзамен.

```
           ЭКЗАМЕНАЦИОННЫЙ ЛИСТ № _____
        (подшивается к основной ведомости группы)

Факультет _информатики_   курс _____I_____  группа _№ 1_
Дисциплина _высшая математика_
Экзаменатор _доц. Иванов А.П._
                 (ученое звание, фамилия, инициалы)
Фамилия и инициалы студента _Ларина Е.Ю._
№ зачетной книжки _12/05_
Направление действительно до _12 января 2006 г._
Дата выдачи _8 января 2006 года_   Декан факультета _подпись_
Оценка _зачет_              Дата сдачи _8 января 2006 года_

                    Подпись экзаменатора _Иванов_
```

Этот документ называется «экзаменационный лист». Его студент получает в деканате, если у него имеется задолженность и ему надо пересдать (= сдать во второй раз) зачёт (экзамен) или если он сдаёт зачёт (экзамен) индивидуально.

в) Используя информацию упр. 35б, ответьте на вопросы.

1. По какой дисциплине студенты сдавали зачёт?
2. Сколько человек сдало зачёт?
3. Кто имеет задолженность по высшей математике? Почему вы так думаете?
4. Что вы узнали о студентке из экзаменационного листа?
5. До какого числа действительно направление?
6. Сдала ли студентка зачёт? Почему вы так думаете?

г) Обратите внимание на выражение определительных отношений с помощью предлога по.

У меня	зачёт задолженность	**по** высшей математике.
Сегодня я	(не) сдал (не) получил пересдал	зачёт **по** высшей математике.

д) Прочитайте диалог. Скажите, какие зачёты сдали студенты.

— Пань Минь, ты сдала зачёт по русскому языку?
— Да, сдала. А ты получила зачёт по основам информатики?
— Получила. А ещё я сдала зачёт по истории.
— А ты не знаешь, Кумар сдал все зачёты?
— По-моему, да. Но точно я не знаю. У него была задолженность по высшей математике. Но мне кажется, что он вчера этот зачёт пересдал.
— Хорошо, если так.

е) Используя информацию упр. 35а,б, закончите предложения.

1) Зачётно-экзаменационная сессия — это время, ... 2) Зачёт — это ... 3) Незачёт — это ... 4) Задолженность — это зачёт или экзамен, который ... и который ... 5) Экзаменационный лист — это документ, который ...

36. *а) Обратите внимание на систему оценок, принятую в России.*

Английская система оценок	Русская система оценок	
	ОФИЦИАЛЬНАЯ СИТУАЦИЯ	НЕОФИЦИАЛЬНАЯ СИТУАЦИЯ
A	отлично (отл.)	пятёрка (пять)
B	хорошо (хор.)	четвёрка (четыре)
C	удовлетворительно (уд.)	тройка (три)
D	неудовлетворительно (неуд.)	двойка (два)

*б) Обратите внимание на выражение определительных отношений с помощью предлогов **по, на**.*

| Сегодня я | сдал | экзамен **по** высшей математике **на** четыре |
| | пересдал | (на четвёрку). |

| Я получил | четыре (четвёрку). |
| Мне поставили | |

в) Прочитайте диалог. Найдите в нём конструкции, с помощью которых выражаются определитель-ные отношения.

— Тьен, как? Сдал экзамен?
— Сдал на пятёрку.
— Молодец! А я получил четвёрку. Поехали в общежитие?
— Нет, давай подождём Кумара. Вот он уже идёт. Кумар, сдал экзамен?
— Сдал. Мне поставили тройку. А у Пань Минь, по-моему, проблемы. Давайте её подождём.
— Ну что, Пань Минь?
— Что? Двойку получила...
— Не расстраивайся. Экзамен же можно пересдать.
— Всё равно обидно.

г) Посмотрите на рисунок и прочитайте подпись под ним.

1-й семестр 2005/06 учебного года				**ПЕРВЫЙ КУРС**					*Антонов Е.В.*			
									(фамилия, имя, отчество студента)			
ТЕОРЕТИЧЕСКИЙ КУРС							ПРАКТИЧЕСКИЕ ЗАНЯТИЯ					

№ п/п	Наимено-вание дисциплины	Кол. час	Фамилия профес-сора или доцента	Экзам. отмет-ки	Дата	Подпись экзаме-натора	№ п/п	Наимено-вание дисциплины	Кол. час	Фамилия препода-вателя	Экзам. отмет-ки	Дата	Подпись экзаме-натора
1	*Философия*		Иванов	*отл*	5/1	Иванов	1	*Истор. лит.*		Горохов	*зачет*	17.12	Горохов
2	*Русский яз.*		Петров	*хор*	9/1	Петров	2	*Мир. жур.*		Соколов	*зачет*	17.12	Соколов
3	*Экономика*		Балаева	*хор*	13/1	Балаева	3	*Творч. студии*		Шахова	*зачет*	18.12	Шахова
4	*Осн. информа-тики*		Болотов	*уд.*	15/1	Болотов	4	*Физкульт.*		Панов	*зачет*	19.12	Панов
							5	*Испан. яз.*		Кравчук	*зачет*	20.12	Кравчук
							6	*Экология*		Вдовин	*зачет*	20.12	Вдовин
							7	*Теор. жур-ки*		Пряхин	*зачет*	23.12	Пряхин
							8	*Автор. право*		Смолин	*зачет*	25.12	Смолин

Это **зачётная книжка**. В зачётную книжку преподаватели ставят оценки, которые студент получае во время зачётно-экзаменационной сессии.

д) Используя информацию упр. 36г, ответьте на вопросы.

1. Сколько студент сдал зачётов?
2. Сколько экзаменов он сдал?
3. На какую оценку он сдал экзамен по философии?
4. На какую оценку он сдал экзамен по русскому языку?
5. На какую оценку студент сдал экзамен по экономике?
6. На какую оценку студент сдал экзамен по основам информатики?

37. *а) Обратите внимание на использование данных словосочетаний.*

ГЛАГОЛЫ				СУЩЕСТВИТЕЛЬНЫЕ
говорить		знать	русский язык	**книга на** русском языке
читать	по-русски	изучать		**учебник** русского языка
писать				**тетрадь по** русскому языку
понимать				

переводить с русск**ого на** испанский

б) Прочитайте диалоги. Обратите внимание на использование слова **по-русски** *и словосочетания* **русский язык**.

①

— Зо Зо, ты не знаешь, где мой учебник русского языка?

— А зачем тебе учебник? Ты и так хорошо говоришь по-русски.

— Да? Это ты так думаешь! А Анна Сергеевна не говорит, но я чувствую, что она считает, что я плохо знаю русский язык. Она меня всегда исправляет, когда я читаю и пишу по-русски.

— Тогда тебе надо больше читать книг на русском языке. Хочешь, я дам тебе интересную книгу.

— Спасибо, конечно. Её я буду читать, когда у меня будет свободное время. А сейчас мне нужно сделать домашнюю работу. А книга не заменит учебник. Где он?

— Там же, где и твоя тетрадь по русскому языку. На столе под учебником математики.

— И правда! Вот он.

②

— Анна Мария, ты так хорошо понимаешь по-русски. Это, наверное, потому, что ты изучала русский язык до приезда в Москву.

— Нет, это потому, что я смотрю передачи по телевизору и слушаю радио.

③

— Кумар, мне нужно перевести эти предложения с английского языка на русский. Ты мне не поможешь?

— Могу попробовать, но не уверен, что сделаю перевод без ошибок. У тебя есть англо-русский словарь?

— Да. Вот он.

— Ну давай попробуем.

в) Используя информацию упр.37а, вместо точек употребите необходимые по смыслу слова с предлогом или без предлога.

Когда я приехал в Москву, я плохо знал ... . Вскоре после приезда я начал изучать ... на подготовительном факультете. Мы получили учебники ... . Сначала было очень трудно. Мне пришлось очень много переводить ... . Все новые слова я записывал в тетрадь ... . Но через месяц я уже смог писать, читать и говорить ... . Правда, я ещё плохо понимаю ... . Наш преподаватель сказал нам, что, если мы хотим хорошо знать ... , мы должны читать книги ... .

38. *а) Обратите внимание на значения слов* **учить**, **учиться** *и* **изучать**.

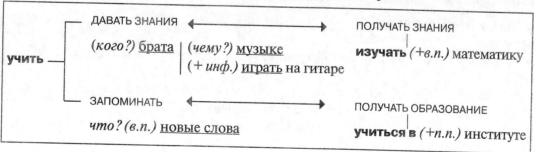

77

*б) Прочитайте диалог. Обратите внимание на использование слов **учить**, **учиться** и **изучать**.*

— Зо Зо! Кумар! Тьен! Что вы делаете?

— Зо Зо учит Кумара играть на гитаре, а потом мы все вместе будем учить новые русские слова.

— Понятно! Тьен, я слышала, что у тебя есть друг и он тоже учится в России. Я хотела спросить, где он учится?

— В Петербургском университете.

— Вот это да! А на каком факультете он учится?

— На экономическом.

— Трудно там учиться?

— Конечно, трудно.

— А ты не знаешь, какие предметы изучают на экономическом факультете?

— Не знаю, но могу узнать, если тебе это интересно. А почему ты спрашиваешь? Хочешь учиться в Петербурге?

— Нет, что ты... Просто интересно знать, изучают ли они, например, как мы, историю и философию.

— Хорошо! Когда я буду ему звонить, я спрошу его об этом и скажу тебе.

— Спасибо.

— Не за что.

*в) Используя информацию упр. 38а, вместо точек употребите слова **учить**, **учиться** или **изучать** в нужной форме.*

1) Уже два года он ... в Московском авиационном институте. 2) Это Татьяна Ивановна. Она будет ... детей французскому языку. 3) Два года назад этот студент ... на подготовительном факультете. 4) В прошлом году на подготовительном факультете мы ... русский язык, математику и физику. 5) С семи лет его стали ... музыке. 6) Мой друг говорит на трёх иностранных языках, а теперь он ... ещё и испанский. 7) С завтрашнего дня я буду ... сестру рисовать. 8) Вчера у меня был семинар по истории, поэтому я весь день ... даты. 9) В школе я буду ... 11 лет, а потом ещё 5 лет я буду ... русскую и зарубежную литературу на филологическом факультете МГУ. 10) На занятиях по русскому языку нас будут ... читать, писать и говорить по-русски. 11) В российских вузах на всех факультетах студенты обязательно ... историю России и философию.12) Во время урока Анна Сергеевна ... нас правильно произносить русские слова. 13) Ты когда-нибудь думал о том, что тебе придётся ... информатику на русском языке? 14) — Ты весь вечер ... формулы. Тебе пора отдохнуть.

39. *а) Обратите внимание на значения слов **учиться** и **заниматься**.*

	ПОСВЯЩАТЬ ВРЕМЯ ЧЕМУ-ЛИБО (УЧЁБЕ, НАУКЕ, ИСКУССТВУ И Т. Д.)	
заниматься —	*(+ т.п.)* физикой, музыкой, спортом	
	ПОСЕЩАТЬ БИБЛИОТЕКУ, КРУЖОК, СПОРТИВНУЮ СЕКЦИЮ И Т. П., ЧТОБЫ ТАМ ЗАНИМАТЬСЯ ФИЗИКОЙ, МУЗЫКОЙ, СПОРТОМ	ПОСЕЩАТЬ ШКОЛУ, ИНСТИТУТ И Т. П., ЧТОБЫ ПОЛУЧАТЬ ОБРАЗОВАНИЕ
	в *(+п.п.)* библиотеке, в спортивной секции **на** *(+ п.п.)* курсах русского языка	**учиться в** *(+п.п.)* институте

*б) Прочитайте диалог. Обратите внимание на использование слов **учиться** и **заниматься**.*

— Анна Мария, где Пань Минь?

— В институте.

— Ты уверена? Мы все учимся в одной группе. И ты прекрасно знаешь, что занятия давно уж закончились.

— Тьен, ты что забыл! Она же по вторникам и четвергам занимается в театральном кружке.

— Да, действительно. Как это я забыл! А ты куда собираешься?

— Я иду в библиотеку, потому что завтра у нас семинар по истории, а в общежитии мне все мешаю заниматься. Кстати, ты тоже.

— Я сейчас уйду. Не волнуйся. Я только хотел вам сказать, что завтра у нас в институте будет встреча с каким-то известным учёным... Фамилию я забыл. Но он занимается разработкой новых компьютерных систем. Вы пойдёте?

— Конечно, пойдём.

*в) Используя информацию упр. 39а, вместо точек употребите слова **учиться** или **заниматься** в нужной форме.*

1) Когда я готовился к экзаменам, я очень часто ... в библиотеке. 2) Мой друг тоже ... в Москве в институте. 3) Этот учёный ... прикладной математикой. 4) Когда я ... в школе, мы часто ездили на экскурсии. 5) Этот учёный ... исследованиями в области органической химии. 6) Когда я ... в школе, мой брат уже ... в университете. 7) Несмотря на то, что скоро экзамены, в читальном зале никто не ... . 8) Специалисты нашей кафедры ... разработкой новых автоматических систем управления. 9) В общежитии я ... не люблю. 10) В Центральной государственной библиотеке ежедневно ... до 10 тысяч читателей. 11) По специальности он архитектор. Он ... архитектурой. 12) Мы ... в одной спортивной секции. 13) У меня завтра зачёт по математике, поэтому весь вечер я буду ... дома и никуда не пойду. 14) В МАДИ есть курсы, на которых ... студенты, которые хотят научиться управлять автомобилем.

40. *Вместо точек употребите слова **учить, учиться, заниматься, изучать**.*

— Где ты ... ?
— Я ... в школе.
— В каком классе ты .... ?
— Я ... в одиннадцатом классе.

— Что ты ... ?
— Я ... стихи Пушкина.
— Зачем?
— Завтра у нас семинар по литературе.

— Где ты .... ?
— Я ... в университете.
— Что ты ... ?
— Я ... иностранные языки.
— Где ты ... , когда готовишься к экзамену?
— Я ... в библиотеке.

☒ ГРАММАТИКА

> Выражение определительных отношений в сложном предложении.

41. *а) Обратите внимание на использование слова **который** в сложном предложении.*

Это мой друг,	который здесь учится. которого здесь нет. которому я дал учебник. которого я давно не видел. с которым мы учимся. о котором я рассказывал.	Это девушка,	которая здесь учится. которой здесь нет. которой я дал учебник. которую я давно не видел. с которой мы учимся. о которой я рассказывал.
Это расписание,	которое висит около деканата. из которого я узнал о занятиях. по которому мы занимаемся. которое я получил в деканате. которым я очень доволен. в котором указаны все занятия.	Это мои друзья,	которые здесь учатся. которых здесь нет. которым я дал учебник. которых я недавно видел. с которыми мы учимся. о которых я рассказывал.

ОБРАТИТЕ ВНИМАНИЕ!

Это учебник, который мне нужен.	и.п. = в.п.	Это учебник, который мы взяли в библиотеке.
Это учебники, которые мне нужны.	и.п. = в.п.	Это учебники, которые мы взяли в библиотеке.
Это расписание, которое висит около деканата.		Это расписание, которое мы взяли в деканате.

б) Используя информацию упр. 41а, выразите ту же мысль иначе.

Образец: Вчера я видел преподавателя. <u>Он</u> будет принимать у нас экзамен. — Вчера я видел преподавателя, <u>который</u> будет принимать у нас экзамен.

1) Мы ходили в Музей космонавтики. Он находится недалеко от станции метро ВДНХ. 2) В музее мы встретили известного учёного. Работы его я читал. 3) Я взял у друга учебник. По нему он готовился к экзаменам. 4) Это студенческий билет. Его я получил в деканате. 5) Это новый студент. Его я ещё пока не знаю. 6) Начальник международного отдела — это тот мужчина. С ним я сейчас поздоровался. 7) Недалеко от нашего дома находится институт. В нём учится мой брат.

в) Используя информацию упр. 41а, выразите ту же мысль иначе.

Образец: Вчера я видел преподавательницу. <u>Она</u> будет принимать у нас экзамен. — Вчера я видел преподавательницу, <u>которая</u> будет принимать у нас экзамен.

1) Мне позвонила моя старая знакомая. Она училась вместе со мной в университете. 2) Это книга. Из неё ты узнаешь о последних достижениях в области космонавтики. 3) — Кто это? — Это преподавательница. Ей мы будем сдавать экзамен. 4) Студенты готовятся к контрольной работе. Её они будут писать в понедельник. 5) Вчера ко мне приехала подруга. С ней мы учились вместе в Москве. 6) Сейчас мы пойдём в аудиторию. В ней будет лекция по физике.

г) Используя информацию упр. 41а, выразите ту же мысль иначе.

Образец: В библиотеке я взял пособие. <u>Оно</u> мне необходимо, чтобы подготовиться к контрольной работе. — В библиотеке я взял пособие, <u>которое</u> мне необходимо, чтобы подготовиться к контрольной работе.

1) Это пособие. Оно мне необходимо, чтобы подготовиться к лабораторной работе. 2) Я наконец-то взял в библиотеке пособие. Его у меня не было. 3) Около деканата повесили расписание занятий на второй семестр. К нему сразу же стали подходить студенты. 4) Это заявление. Его необходимо написать, чтобы получить регистрацию и оформить визу. 5) Я предложил своему другу сесть в кресло. Под ним лежали мои учебники. 6) Это заявление. В нём я написал, что хочу учиться на этом факультете.

д) Используя информацию упр. 41а, выразите ту же мысль иначе.

Образец: Вчера я купил учебники. <u>Они</u> мне нужны. — Вчера я купил учебники, <u>которые</u> мне нужны.

1) Это вьетнамские студенты. Они приехали учиться в Москву. 2) Нам нужно купить учебники. Их у нас нет. 3) Студенты взяли в библиотеке учебники. По ним они будут изучать русский язык. 4) Это зачётные книжки. Их мы получили в деканате. 5) Перед отъездом на родину мы пришли попрощаться с преподавателями. Их мы любим и уважаем. 6) Сегодня к нам в гости придут русские студенты. С ними мы дружим уже четыре года. 7) На третьем этаже находятся аудитории и лаборатории. В них мы занимаемся.

42. *Вместо точек употребите слово* **который** *в нужной форме. Где необходимо, употребите предлоги.*

а) Вот преподаватель, ... я тебе рассказывал. Именно этот преподаватель, ... читал нам лекции и ... я сдавал экзамен в прошлом году, будет в этом году вести у вас занятия. Я тебе дам учебник, ... он написал. С ним разговаривает учёный, работы ... известны во всём мире и ... я очень хотел бы познакомиться.

б) Книгу, ... мне советовали прочитать и ... у меня не было, я взяла в библиотеке, ... находится в нашем институте и ... пользуются все наши студенты. Я прочитала эту книгу и отдала её своей подруге, ... она тоже была нужна, чтобы подготовиться к экзамену. Эта книга, ... было много полезной информации, помогла нам сдать экзамен на пятёрки.

в) Я долго искал пособие, ... ещё вчера лежало на столе и ... сегодня там не было. Я не знал, что и думать, потому что пособие, ... мы занимаемся в этом году, я всегда кладу на стол. Я подошёл к окну, ... тоже лежали учебники, но пособия там не было. Потом я заглянул под кресло, ... тоже были какие-то книги. И именно там я нашёл пособие, ... так долго искал.

г) Студенты, ... мы подошли, поздоровались с нами. Мы спросили, не видели ли они Андрея и Сергея. Андрей и Сергей – это студенты, ... мы вместе учимся в одной группе и ... всегда нам помогают, когда нам трудно. Они нам сказали, что Андрей и Сергей, ... мы искали, заболели и сегодня не придут в институт. Но они просили передать нам книги, ... они нам говорили и ... не было в библиотеке.

43. *а) Обратите внимание, что слово* **который** *можно заменять словами* **где, куда, откуда** *в том случае, если его падежно-предложная форма выражает значение места.*

Я приехал в город, <u>в котором</u> я прожил 10 лет.	Я вернулся в город, <u>из которого</u> уехал 10 лет назад.	Город, <u>в который</u> я поехал, известен во всём мире.
↓	↓	↓
Я приехал в город, <u>где</u> я прожил десять лет.	Я вернулся в город, <u>откуда</u> уехал 10 лет назад.	Город, <u>куда</u> я поехал, известен во всём мире.

б) Используя информацию упр. 43а, употребите вместо слова **который** *слова* **где, куда, откуда.**

1) Мне было жаль уезжать из города, в котором я прожил много лет. 2) На этой улице находится школа, в которую я ходил 10 лет. 3) Вокзал, из которого мы вышли, был построен недавно. 4) В аудитории, в которую я зашёл, шла лекция. 5) Общежитие, в котором я живу, находится недалеко от института. 6) Институт, в который я ходил все пять лет, стал для меня вторым домом. 7) Страна, из которой я приехал, находится в Латинской Америке.

в) Используя информацию упр. 43а, употребите вместо слов **где, куда, откуда** *слово* **который** *в нужной форме.*

1) Страна, откуда я приехал, находится в Азии. 2) Посольство, куда мы обращаемся, когда у нас возникают какие-нибудь проблемы, находится в центре Москвы. 3) Я вошёл в аудиторию, где принимали экзамен. 4) Город, где я теперь живу, очень большой. 5) У меня есть зачётная книжка, куда преподаватели ставят оценки, которые я получаю.

44. *Вместо точек употребите слова в скобках в нужной форме.*

1) В десятом классе ученики сдают письменные экзамены по ... (русский язык, литература, математика). 2) В медицинском институте студенты изучают ... (биология и химия). 3) В школе, кроме обязательных, бывают ещё дополнительные занятия по ... (разные предметы). 4) Он начал заниматься ... (научная деятельность) более 30 лет назад. 5) Родители учили его ... (музыка) с семи лет. 6) Я учил ... (математика) с первого класса. 7) Мне нужно перевести эту статью с ... (русский язык) на ... (немецкий). 8) Я читаю книгу на ... (русский язык). 9) Эта тетрадь по ... (английский язык). 10) Он учится в ... (Московский автодорожный институт).

 ЧТЕНИЕ

Текст 3

а) Проверьте, знаете ли вы следующие слова и словосочетания. В случае необходимости обратитесь к словарю.

Академик, диссертация, защита диссертации, доцент, исследование, присваивать звание, профессор, реферат.

б) Прочитайте текст. Скажите, планируете ли вы искать свой путь в науке.

КАК НАЙТИ СВОЙ ПУТЬ В НАУКЕ?

Если выпускник высшего учебного заведения хочет в дальнейшем заниматься научной работой, он может поступить в аспирантуру. Для этого ему необходимо сдать вступительные экзамены и написать реферат на выбранную для научной работы тему.

Аспиранты во время учёбы в аспирантуре занимаются научными исследованиями и пишут на основе полученных ими результатов научную работу, то есть диссертацию. Они также сдают кандидатские экзамены по философии, иностранному языку и по специальности.

После защиты диссертации выпускнику аспирантуры присваивается учёная степень кандидата наук. Если человек продолжает заниматься научной деятельностью и пишет вторую диссертацию, то после её защиты ему присваивается звание доктора наук.

За активную научную и преподавательскую работу люди, имеющие учёные степени, могут получить учёные звания доцента или профессора. За выдающиеся заслуги в области науки учёному присваивается звание академика.

в) Прочитайте текст ещё раз. Ответьте на вопросы.

1. Что нужно сделать человеку, который хочет поступить в аспирантуру?
2. Как называют человека, который учится в аспирантуре?
3. Что такое диссертация?
4. Какие кандидатские экзамены сдают аспиранты?
5. Какие учёные степени присваиваются в России?
6. Что нужно сделать, чтобы получить учёную степень кандидата наук?
7. Что нужно сделать, чтобы получить учёную степень доктора наук?
8. Какие учёные звания существуют в России?

г) Заполните на основании текста данную таблицу. Используя таблицу, расскажите о том, как найти свой путь в науке.

Кандидатские экзамены	Название научной работы	Человек, обучающийся в аспирантуре	Учёные степени	Учёные звания
...	...	...	...	...

Текст 4

а) Проверьте, знаете ли вы следующие слова и словосочетания. В случае необходимости обратитесь к словарю.

Богослужение, вельможа, веселиться (веселье), годовщина, городские власти, избыток чувств, извозчик, императрица, отдавать приказ, официальный (официально), подать в отставку, покровитель(ница), референдум, руководитель, святой, традиция, указ, церковь (церковный).

б) Прочитайте текст. Скажите, есть ли у вас в стране студенческие праздники.

ТАТЬЯНИН ДЕНЬ

Среди церковных праздников есть один, особенно любимый и уважаемый российскими студентами, — день святой Татьяны, который отмечается 25 января. Святая Татьяна считается покровительницей студентов в России. Они верят, что святая Татьяна помогает им хорошо учиться. С Татьянина дня обычно начинаются и студенческие каникулы, по всей стране студенты шумно и весело празднуют окончание сессии.

А появилась эта традиция ещё в XVIII веке. 25 января 1755 года императрица Елизавета подписала указ «О создании Московского университета». Текст указа представил императрице вельможа Иван Шувалов. Говорили, что он выбрал именно этот день потому, что его мать, которую тоже звали Татьяной, хотела, чтобы в Москве открыли университет. Таким образом он сделал ей в её день рождения такой своеобразный подарок.

Сначала, после подписания указа, университет находился в трёхэтажном здании XVII века на Красной площади у Воскресенских ворот, а в конце 1790-х годов закончили строительство нового университетского здания на Моховой улице, напротив Кремля. В нём была и церковь святой Татьяны. Это здание и сегодня принадлежит университету, хотя его огромный главный комплекс расположен теперь на Воробьёвых горах, на юго-западе Москвы.

Сначала в день святой Татьяны официально отмечали годовщину основания Московского университета. Но потом в дополнение к официальному стали проводить и весёлый студенческий праздник, в котором участвовали также и те, кто когда-то окончил университет. В этот день студенты высказывали своё отношение к университетской политике, ругали нелюбимых преподавателей и хвалили тех преподавателей, которые им нравились. Некоторые нелюбимые профессора по итогам такого «референдума» вынуждены были подавать в отставку.

Ближе к вечеру студенты шли в рестораны. В этот день в ресторанах предлагали совсем простое меню, потому что в большинстве своём студенты не были богатыми. Веселились они до утра, свободных мест не было. Один известный писатель так описывал студенческое веселье: «Выпили всё, кроме Москвы-реки, и то благодаря тому, что она замёрзла... Оркестры без отдыха играли «Gaudeamus»... Было так весело, что один студент от избытка чувств выкупался в бассейне, где плавала рыба». Полиции в этот день отдавали приказ «гуляющих господ студентов» не трогать, а для тех, кто уже не мог идти, вызывать извозчиков, «чтобы не замёрзли в сильный мороз».

Сегодня иные времена, но Татьянин день студенты продолжают отмечать.

В церкви святой Татьяны, которая расположена, как и раньше, в самом центре Москвы, ежегодно 25 января проходит богослужение, на котором присутствуют руководители университета, представители городских властей. Студенты отмечают свой праздник вечером. И милиция традиционно в этот день во всех городах, где есть высшие учебные заведения, не трогает молодёжь. И это понятно: молодость, студенческая весёлая пора, сессия позади, впереди каникулы, можно и нужно повеселиться, вспомнить покровительницу студентов святую Татьяну, поговорить и посмеяться... Дальше – каникулы, а потом снова за учебники...

в) Прочитайте текст ещё раз. Ответьте на вопросы.

1. Почему российские студенты любят день святой Татьяны?
2. С какого времени российские студенты отмечают этот праздник?
3. С каким историческим событием связан этот день?
4. Где в наше время в Москве располагаются здания университета?
5. Кто участвовал в празднике?
6. Почему некоторые преподаватели после праздника подавали в отставку?
7. Почему в день святой Татьяны в ресторанах было особое меню?
8. Зачем полиция вызывала для студентов извозчиков?
9. Как официально отмечают праздник в наше время?
10. Какие традиции студенческого праздника сохранились до наших дней?

г) Расскажите о том, как появился праздник Татьянин день, как отмечали его в прошлом, как отмечают сейчас.

🎧 АУДИРОВАНИЕ

45. *а) Прослушайте информационное сообщение. Ответьте на вопросы.*

1. Какой сегодня день?
2. Кто может прийти в институт в этот день?
3. О чём рассказывают преподаватели и студенты в этот день?
4. Что нужно сделать, чтобы поступить в институт?

б) Прослушайте информационное сообщение ещё раз. Ответьте на вопрос: что такое «день открытых дверей»?

46. *Прослушайте диалоги. Ответьте на вопросы.*

①

1. Сколько экзаменов сдал Сергей?
2. У него есть задолженности?
3. Какой экзамен он будет сдавать?

1. Зачем Пань Минь идёт на кафедру русского языка?
2. Когда у неё занятия по русскому языку?
3. Когда у неё первое занятие?

③

1. Чем преподаватель не разрешил пользоваться на контрольной работе?

🗣 ГОВОРЕНИЕ

47. *а) Расскажите о системе образования в вашей стране, используя в качестве плана данные вопросы.*

1. В каком возрасте дети идут в школу?
2. Сколько времени они там учатся?
3. Какие предметы изучают?
4. В каком возрасте они заканчивают школу?
5. Какие экзамены они сдают в школе? Как часто они их сдают?
6. Куда можно пойти учиться после окончания школы?
7. В каком случае человек может поступить в институт?
8. Сколько лет он учится в высшем учебном заведении?
9. Имеют ли студенты в вашей стране студенческий билет и зачётную книжку?
10. Как часто студенты сдают экзамены?

б) Расскажите об институте, в котором вы учитесь, используя в качестве плана данные вопросы.

1. Где находится институт, в котором вы учитесь?
2. Как называется институт, в котором вы учитесь?
3. На каком курсе вы учитесь?
4. На каком факультете вы учитесь?
5. Где проходят занятия?
6. Какие предметы вы изучаете?
7. Когда у вас экзамены и по каким предметам?

в) Расскажите о самом известном университете в вашей стране, используя в качестве плана данные вопросы.

1. В каком городе находится самый известный университет?
2. Когда и кем он был основан?
3. Что нужно сделать, чтобы поступить в этот университет?
4. Какие факультеты есть в университете?
5. Сколько лет нужно учиться в университете?

✍ ПИСЬМО

48. *а) Вспомните, как оформляются заявления (глава I, упр.27).*

б) Обратите внимание на конструкцию, использующуюся при написании содержательной части заявления.

Прошу	принять меня на обучение	*(куда?)*	на 1-й курс	вашего факультета.
	разрешить мне пройти повторное обучение	*(где?)*	на 1-м курсе	с 01.09.2006 г.
	перевести меня на *(какой?)* факультет	с 01.09.2006 г.		

в) Обратите внимание на выражение гарантий условий оплаты.

Своевременную оплату гарантирую.

г) Напишите заявления по данным ситуациям.

Ситуация 1. Заявление на имя декана факультета информатики Пименова Николая Юрьевича с просьбой дать вам возможность учиться на этом факультете.

Ситуация 2. Заявление на имя декана экономического факультета Аникиной Елены Ивановны с просьбой дать вам возможность учиться на том же самом курсе во второй раз.

Ситуация 3. Заявление на имя декана факультета прикладной математики Смирнова Анатолия Петровича с просьбой дать вам возможность перейти на другой факультет.

4. Ты уже записался в библиотеку?

☑ ЛЕКСИКА

49. *а) Посмотрите на рисунки и прочитайте подписи под ними.*

ФОРМУЛЯР ЧИТАТЕЛЯ

Фамилия _____
Имя и отчество _____
Национальность _____
Год рождения _____
Кем работает _____
Профессия _____

Рабочий   Учащийся школы
Служащий   Высшей
Военный   Средней
Прочее   Средней специальной

По образованию:
среднее специальное, неоконченное высшее, высшее

Где учится/работает _____
Дом. Адрес _____
№ телефона _____
Место работы _____
№ паспорта _____
Состоит читателем в данной библиотеке с 19_____ г.
Правила библиотеки знаю и обязуюсь их выполнять.
Подпись _____
Дата записи и перерегистрации _____

ЧИТАТЕЛЬСКИЙ БИЛЕТ № 7325
на право пользования Научной библиотекой МГУ им М.В. Ломоносова

Фамилия *Антонов*
Имя *Иван*
Отчество *Александрович*
Факультет *журналистики*
Должность *студент*
Курс *1-й курс*

4 09 2006 г

Место для фотографии

Подпись *Антонов* читателя

Это читательский билет. Это документ, который даёт право брать книги в библиотеке.

Это формуляр читателя. Его заполняет человек, который хочет стать читателем библиотеки.

б) Прочитайте диалог. Скажите, какие документы нужно иметь, чтобы записаться в библиотеку.

— Здравствуйте! Мы хотели бы записаться в библиотеку?
— Пожалуйста. Если вы хотите стать читателями нашей библиотеки, вам нужно принести студенческий билет и две фотографии.
— Студенческий билет у меня есть. А какие фотографии нужны? У меня с собой только цветные.
— Давайте цветные. Вот возьмите, пожалуйста, формуляр и заполните его.

— Вы знаете, мы живём в общежитии и у нас нет телефона.

— А мобильный телефон у вас есть?

— Да.

— Напишите номер мобильного телефона. Сейчас я вам выпишу читательский билет. Вы должны его всегда иметь с собой, когда идёте в библиотеку. Без него вам не выдадут книги.

— Спасибо.

— Пожалуйста.

в) Используя информацию упр. 49б, вместо точек употребите необходимые по смыслу слова.

Чтобы ... в библиотеку, нужно ... студенческий билет и фотографии, ... формуляр читателя. По читательскому билету, который вы получите, вам ... нужные книги.

50. *а) Обратите внимание на значения данных слов и словосочетаний.*

Абонемент — это отдел библиотеки, в котором книги выдаются на дом.

Библиотечный абонемент.

Каталоги — это отдел библиотеки, в котором вы можете получить информацию о книгах, которые имеются в библиотеке.

Посмотрите в отделе «Каталоги», есть ли в нашей библиотеке нужная вам книга.

Читальный зал — это отдел библиотеки, в котором вы можете читать книги, журналы и другую литературу, которая не выдаётся библиотекой на дом.

Эта книга есть только в читальном зале.

б) Прочитайте диалоги. Обратите внимание на выделенные словосочетания.

①

— Здравствуйте! Я хотел бы взять книгу Максаковского «Географическая карта мира».

— Что-то я не могу её найти. Вы смотрели в каталоге? Она у нас есть?

— Да, я проверил по каталогу. Книга должна быть.

— Значит, она на руках.

— Не понимаю.

— Книга сейчас у другого читателя. Но один экземпляр есть в читальном зале. Идите туда.

— Спасибо.

②

— Здравствуйте. Я хотел бы взять книгу Максаковского «Географическая карта мира» на дом.

— Из читального зала мы книги на дом не выдаём. Но вы можете читать её здесь. Сейчас я вам её выдам.

— Спасибо.

в) Посмотрите на рисунок и скажите, в какой отдел библиотеки вы обратитесь, если вам нужно найти книгу, если вы хотите почитать журнал в библиотеке, если вам нужно взять книгу на дом.

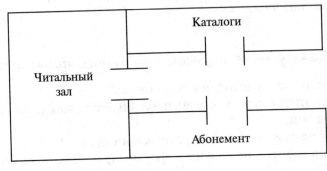

51. *Используя слова для справок, замените выделенные словосочетания близкими по значению.*

Слова для справок: книга на руках, записаться в библиотеку, проверить по каталогу, заполнить формуляр читателя.

1) Чтобы <u>стать читателем библиотеки</u>, нужно предъявить студенческий билет, <u>вписать сведения о себе в карточку читателя</u> и после этого получить читательский билет. 2) Сначала нужно <u>посмотреть в каталоге</u>, есть ли нужная книга. 3) Эта <u>книга</u> сейчас <u>находится у другого читателя</u>.

52. *а) Посмотрите на рисунки и прочитайте подписи под ними.*

А	Б	В	Г
Д	Е	Ж	З
И	Й	К	Л
М	Н	О	П
Р	С	Т	У
Ф	Х	Ц	Ч
Ш	Щ	Э	Ю
Я			

Алфавитный каталог

ИНОСТРАННАЯ ЛИТЕРАТУРА	ПЕРИОДИКА
ИСТОРИЧЕСКАЯ ЛИТЕРАТУРА	СПРАВОЧНАЯ ЛИТЕРАТУРА
НАУЧНАЯ ЛИТЕРАТУРА	УЧЕБНАЯ ЛИТЕРАТУРА
НАУЧНО-ПОПУЛЯРНАЯ ЛИТЕРАТУРА	ХУДОЖЕСТВЕННАЯ ЛИТЕРАТУРА

Предметный каталог

б) Обратите внимание на значения данных слов и словосочетаний.

Периодика — это журналы и газеты.

<u>Периодикой</u> вы можете пользоваться только в читальном зале.

Справочная литература — это энциклопедии, словари, справочники и т. д.
<u>Справочная литература</u> на дом не выдаётся.

Научно-популярная литература — это литература, которая в популярной форме знакомит неспециалистов с достижениями науки и техники.

Если вас интересует эта проблема, но вы не специалист, я советую вам почитать <u>научно-популярную литературу</u> по этой теме.

в) Прочитайте диалог. Скажите, почему студенту не выдали на дом нужные ему книгу и журнал.

— Здравствуйте! Мне нужен англо-русский технический словарь и девятый номер журнала «Крылья Родины».

— За какой год?

— За этот.

— Справочную литературу мы на дом не выдаём. Энциклопедии, справочники и словари находятся в читальном зале. Там же вы найдёте и нужные вам периодические издания за этот и прошлый год.

— Спасибо. До свидания.

— До свидания.

г) Посмотрите на рисунки. Скажите, в каком разделе предметного или алфавитного каталога вы будете искать эти книги.

В. Шекспир **ТРАГЕДИИ** «Иностранная литература»	*Л. Толстой* **ВОЙНА И МИР** *«Художественная литература»*
Д. Карамзин **История государства Российского** «Просвещение»	**Современный русский язык** **УЧЕБНИК** «Русский язык»
М.Т. КОХНО **ЗВУКОВОЕ И ТЕЛЕВИЗИОННОЕ ВЕЩАНИЕ** «НАУКА»	№ 1 **РАДИО** ЕЖЕМЕСЯЧНЫЙ ЖУРНАЛ
АНГЛО-РУССКИЙ СЛОВАРЬ «Просвещение»	В.Г. Денисов **ДОРОГА В АВИАЦИЮ** *(популярно об авиации)* «Просвещение»

53. *а) Посмотрите на рисунки и прочитайте подписи под ними.*

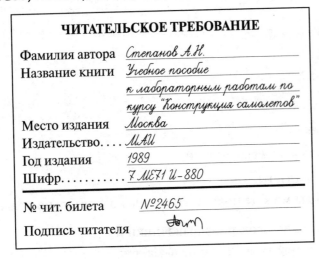

Это читательское требование. Его заполняет читатель, чтобы получить необходимую ему книгу.

Это шифр. Шифр – это условное обозначение места книги на полке. По шифру библиотекари ищут книгу.

б) Используя информацию упр. 53а, ответьте на вопросы.

1. Зачем читатель заполняет листок читательского требования?
2. Какие сведения о книге он в нём указывает?
3. Какие сведения о себе он указывает в листке читательского требования?
4. Зачем нужен шифр?

в) Прочитайте диалог. Скажите, что нужно знать о книге, чтобы заполнить листок читательского требования.

— Зо Зо, нашёл книги для реферата?
— Да.
— Теперь тебе надо заполнить листок читательского требования.
— А у меня три книги.

— Значит, нужно заполнить три листка. Ты всё записал?

— Ну конечно, всё. Я записал фамилию автора, название книги, год, место издания и название издательства. И даже какие-то цифры и буквы...

— Это шифры. Хорошо, что ты их записал. Без них тебе бы не нашли книги. Сейчас мы заполним читательское требование и подойдём к библиотекарю. Она тебе скажет, когда прийти за книгами.

— А что? Придётся долго ждать?

— Не знаю.

⊠ ГРАММАТИКА

> Активные причастия настоящего и прошедшего времени.

54. *а) Обратите внимание на способы образования активных причастий настоящего времени.*

Инфинитив	3-е лицо, множественное число	Суффикс	Причастие
писать читать иметься спать слышать слышаться	пиш-**ут** чита-**ют** име-**ют**-ся сп-**ят** слыш-**ат** слыша-**ат**-ся	-**ущ**- -**ющ**- -**ящ**- -**ащ**-	пиш-**ущ**-ий чита-**ющ**-ий име-**ющ**-ийся сп-**ящ**-ий слыш-**ащ**-ий слыш-**ащ**-ийся

б) Используя информацию упр. 54а, образуйте от данных глаголов активные причастия настоящего времени.

1) Получать, знакомить, удостоверять, содержать, указывать, проверять, брать, смотреть, приносить, выходить, возрастать, заполнять, сидеть, хранить, возвращать, давать, работать, разговаривать.

2) Иметься, записываться, находиться, становиться, учиться, заниматься, изучаться, готовиться.

в) Закончите предложения, употребив причастия в нужной форме. Обратите внимание, что причастия склоняются так же, как и прилагательные, а их падеж зависит от падежа определяемого слова.

1) Это <u>журнал</u>,
   У меня нет <u>журнала</u>,
   Я готовился к занятию <u>по журналу</u>,
   Я купил <u>журнал</u>,
   Он пришёл ко мне <u>с журналом</u>,
   Я это прочитал <u>в журнале</u>,

<u>знакомящий</u> читателя с достижениями науки и техники.

2) У меня есть <u>книга</u>,
   У меня нет <u>книги</u>,
   Я готовился к занятию <u>по книге</u>,
   Я купил <u>книгу</u>,
   Он пришёл ко мне <u>с книгой</u>,
   Я это прочитал <u>в книге</u>,

<u>знакомящая</u> читателя с достижениями науки и техники.

3) У меня есть <u>журналы и книги</u>,
   У меня нет <u>журналов и книг</u>,
   Я готовился к занятию <u>по журналам и книгам</u>,
   Я купил <u>журналы и книги</u>,
   Он пришёл ко мне <u>с журналами и книгами</u>,
   Я это прочитал <u>в журналах и книгах</u>,

<u>знакомящие</u> читателя с достижениями науки и техники.

55. *а) Выразите ту же мысль иначе.*

Образец: Не все книги, <u>имеющиеся в библиотеке</u>, выдаются на дом. — Не все книги, <u>которые имеются в библиотеке</u>, выдаются на дом.

1) Студент, заполняющий формуляр читателя, учится на первом курсе. 2) Со студенткой, сидящей в читальном зале, мы учимся на одном факультете. 3) Об этом журнале, выходящем ежемесячно, мне сказал библиотекарь. 4) Все книги, хранящиеся в библиотеке, имеют шифр. 5) В читальном зале я увидел свою знакомую, пишущую к завтрашнему занятию конспект. 6) В читальном зале иногда можно увидеть студентов, спящих над книгой.

б) Выразите ту же мысль иначе.

Образец: Не все студенты, <u>которые занимаются в библиотеке</u>, умеют правильно заполнять листок читательского требования. — Не все студенты, <u>занимающиеся в библиотеке</u>, умеют правильно заполнять листок читательского требования.

1) Не все студенты, которые учатся у нас в институте, пользуются библиотекой. 2) Со студентов, которые не возвращают книги вовремя, берётся штраф. 3) Читательский билет является единственным документом, который даёт право пользоваться библиотекой. 4) В библиотеке, которая работает в нашем институте, очень много книг по моей специальности. 5) Во время экзаменационной сессии в читальном зале много студентов, которые готовятся к экзаменам. 6) К девушке, которая читает книгу, подошла библиотекарь.

56. *а) Обратите внимание на способы образования активных причастий прошедшего времени.*

Инфинитив	Прошедшее время	Суффикс	Причастие
чита-ть откры-ть-ся привез-ти	на гласный на согласный	-вш- -ш-	чита-вш-ий откры-вш-ийся привёз-ш-ий

б) Используя информацию упр. 56а, образуйте от глаголов упр. 54б активные причастия прошедшего времени.

в) Используя информацию упр. 56а, образуйте от данных глаголов активные причастия прошедшего времени.

1) Выдать, получить, прочитать, сдать, указать, проверить, взять, заполнить, вписать, принести, потерять, посоветовать.
2) Познакомиться, записаться, закрыться.

г) Закончите предложения, употребив причастия в нужной форме. Обратите внимание, что причастия склоняются так же, как и прилагательные, а их падеж зависит от падежа определяемого слова.

1) Это <u>читальный зал</u>,
   Я вышел <u>из читального зала</u>,
   Я подошёл <u>к читальному залу</u>,
   Я зашёл в <u>читальный зал</u>,
   Я часто пользуюсь <u>читальным залом</u>,
   Я работал <u>в читальном зале</u>,

   <u>открывшийся</u> недавно.

2) Это <u>библиотека</u>,
   Я вышел <u>из библиотеки</u>,
   Я подошёл <u>к библиотеке</u>,
   Я зашёл в <u>библиотеку</u>,
   Я часто пользуюсь <u>библиотекой</u>,
   Я работал <u>в библиотеке</u>,

   <u>открывшаяся</u> недавно.

3) Это библиотеки,
   В городе много библиотек,
   Я ходил по библиотекам,   открывшиеся недавно.
   Я заходил в библиотеки,
   Я пользуюсь библиотеками,
   Я расскажу вам о библиотеках,

57. *а) Выразите ту же мысль иначе.*

Образец: Студенты, не прошедшие перерегистрацию, библиотекой не обслуживаются. — Студенты, которые не прошли перерегистрацию, библиотекой не обслуживаются.

1) Студенты, взявшие учебники в библиотеке, должны их сдать сразу же после экзаменационной сессии. 2) С читателя библиотеки, потерявшего книгу, берётся штраф за утерянную книгу. 3) К девушкам, заполнявшим читательские требования, подошёл библиотекарь. 4) Я поблагодарил Аню, посоветовавшую взять именно эту книгу. 5) Я поздоровался с библиотекарем, выдававшим сегодня книги, и попросил её принести нужную мне книгу. 6) Я рассказал своим друзьям о новой библиотеке, открывшейся в нашем районе.

б) Выразите ту же мысль иначе.

Образец: Студенты, которые поступили на первый курс, могут получить необходимые им учебники в библиотеке института. — Студенты, поступившие на первый курс, могут получить необходимые им учебники в библиотеке института.

1) Библиотекарь, который выдал мне формуляр читателя, попросил заполнить его. 2) Студенты, которые не сдали книги вовремя, библиотекой не обслуживаются. 3) Девушка, которая сидела у окна, готовилась к экзамену. 4) Студенту, который громко разговаривал в читальном зале, библиотекарь сделала замечание. 5) Библиотекарь взяла книги у девушки, которая их принесла. 6) Сотрудница библиотеки, которая выдала мне читательский билет, рассказала о правилах пользования библиотекой.

58. *а) Выразите ту же мысль иначе.*

Образец: Человек, пишущий эту книгу, известный учёный. — Человек, который пишет эту книгу, известный учёный.

Человек, написавший эту книгу, стал известным учёным. — Человек, который написал эту книгу, стал известным учёным.

1) Выпускник высшего учебного заведения, успешно защитивший дипломную работу, получает диплом о высшем образовании. 2) Студенты, пишущие контрольную работу, не должны пользоваться учебниками. 3) Человек, поступивший в аспирантуру, как правило, много времени проводит в библиотеке. 4) Студенты, опоздавшие на занятия, к ним не допускаются. 5) Преподаватели, работающие в нашем институте, почти все имеют учёные степени.

б) Выразите ту же мысль иначе.

Образец: Студент, который записывается в библиотеку, должен заполнить формуляр читателя. — Студент, записывающийся в библиотеку, должен заполнить формуляр читателя.

Студент, который записался в библиотеку, получил читательский билет. — Студент, записавшийся в библиотеку, получил читательский билет.

1) Многие студенты, которые окончили наш институт, стали известными учёными. 2) Выпускники школ, которые имеют среднее образование, могут поступать в любой вуз страны. 3) Студенты, которые не сдали вовремя лабораторные работы, не могут быть допущены к сдаче экзамена. 4) Книги, которые хранятся в библиотеке, обязательно имеют шифр. 5) Студент, который не сдал хотя бы один экзамен, имеет задолженность. 6) Редко встретишь студента, который делает всё вовремя.

a) Проверьте, знаете ли вы следующие слова и словосочетания. В случае необходимости обратитесь к словарю.

Взимать плату, вынимать карточки, выносить книги, вырывать страницы, делать пометки, загибать страницы, обслуживать(ся), перерегистрировать (перерегистрация), прейскурант, равноценный, утеря (=потеря), фонд библиотеки.

б) Прочитайте текст. Обратите внимание на то, какие правила должен соблюдать читатель библиотеки.

ПАМЯТКА ЧИТАТЕЛЮ

1. Читательский билет является единственным документом, дающим право пользоваться библиотекой.

2. В начале каждого учебного года читатели должны перерегистрировать читательские билеты. Читатели, не прошедшие перерегистрацию, библиотекой не обслуживаются.

3. Научная литература на абонементе выдаётся на срок до двух месяцев, учебная — на семестр или учебный год, художественная литература или периодические издания на срок до 15 дней. Читатели обязаны возвращать взятые книги в установленные сроки. За пользование литературой сверх установленного срока взимается плата по действующему прейскуранту.

4. Читатели обязаны бережно относиться к книгам, другим произведениям печати и иным материалам, полученным из фонда библиотеки: не делать в них никаких пометок, подчёркиваний, не загибать и не вырывать страниц; не вынимать карточек из каталогов.

Читатели не имеют права без разрешения выносить книги из читального зала.

5. В случае утери книги, других произведений печати и иных материалов из фонда библиотеки читатель обязан их заменить соответственно такими же произведениями печати или признанными библиотекой равноценными.

6. За нарушения правил пользования библиотекой читатели лишаются права пользоваться библиотекой на установленные администрацией сроки.

в) Что вы не поняли? Что вы хотели бы уточнить? Используя текст «Памятка читателю», задайте библиотекарю пять вопросов.

a) Прочитайте формуляр читателя. Обратите внимание на форму его заполнения.

ФОРМУЛЯР ЧИТАТЕЛЯ

Фамилия _Антонов_
Имя и отчество _Иван Александрович_
Национальность _русский_
Год рождения _1989_
Кем работает _--_
Профессия _--_

Рабочий	Учащийся школы
Служащий	Высшей
Военный	Средней
Прочее	Средней специальной

По образованию:
среднее, среднее специальное, неоконченное высшее, высшее

Где учится _МГУ_
Дом. Адрес _Москва, 4-я ул. 8-го Марта, д. 8, кв. 22_
№ телефона _151-12-74_
Место работы____
№ паспорта _43 № 567890_
Состоит читателем в данной библиотеке с _2006_ г.
Правила библиотеки знаю и обязуюсь их выполнять.
Подпись _Антонов_
Дата записи и перерегистрации _4.10.2006_

б) На основании формуляра читателя сформулируйте вопросы, которые мы задаём при устном знакомстве.

в) Расскажите, что вы узнали о читателе библиотеки на основании формуляра читателя.

🎧 АУДИРОВАНИЕ

59. *Прослушайте диалоги. Ответьте на вопросы.*

①

1. Что должен был иметь при себе студент, чтобы записаться в библиотеку?
2. Какой документ выписал ему библиотекарь?
3. Какими отделами библиотеки он может пользоваться?
4. Какие книги хотел взять студент?
5. Все ли книги, которые он хотел получить, ему выдали на дом?
6. Когда он должен сдать учебники?
7. Когда он должен сдать книгу о Москве?

②

1. Что посоветовал Тьен своему другу?
2. Почему он дал ему такой совет?

③

1. Что нужно сделать, чтобы заказать книгу?
2. Когда будет выполнен заказ?

🗣 ГОВОРЕНИЕ

60. *а) Восстановите недостающие реплики диалога.*

— .... ?
— Библиотека находится в другом корпусе, рядом с университетом.
— .... ?
— К сожалению, нет. Книги из читального зала на дом не выдаются.
— .... ?
— Библиотека работает ежедневно с 9 утра до 11 вечера.
— .... ?
— Заказ выполняют от 15 до 30 минут.
— .... ?
— Название нужной вам книги вы можете проверить по каталогу.

б) Вам нужно записаться в библиотеку. Восстановите недостающие реплики диалога.

— .... ?
— Чтобы записаться в библиотеку нужно иметь паспорт или студенческий билет и фотографию.
— .... ?
— Заполнить карточку читателя. После этого вы получите читательский билет.
— .... ?
— Конечно, нам можно звонить.
— .... ?
— Номера телефонов библиотеки указаны в читательском билете.
— .... ?
— Да, библиотека принимает заказы на книги по телефону.
— .... ?
— В случае необходимости по телефону можно продлить и срок пользования книгами.

61. *Расскажите о библиотеке, которую вы посещаете или посещали. Используйте в качестве плана данные вопросы.*

1. Где находится библиотека?
2. Когда работает библиотека?
3. Какие отделы имеет библиотека?
4. Какие документы нужно иметь, чтобы записаться в библиотеку?
5. Какие документы нужно заполнить, чтобы стать читателем библиотеки?
6. Какой документ даёт читателю право пользоваться услугами библиотеки?
7. Все ли книги выдаются на дом? Если не все, то какие книги не выдаются?
8. В каком отделе библиотеки вы будете работать, если книга не выдаётся на руки?
9. Как найти в библиотеке нужную вам книгу?
10. Когда надо возвращать книги в библиотеку?
11. Что необходимо сделать, если вы потеряли книгу?

✍ ПИСЬМО

62. *Заполните формуляр читателя, вписав данные о себе.*

ФОРМУЛЯР ЧИТАТЕЛЯ

Фамилия _____

Имя и отчество _____

Национальность _____

Год рождения _____

Кем работает _____

Профессия _____

Рабочий	Учащийся школы
Служащий	Высшей
Военный	Средней
Прочее	Средней специальной

По образованию:

среднее, среднее специальное, неоконченное высшее, высшее

Где учится _____

Дом. адрес _____

№ телефона _____

Место работы _____

№ паспорта _____

Состоит читателем в данной библиотеке с 20_____ г.

Правила библиотеки знаю и обязуюсь их выполнять.

Подпись _____

Дата записи и перерегистрации _____

ПРОВЕРЬТЕ СЕБЯ!

☑ КОНТРОЛЬНАЯ РАБОТА ПО ЛЕКСИКЕ

1. *Образуйте из данных слов словосочетания.*

⚠ 1. зачётная
2. лабораторная
3. экзаменационная
4. зачётно-экзаменационная

а) работа
б) сессия
в) книжка
г) ведомость

2
1. московский
2. читательский
3. выходной
4. второй

а) семестр
б) день
в) билет
г) университет

3
1. читальный
2. предметный
3. студенческий
4. первый

а) билет
б) зал
в) курс
г) каталог

4
1. дневное
2. читательское
3. высшее
4. домашнее

а) образование
б) задание
в) отделение
г) требование

5
1. пройти
2. подойти
3. доехать
4. ехать

а) на автобусе
б) до станции «Парк культуры»
в) мимо почты
г) к остановке

2. *Вместо точек употребите необходимые по смыслу слова.*

В институте очень трудно ... (учить, учиться). У меня занятия ... (ежедневно, еженедельно), кроме воскресенья. Но и в воскресенье в общежитии я два-три часа ... (занимаюсь, учусь). Ведь мы ... (занимаемся, учим) не только русский язык, но и черчение, математику, физику. И если ... (в течение, во время) занятий я не всё хорошо понял, то дома я снова делаю те упражнения, ...(которые, какие) показались мне трудными. Мне надо очень много успеть сделать. Первый экзамен ... месяц (после, через).

3. *Замените выделенные слова и словосочетания близкими по значению.*

1) Каждый четверг у нас занятия в институте с 9.30 до 14.30. 2) Я плачу за обучение каждый год. 3) В этом году я стал читателем библиотеки. 4) Эта книга сейчас находится у другого читателя.

4. *Найдите антонимы к данным словосочетаниям.*

1. войти
2. прийти
3. подойти

а) уйти
б) отойти
в) выйти

5. *Найдите лишнее слово или словосочетание в каждой группе слов.*

1. вуз
1. школа
2. институт
3. курс
4. факультет
5. аспирантура

2. помещения вуза
1. аудитория
2. кафедра
3. училище
4. деканат
5. лаборатория

3. документы
1. экзаменационная ведомость
2. студенческий билет
3. зачётная книжка
4. читательский билет
5. лабораторная работа

4. сессия
1. зачёт
2. незачёт
3. лекция
4. экзамен
5. задолженность

5. библиотека
1. читальный зал
2. семинар
3. алфавитный каталог
4. предметный каталог
5. абонемент

6. данные о книге
1. фамилия автора
2. название книги
3. место издания
4. формуляр читателя
5. год издания

☒ КОНТРОЛЬНАЯ РАБОТА ПО ГРАММАТИКЕ

1. *Вместо точек употребите там, где необходимо, предлоги* **в**, **на**, **после**, **через**, **перед**, **во время**, **в течение**.

В понедельник я встаю ... без четверти восемь. Я умываюсь и одеваюсь ... пятнадцать минут. Я выхожу из дома ... половине девятого. ... сорок минут я в институте. ... началом занятий я успеваю повторить домашнее задание. ... занятий мы слушаем преподавателя, читаем и пишем в тетрадях. ... занятий в институте я возвращаюсь домой. ... будущей неделе ... среду мы не учимся, потому что в России праздник.

2. *Вместо точек употребите там, где необходимо, предлоги. Слова в скобках употребите в нужной форме.*

В июне у меня экзамены ... (русский язык, черчение, физика, математика). Мы учили ... (русский язык) целый год, а (математика, физика, черчение) полгода. У меня есть учебник ... (физика) и учебник (математика). Но эти книги ... (русский язык). Я не всё понимаю, и мне приходится много переводить ... русского ... английский. Поэтому у меня мало ... (время). Я занимаюсь ежедневно по три-четыре ... (час), а иногда и пять ... (час).

3. *Вместо точек употребите слово* **который** *в нужной форме. Где необходимо, употребите предлоги.*

Институт, ... я учусь, находится далеко от дома. Чтобы не было скучно, я езжу в институт с другом, ... учится со мной на первом курсе. Но сегодня я еду один, потому что он уже написал контрольную работу, ... я буду писать сегодня. Я взял у него тетрадь, ... он готовился к контрольной работе и ... у меня не было. Когда я приехал в институт, я встретил там студентов, ... вместе я буду писать контрольную работу. Мы пошли в аудиторию, ... находится на втором этаже. Преподаватель попросил убрать учебники, ... мы принесли с собой. За контрольную работу, ... написал в тот день, я получил «четыре».

4. *Употребите вместо слова* **который** *слова* **где**, **куда**, **откуда**.

На этой улице находится институт, в котором я учусь. А это библиотека, в которую я очень часто хожу. Видишь дом, из которого только что вышел человек, это наше общежитие.

5. *Используя причастные обороты, выразите ту же мысль иначе.*

На Тверской улице я встретил своего друга, который когда-то учился со мной в институте. Он познакомил меня со своей женой, которая тоже окончила наш институт. Я позвонил своей жене, которая ждала меня, и предупредил её, что приду домой позже. Потом мы все вместе пошли в ближайшее кафе, которое работает круглосуточно. Там мы сели за столик, который находился рядом с окном. Мы поговорили о наших друзьях, которые теперь работают и живут в разных городах нашей страны.

6. *Вместо точек употребите необходимые по смыслу слова в нужной форме.*

В семь часов Алексея ... (будить, разбудить) будильник. Он ... (вставать, встать), ... (умываться, умыться), ... (чистить, почистить) зубы, ... (причёсываться, причесаться). Он долго не ... (одеваться, одеться), потому что никак не мог найти рубашку. Алексей вчера ... (ложиться, лечь) поздно, поэтому он не мог ... (вспоминать, вспомнить), куда он её ... (класть, положить).

7. *Вместо точек употребите там, где необходимо, предлоги. Слова в скобках употребите в нужной форме.*

Через пять лет я снова приехал ... (свой родной город). Сначала я пошёл ... (знакомая улица). Потом, чтобы быстрее добраться ... (свой дом), я решил поехать ... (троллейбус). Я доехал ... (знакомая остановка) и вышел ... (троллейбус). Я прошёл ... (дома), около которых играл, когда был маленьким, и вошёл ... (двор). Я подошёл ... (свой дом), но заходить в него сразу не стал. Сначала я обошёл ... него, а потом уже вошёл ... (подъезд).

КОНТРОЛЬНАЯ РАБОТА ПО ЧТЕНИЮ

1. *Прочитайте текст. Напишите ответы на данные после текста вопросы.*

СИСТЕМА ОБРАЗОВАНИЯ В РОССИИ

В России, как, впрочем, и во всём мире, образование начинается со школы. Поэтому уже задолго до первого сентября родители будущих первоклассников озабочены тем, какую школу выбрать для своего ребёнка. Дело в том, что в России школы делятся на общеобразовательные и спецшколы (специальные школы). В общеобразовательной школе на все учебные дисциплины отводится равное количество часов. В спецшколе большее количество часов отводится какой-нибудь одной учебной дисциплине. Так, например, в школе с углублённым изучением английского языка — английскому, а в физико-математической школе — физике и математике.

Но вот выбор сделан, и первого сентября тысячи детей первый раз переступают порог школы, в которой будут учиться девять лет. После окончания девятого класса ребят ждут первые в жизни экзамены. Их четыре: два обязательных (это математика и русский язык) и два по выбору, то есть школьник сам может выбрать, какие экзамены он будет сдавать. А затем нужно будет принять первое серьёзное решение: остаться в школе и получать общее среднее образование или уйти в училище или техникум, чтобы получить среднее специальное образование.

Это серьёзный выбор: с одной стороны, в техникуме или училище можно получить не только среднее образование, но и хорошую специальность; с другой — обучение в среднем специальном заведении продолжается три-четыре года. То есть те, кто решит после техникума или училища получить высшее образование, смогут поступить в институт только в восемнадцать—девятнадцать лет. А обычную среднюю школу заканчивают в семнадцать лет, и уже в этом возрасте можно стать студентом вуза. В любом случае после окончания и техникума, и училища, и школы ребят сначала ждут выпускные экзамены, а потом, почти сразу, — вступительные.

После вступительных экзаменов самые умные, старательные или просто везучие получают новенькие студенческие билеты и зачётные книжки. Теперь для них учебный год будет делиться уже не на четверти, как в школе, а на семестры. Впереди пять лет, которые кажутся вечностью. Но они пролетают так же быстро, как и школьные годы. И снова выбор: идти работать или продолжить учёбу. Ведь можно поступить в аспирантуру. А для этого необходимо сдать вступительные экзамены и написать реферат на выбранную для научной работы тему.

Аспиранты во время учёбы в аспирантуре занимаются научными исследованиями и пишут диссертацию. После защиты диссертации выпускнику аспирантуры присваивается учёная степень кандидата наук. Вторая учёная степень — это доктор наук. Кроме учёных степеней в России существуют и учёные звания. Это доцент, профессор и академик. Эти учёные звания получают люди, активно занимающиеся научной и преподавательской деятельностью.

Вопросы к тексту:

1. Чем отличается общеобразовательная школа от специальной?
2. Когда школьники сдают в первый раз экзамены, и сколько экзаменов они сдают?
3. Могут ли поступать в институт люди, имеющие среднее специальное образование?
4. Какие учёные степени существуют в России?
5. Какие учёные звания существуют в России?

 # КОНТРОЛЬНАЯ РАБОТА ПО АУДИРОВАНИЮ

1. *Запишите прослушанную вами информацию.*

2. *Прослушайте фрагмент радиопередачи. Ответьте на вопросы.*

1. Сколько пассажиров каждый день перевозит метрополитен?
2. Сколько станций в московском метро?

🗣 КОНТРОЛЬНАЯ РАБОТА ПО ГОВОРЕНИЮ

1. *Восстановите недостающие реплики диалога.*

①

— .... ?
— Анатолия Викторовича сейчас нет.
— .... ?
— Он будет завтра после семи. А вы по какому вопросу?
— ....
— Задолженности по математике он будет принимать в четверг с 12 часов. Приходите в 128-ю аудиторию.

②

— .... ?
— Экзамены по русскому языку будут 20 и 22 июня. 20 июня — письменный экзамен, а 22 июня — устный.
— .... ?
— Нет, пользоваться словарём на письменном экзамене нельзя.
— .... ?
— Все темы, которые мы проходили во втором семестре.

③

— Почему вы не сдали учебник русского языка?
— ....
— Если вы его потеряли, вам нужно подойти завтра в первой половине дня к Екатерине Павловне. Она с вас возьмёт деньги за потерянный учебник.
— .... ?
— Сколько стоит учебник, скажет Екатерина Павловна.

④

— .... ?
— Нет, этот троллейбус не идёт в центр. Вам нужен двенадцатый.

⑤

— Как мне к тебе доехать?
— ....
— А дальше куда мне идти?
— ....
— Дай мне на всякий случай твой точный адрес.
— ....

✍ КОНТРОЛЬНАЯ РАБОТА ПО ПИСЬМУ

1. *На основании карточки из каталога заполните читательское требование.*

7 МЕ7 И-880 **Горьков В., Авдеев Ю.** Г-71 Азбука космонавтики: Кн. О космосе/ Рис. К. Гордеева и др. — Минск: Юность, 1988. — 158 с., илл. ББК 39.6	**ЧИТАТЕЛЬСКОЕ ТРЕБОВАНИЕ** Фамилия автора _____ Название книги _____ Место издания _____ Издательство _____ Год издания _____ Шифр _____ № чит. билета _____ Подпись читателя _____

III. МЫ ЕДЕМ, ЕДЕМ, ЕДЕМ...

1. Почему люди летом отправляются на юг?

☑ *ЛЕКСИКА*

1. *а) Обратите внимание на слова и словосочетания, которые используются, когда говорят об отдыхе.*

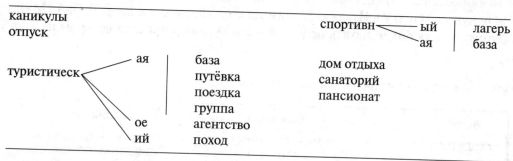

б) Обратите внимание, что в России часто используются сокращённые слова. Образуйте слова по образцу.

Образец: туристический поход — турпоход

1) Туристическая база. 2) Спортивный лагерь. 3) Туристическая путёвка. 4) Спортивная база. 5) Туристическое агентство. 6) Туристическая поездка. 7) Туристическая группа.

в) Прочитайте диалоги. Обратите внимание на вопросы, которые задают, чтобы узнать о планах на отдых.

①

— Анна Сергеевна! Куда вы поедете в отпуск?

— Я, Пань Минь, поеду в санаторий. Мне нужно немного подлечиться. Я уже купила путёвку в санаторий, который расположен под Москвой.

— Вы каждый год ездите в санаторий?

— Нет, в прошлом году я отдыхала в пансионате на берегу Чёрного моря.

— А что такое пансионат?

— Это гостиница для отдыхающих. Такие специальные гостиницы называются в России пансионатами или домами отдыха. Они, как правило, расположены на берегу моря или красивой реки. Можно ходить на пляж, загорать, купаться, кататься на лодке.

— Нет, мне это не подойдёт. Ненавижу целый день лежать на пляже. Я люблю активный отдых.

②

— Кумар, ты где будешь отдыхать в этом году?

— На турбазе в горах. Буду ходить в турпоходы. Я люблю активный отдых. А ты, Пак, где собираешься провести каникулы?

— Ты не поверишь, в Италии. Я уже был в турагентстве. Мне сказали, что это возможно.

— А виза?

— Я поеду в составе тургруппы, и визу мне будет оформлять турагентство.

— Но это, наверное, дорого?

— Недёшево! Но я хочу посмотреть другие страны. Познакомиться с историей и культурой народов, которые в них живут.

— Я тоже хотел бы посмотреть памятники мировой культуры. Но мне это пока не по карману.

— Пань Минь! Мне сказали, что наш институт имеет собственную турбазу и, по-моему, то ли спортлагерь, то ли спортбазу. Ты не знаешь, где можно купить турпутёвку? Я хочу поехать туда на каникулы. Говорят, что для студентов путёвка стоит не очень дорого.

— Не знаю. Я сама хотела бы провести каникулы на спортбазе или в спортлагере. Ты же знаешь, как я люблю спорт!

— Слушай, у меня есть идея. Давай завтра пойдём к нашему куратору. Ольга Дмитриевна наверняка всё знает и поможет нам решить эту проблему.

— Давай!

г) Используя информацию упр. 1а,б, вместо точек употребите необходимые по смыслу слова в нужной форме.

1) Анна Сергеевна работает в институте, поэтому ... у неё всегда летом. 2) В прошлом году Анна Сергеевна отдыхала в ... , который расположен на берегу Чёрного моря. 3) В этом году Анна Сергеевна много болела, поэтому врачи посоветовали ей поехать в ... . 4) После экзаменационной сессии у студентов начинаются ... . 5) Пак никогда не был в Италии, поэтому в этом году он решил поехать туда в ... . 6) Он купил путёвку в Италию ... . Там же ему оформили и визу. 7) Пань Минь занимается спортом, поэтому она любит отдыхать не в ..., а в ... . 8) Кумар приехал вечером на ..., а утром ушёл в ... в горы.

2. *а) Обратите внимание на значения данных слов.*

быть	бывать	побывать
НАХОДИТЬСЯ	БЫТЬ ЧАСТО, ИНОГДА, ПОСТОЯННО	ПОЕЗДИТЬ, ПОХОДИТЬ, УВИДЕТЬ МНОГИЕ МЕСТА
Я <u>был</u> в санатории.	Он часто <u>бывает</u> у нас.	Он <u>побывал</u> на Кавказе.

б) Прочитайте диалог. Обратите внимание на использование слов **быть, бывать, побывать**.

— Пань Минь, где ты была на каникулах?

— В спортлагере, недалеко от Москвы. А вот Кумар побывал на Кавказе. Он отдыхал на турбазе. Говорит, что в горах очень красиво. А ты когда-нибудь бывала в горах?

— Бывала, но только у себя на родине. Я часто ездила в горы с родителями. А Пак? Он же у нас путешественник...

— Пак ездил в Италию. Был в Риме, в Неаполе и где-то ещё. Он так интересно рассказывал, что мне самой захотелось побывать там.

— Не расстраивайся. У нас впереди ещё целая жизнь. Успеем побывать везде, где захотим.

в) Используя информацию упр. 2а,б, вместо точек употребите необходимые по смыслу слова в нужной форме.

1) В прошлом году мне удалось ... в Сибири. 2) В июле мы ... в доме отдыха на Азовском море. 3) Мы хорошо знаем центр Москвы: в студенческие годы мы там часто ... . 4) Ты ... когда-нибудь в горах? 5) Студенты так интересно рассказывали о Байкале, что и мне тоже захотелось ... там. 6) Анна Сергеевна почти ежедневно ... у нас. 7) Они несколько раз ... в Москве, но так и не ... в Коломенском.

3. *Используя слова для справок, вместо точек употребите необходимые по смыслу слова в нужной форме.*

Слова для справок: искупаться, провести, загореть, собираться, отдохнуть, стоять, покататься.

Мы ... поехать в отпуск на море, но у нас не получилось. Так что весь отпуск мы ... в горах. Погода ... прекрасная! Мы ... не хуже, чем на море: стали совсем чёрными. Нам очень понравилось! В общем мы ... очень хорошо и интересно ... время! Хотя, конечно, немного жаль, что в этом году нам не удалось ... в море и ... на корабле.

4. *а) Обратите внимание на значения предлогов* **с… до, от … до.**

ВРЕМЕННОЙ ПРОМЕЖУТОК **с** (*+ р.п.*) … **до** (*+ р.п.*) У меня отпуск <u>с</u> 25 июня <u>до</u> 14 июля.	РАССТОЯНИЕ МЕЖДУ ДВУМЯ ПРЕДМЕТАМИ **от** (*+ р.п.*) … **до** (*+ р.п.*) <u>От</u> дома <u>до</u> моря было полкилометра.

б) Прочитайте диалог. Обратите внимание на использование предлогов **с… до, от … до.**

— Пань Минь, а спортивный лагерь, в котором ты отдыхала, далеко от Москвы?
— Нет. От Москвы до Старой Рузы, наверное, километров 100.
— И что ты там делала? Умирала со скуки?
— Совсем нет. Мы играли в волейбол, в теннис, в баскетбол. Я даже попробовала сыграть в футбол. Ещё у нас были соревнования по бегу и по плаванию.
— А вы жили далеко от реки?
— От спортлагеря до реки мы шли минут 10.
— Долго ты там была?
— С 1 июля до 31 августа.

в) Используя информацию упр. 4а, вместо точек употребите предлоги **с… до, от … до.**

1) Расстояние ... Москвы ... Санкт-Петербурга — 650 км. 2) ... 1 июня ... 25 августа я была на даче. 3) ... пляжа ... санатория, где мы отдыхали, мы шли 20 минут. 4) ... дома ... нашей дачи — 50 км. 5) ... утра ... вечера мы были на пляже. 6) ... субботы ... понедельника я буду за городом. 7) ... общежития ... института надо ехать 40 минут. 8) ... десяти утра ... часа дня я загорал на пляже, купался, играл в волейбол.

☒ ГРАММАТИКА

> 1. Пассивные причастия настоящего и прошедшего времени.
> 2. Обозначение местонахождения объекта и направления движения.

5. *а) Обратите внимание на способы образования пассивных причастий настоящего времени.*

Инфинитив	1-е лицо, множественное число	Суффикс	Причастие
читать передавать слышать	чита-**ем** переда-**ём** слыш-**им**	**-ем-** **-ём-** **-им-**	чита-**ем**-ый передава-**ем**-ый слыш-**им**-ый

б) Используя информацию упр. 5а, образуйте от данных глаголов пассивные причастия настоящего времени.

Покупать, решать, совершать, предполагать, планировать, открывать, предлагать, снимать, собирать, организовывать, фотографировать, встречать.

в) Закончите предложения, употребив причастия в нужной форме. Обратите внимание, что причастия склоняются так же, как и прилагательные, а их падеж зависит от падежа определяемого слова.

1) 1 сентября закончится <u>отпуск</u>,
2) 1 сентября я вернусь <u>из отпуска</u>,
3) Я уже готовлюсь <u>к отпуску</u>,
4) Я написал заявление <u>на отпуск</u>,
5) Думаю, что буду доволен <u>отпуском</u>,
6) Я всё время думаю <u>об отпуске</u>,

<u>планируемый</u> мною
на август.

2. 1) 1 сентября закончится <u>экскурсия</u>,
   2) 1 сентября я вернусь <u>с экскурсии</u>,
   3) Я уже готовлюсь <u>к экскурсии</u>,
   4) Я уже купил путёвку <u>на экскурсию</u>,
   5) Думаю, что буду доволен <u>экскурсией</u>,
   6) Я всё время думаю <u>об экскурсии</u>,

<u>планируемая</u> мною
на август.

3. 1) 1 сентября закончатся <u>экскурсии</u>,
   2) 1 сентября я вернусь <u>с экскурсий</u>,
   3) Я уже готовлюсь <u>к экскурсиям</u>,
   4) Я уже купил путёвки <u>на экскурсии</u>,
   5) Думаю, что буду доволен <u>экскурсиями</u>,
   6) Я всё время думаю <u>об экскурсиях</u>,

<u>планируемые</u> мною
на август.

6. *а) Выразите ту же мысль иначе.*

Образец: Не все путеводители, <u>покупаемые мною во время турпоездок</u>, я читаю. — Не все путеводители, <u>которые я покупаю во время турпоездок</u>, я читаю.

1) Путёвки, предлагаемые турагентствами, стоят достаточно дорого. 2) Из комнаты, снимаемой нами, видно море. 3) Поездка в горы, планируемая нами на сентябрь, не состоится. 4) В чемодане, собираемом мною в дорогу, нашлось место и для вечернего платья. 5) Экскурсия в Петербург, организуемая нашим институтом, запланирована на летние каникулы. 6) Проблема, решаемая сейчас мной, очень сложна.

б) Выразите ту же мысль иначе.

Образец: Экскурсии, <u>которые организует для нас кафедра русского языка</u>, всегда очень интересные. — Экскурсии, <u>организуемые для нас кафедрой русского языка</u>, всегда очень интересные.

1) Книга, которую я сейчас читаю, мне не очень нравится. 2) Музыка, которую передают по радио, мешает мне читать. 3) Истории, которые рассказывает наш попутчик, очень смешные. 4) Гора, которую фотографируют туристы, похожа на медведя. 5) Люди, которых мы встречаем во время отпуска, часто становятся нашими друзьями. 6) В санатории, который мы открываем сегодня, будут лечиться больные дети.

7. *а) Обратите внимание на способы образования пассивных причастий прошедшего времени.*

Инфинитив	Основа глагола	Суффикс	Причастие
прочитать привезти проверить открыть	*на гласный -а, (-я)* *на согласный* *на гласный -и, (-е)* *на гласные -ы, -у, -о, -я*	**-нн-** **-ённ-** **-енн-** **-т-**	прочита-**нн**-ый привез-**ённ**-ый провер-**енн**-ый откры-**т**-ый

б) Используя информацию упр. 7а, образуйте от данных глаголов пассивные причастия прошедшего времени.

Заказать, рассказать, организовать, закрыть, построить, сделать, показать, взять, снять, забыть, расположить, использовать, спланировать, собрать, сфотографировать, провести, сдать, получить, услышать, предложить.

в) Закончите предложения, употребив причастия в нужной форме. Обратите внимание, что причастия склоняются так же, как и прилагательные, а их падеж зависит от падежа определяемого слова.

1. 1) Это <u>санаторий</u>,
   2) Я приехала <u>из санатория</u>,
   3) Я подъехала <u>к санаторию</u>,
   4) Я купила путёвки <u>в санаторий</u>,
   5) Я была восхищена <u>санаторием</u>,
   6) Я хорошо отдохнула <u>в санатории</u>,

<u>расположенный</u>
в горах.

2. 1) Это <u>турбаза</u>,

   2) Я приехала <u>с турбазы</u>,

   3) Я подъехала <u>к турбазе</u>,

   4) Я поеду отдыхать <u>на турбазу</u>,

   5) Я была восхищена <u>турбазой</u>,

   6) Я хорошо отдохнула <u>на турбазе</u>,

3. 1) Это <u>пансионаты</u>,

   2) Я не в восторге <u>от пансионатов</u>,

   3) Мы решили не подъезжать <u>к пансионатам</u>,

   4) Я не люблю ездить <u>в пансионаты</u>,

   5) Я был восхищён <u>пансионатами</u>,

   6) Я не люблю отдыхать <u>в пансионатах</u>,

<u>расположенная</u>
в горах.

<u>расположенные</u>
в горах.

8. *а) Выразите ту же мысль иначе.*

Образец: Все сувениры, <u>собранные мною во время путешествий по России</u>, я увезу на родину. —
Все сувениры, <u>которые я собрал во время путешествий по России</u>, я увезу на родину.

1) Отпуск, проведённый нами на берегу озера, запомнился нам надолго. 2) Мы решили отдохнуть в доме отдыха, построенном совсем недавно. 3) Вещи, забытые мною на пляже, мне принёс муж. 4) Фотографии, сделанные нами во время отпуска, напоминают нам о Чёрном море. 5) Об этом курортном городке я узнала из книг, прочитанных мною. 6) Из вещей, купленных мною специально для отдыха на море, мне оказались нужны всего две-три.

б) Выразите ту же мысль иначе.

Образец: Я показала друзьям фотографии, <u>которые сделала во время каникул</u>. — Я показала друзьям фотографии, <u>сделанные во время каникул</u>.

1) После экзаменов, которые я сдал, я решил поехать отдохнуть на море. 2) Я узнала из письма, которое я получила вчера, что у моего сына всё в порядке. 3) Путёвки, которые заказал для нас мой муж, мне принесли на дом. 4) Коля запомнил несколько слов из песни, которую он услышал вчера по радио. 5). Спортлагерь, который построили для студентов нашего университета, называется «Буревестник». 6) Я отказалась от путёвки, которую мне предложили на работе.

9. *а) Выразите ту же мысль иначе.*

Образец: Из журналов, <u>регулярно мною читаемых</u>, я узнаю для себя много интересного. —
Из журналов, <u>которые я регулярно читаю</u>, я узнаю для себя много интересного.
Журнал, <u>прочитанный мною в поезде</u>, был очень интересный. — Журнал, <u>который я прочитал</u> в поезде, был очень интересный.

1) В доме отдыха фильмы, показываемые по вечерам отдыхающим, очень старые. 2) Жаль, что отпуск, спланированный нами ещё полгода назад, пришлось отложить. 3) Через окна, открытые студентами из-за жары, был слышен шум моря. 4) В рекламных объявлениях, публикуемых турагентствами, всегда можно найти то, что тебя заинтересует. 5) Экскурсии, проводимые нашими сотрудниками, пользуются большой популярностью. 6) За вещи, оставленные на пляже, администрация не отвечает.

б) Выразите ту же мысль иначе.

Образец: Поездки, <u>которые я совершаю по России</u>, помогают мне лучше понять эту страну. —
Поездки, <u>совершаемые мною по России</u>, помогают мне лучше понять эту страну.
Поездки, <u>которые я совершил по России</u>, помогли мне лучше понять эту страну. —
Поездки, <u>совершённые мною по России</u>, помогли мне лучше понять эту страну.

1) Я взяла неделю отпуска, которую я не использовала в прошлом году. 2) Я привезла домой камни, которые я собрала на берегу моря. 3) Походы в горы, которые туристы совершают без проводника, могут быть опасны. 4) Когда я приехал на юг, я достал из чемодана вещи, которые сложила моя жена, и повесил их в шкаф. 5) В письмах, которые я регулярно получаю, сын пишет, что погода в этом году на юге дождливая, а море холодное. 6) Уважаемые пассажиры! Прогулка, которую вы совершаете на нашем теплоходе, продлится один час сорок минут.

10. *а) Обратите внимание на использование предлогов **в**, **на**, **с**, **из** при определении местонахождения предмета и направления движения.*

где?			куда?			откуда?		
быть	**на**	каникулах экскурсии турбазе даче море	поехать (пойти)	**на**	каникулы экскурсию турбазу дачу море	приехать (прийти) вернуться возвратиться	**с**	каникул экскурсии турбазы дачи моря
быть	**в**	отпуске походе турагентстве доме отдыха пансионате спортлагере санатории	поехать (пойти)	**в**	отпуск поход турагентство дом отдыха пансионат спортлагерь санаторий	приехать (прийти) вернуться возвратиться	**из**	отпуска похода турагентства дома отдыха пансионата спортлагеря санатория

*б) Используя информацию упр. 10а, употребите предлоги **в**, **на**, **с**, **из**. Слова в скобках употребите в нужной форме.*

1) Ехать ... (санаторий) мне не хотелось, и я решил поехать ... (спортивный лагерь). 2) Я только что вернулся ... (отпуск). 3) Когда ты идёшь ... (отпуск)? 4) Он недавно приехал ... (санаторий). 5) Куда ты поедешь ... (каникулы)? 6) Я обычно отдыхаю ... (деревня) ... (дача). 7) Мы возвратились ... (экскурсия) поздно вечером. 8) В прошлом году мы две недели отдыхали ... (море), а потом были ... (турбаза) в горах. 9) ... моря дул холодный ветер. 10) Этим летом я был ... (спортлагерь).

*в) Обратите внимание, что данные слова имеют в предложном падеже окончание **-у**.*

лес — <u>в</u> лес**у**	луг — <u>на</u> луг**у**
пруд — <u>в</u> пруд**у**	берег — <u>на</u> берег**у**

*г) Используя информацию упр. 10а,в, употребите там, где необходимо, предлоги **в**, **на**. Слова в скобках употребите в нужной форме.*

Об этом ... (новый санаторий) можно рассказать много хорошего. Он расположен ... (красивый лес) недалеко от города Клина. Мы ездили туда ... (экскурсия), на которой нам рассказали об истории города. Во время отдыха мы ловили рыбу ... (глубокий пруд), а ... (большой луг) собирали цветы. Некоторые из нас просто загорали ... (берег) реки. А иногда мы ходили ... (походы). ... (туристический поход), как и ... (любое путешествие), главное — хорошая компания.

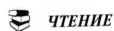 **ЧТЕНИЕ**

Текст 1

а) Проверьте, знаете ли вы следующие слова и словосочетания. В случае необходимости обратитесь к словарю.

Всерьёз, здорово, кинематография (кинематографист), климат, медуза, окружать, подлечиться, фестиваль, чайка, ему везёт (ему крупно повезло).

б) Прочитайте текст. Скажите, какой вывод сделала девушка после отдыха в городе Сочи.

ГДЕ ОТДОХНУТЬ?

После долгой и холодной зимы хочется поехать куда-нибудь на юг позагорать, покупаться в море, покататься на корабле. Поэтому после майских праздников я решила, что пора заняться проблемой летнего отдыха всерьёз, и обратилась в турагентство. Там мне предложили путёвки во

Францию и Италию. Но путёвки, предлагаемые турагентством, были слишком дорогие. И я спросила, нельзя ли где-нибудь отдохнуть подешевле. Но так, чтобы было тепло, было много солнца и было море.

В турагентстве мне посоветовали поехать в Сочи: море там есть, климат такой же, как во Франции или Италии. В общем, там есть всё, что я хочу. Более того, в Сочи работает свыше 50 санаториев, так что я могу там не только отдохнуть, но и подлечиться. Я спросила:

— А на какой срок рассчитана путёвка в санаторий?

— На 24 дня, — ответили мне.

— Ой, это очень долго.

— Тогда поезжайте в дом отдыха. Туда вы можете купить путёвку на 12 или 18 дней.

— А в июне там можно купаться? Вода не холодная?

— Да что вы! Конечно нет! В Сочи купальный сезон длится с мая до октября. А вы едете туда в июне.

Я никогда не была в Сочи, и мне, естественно, хотелось там побывать хотя бы раз в жизни. Поэтому через два часа я выходила из турагентства с путёвкой, купленной мною на 12 дней: с 1 июня по 12 июня.

И вот я в Сочи. Город, расположенный на самом берегу Чёрного моря, мне понравился сразу. Я жила в доме отдыха, построенном совсем недавно. Там было чисто и уютно. Правда, окна моей комнаты выходили не на море, а на горы, окружавшие город. Но какое это имело значение, если от дома отдыха, где я жила, до пляжа можно было дойти за 10 минут. Целые дни я проводила на пляже. Мне нравился шум моря, постоянно слышимый мною. Я любовалась чайками, летающими над волнами, рассматривала медуз, подплывавших к самому берегу. По вечерам я гуляла по центру города. Да, мне крупно повезло! Во время моего отдыха в Сочи проходил международный кинофестиваль, организованный Союзом кинематографистов России. Поэтому все фильмы, показываемые в кинотеатрах города, были новые и очень интересные. Естественно, что по вечерам я часто ходила в кино.

Мне очень понравилось, что в Сочи есть море, что в городе, защищаемом от холодных ветров горами, всегда тепло. И я решила один год отдыхать на море, а другой — в горах. На следующий год я обязательно куплю путёвку на турбазу. И буду летом кататься на лыжах. Здорово ведь, правда?

в) Прочитайте текст ещё раз. Ответьте на вопросы.

1. Зачем девушке хотелось поехать на юг?
2. Почему она не поехала во Францию или Италию?
3. Куда она купила путёвку?
4. Почему она выбрала именно этот город?
5. На какой месяц и на сколько дней она купила путёвку?
6. Куда можно было дойти за 10 минут?
7. Как девушка проводила день?
8. Что она делала по вечерам?
9. Почему девушка считает, что ей крупно повезло?

г) Расскажите, как отдыхала девушка, от третьего лица.

🎧 АУДИРОВАНИЕ

11. *Вы хотите поехать отдохнуть на Чёрное море. Запишите номер телефона туристического агентства, в которое вы обратитесь.*

12. *Прослушайте рекламное объявление. Ответьте на вопросы.*

1. Куда предлагает поехать турагентство «Виктория»?
2. Когда состоится экскурсия?
3. Что входит в стоимость экскурсии?

ГОВОРЕНИЕ

13. *а) Восстановите недостающие реплики диалога.*

①

— .... ?

— Да, я люблю путешествовать, поэтому каждый раз во время отпуска куда-нибудь уезжаю. В прошлом году я был на Дальнем Востоке.

— .... ?

— В этом году хочу поехать в Венгрию. Я никогда не был в Будапеште.

②

— .... ?

— Летом мы обычно ездим на море.

— .... ?

— В прошлом году мы отдыхали в небольшом городке недалеко от Сочи.

— .... ?

— Две недели.

— .... ?

— У меня отпуск в начале июля.

— .... ?

— Я собираюсь поехать за границу.

③

— Где вы обычно проводите свой отпуск?

— ....

— Где вы отдыхали в прошлом году?

— ....

— Сколько времени вы там были?

— ....

— Когда у вас отпуск в этом году?

— ....

— Куда вы собираетесь поехать в отпуск?

— ....

④

— Куда вы обычно ездите в отпуск?

— ....

— Где вы планируете провести отпуск в этом году?

— ....

б) Расскажите о том, как вы отдыхали, используя в качестве плана данные вопросы.

1. В какое время года вы любите отдыхать?
2. Где вам нравится больше отдыхать — у себя на родине или за рубежом? На море? В горах? Или где-нибудь ещё? Почему именно там?
3. Где вы обычно отдыхаете?
4. Сколько времени вы отдыхаете?
5. Где вы живёте во время отдыха?
6. Когда вы встаёте?
7. Что делаете в течение дня?
8. Как проводите вечера?
9. Где и с кем вы отдыхали в прошлом году?
10. Где вы уже бывали? Где бы вы хотели побывать? Почему именно там?
11. Какие у вас планы на этот год?

2. Самолёт –хорошо! Пароход – хорошо!

☑ *ЛЕКСИКА*

14. *а) Обратите внимание на значения данных слов и словосочетаний.*

Поезд дальнего следования — это поезд, перевозящий пассажиров на большие расстояния.

Поезд Москва – Санкт-Петербург – это <u>поезд дальнего следования</u>.

Пригородный поезд (= электричка) — это поезд, перевозящий пассажиров на небольшие расстояния.

<u>На электричке</u> я еду на дачу 40 минут.

Пассажирский поезд — это поезд дальнего следования, который делает остановки на всех (или почти на всех) станциях.

Нет, билеты <u>на пассажирский поезд</u> мне не нужны: он идёт очень медленно.

Скорый поезд — это поезд дальнего следования, который делает минимум остановок и в результате преодолевает путь значительно быстрее, чем пассажирский.

<u>На скором поезде</u> мы доедем до Чёрного моря за сутки, а на пассажирском будем ехать почти два дня.

б) Прочитайте диалог. Скажите, как добирались студенты до своих мест отдыха.

— Ну что! Я говорила, что мы рано приедем в аэропорт. Самолёт Анны Марии ещё даже не приземлился! Придётся ждать и ждать! Не люблю летать самолётом!

— Поэтому, Пань Минь, ты, наверное, и решила поехать в спортлагерь! Туда самолёты не летают... Кстати, как ты туда добиралась?

— Сначала ехала на электричке до станции Тучково. А потом, на автобусе до Старой Рузы. А от Старой Рузы до спортлагеря шла километра два пешком. А ты, Кумар, если такой смелый, почему не полетел на Кавказ на самолёте?

— Потому что хотел увидеть Россию хотя бы из окна вагона. А потом, на скором поезде ехать одно удовольствие. Это тебе не пассажирский поезд, который останавливается на каждой станции.

— И сколько же ты ехал?

— 36 часов.

— Наверное, умер со скуки?

— Ничего подобного! Я читал путеводитель, смотрел в окно. Играл с соседом в шахматы.

— Ладно, пойдём встречать Анну Марию! Уже объявили, что её самолет приземлился.

в) Используя информацию упр. 14а, употребите необходимые по смыслу слова в нужной форме.

1) Сергиев Посад находится недалеко от Москвы, и туда можно доехать на ... . 2) На скорый поезд билетов не было, поэтому мне пришлось купить билет на ... . 3) Я ездил в Петербург на ... . Он почти не останавливается, и дорога занимает мало времени. 4) От Москвы до Петербурга 650 километров, поэтому туда ходят только ... .

15. *а) Обратите внимание на значения данных слов.*

Таможня — организация, контролирующая перемещение ценностей через границу.

Пройдите, пожалуйста, в помещение <u>таможни</u>.

Таможенник — человек, осуществляющий контроль за перемещением ценностей через границу.

В купе вошёл <u>таможенник</u>.

Пограничник — человек, охраняющий границу государства.

<u>Пограничник</u> проверил мой паспорт и визу.

107

б) Обратите внимание на формы контроля при пересечении государственной границы.

Я должен пройти	паспортный	
	таможенный	контроль.
	личный	досмотр.

Я должен заполнить **таможенную декларацию**.

в) Прочитайте диалоги. Скажите, кто разговаривал с Анной Марией, какой контроль она прошла.

①

— Предъявите ваши документы.
— Пожалуйста. Вот мой паспорт.
— Ваша фамилия?
— Лопес.
— Из какой страны вы прибыли?
— Из Мексики.
— С какой целью вы прибыли в Москву?
— Я учусь здесь в институте.
— Срок вашей визы заканчивается через месяц. Не забудьте её продлить. Проходите!
— Спасибо.

②

— Вашу таможенную декларацию, пожалуйста.
— Вот, пожалуйста.
— Вы неправильно заполнили таможенную декларацию.
— Почему?
— Вы забыли вписать, из какой страны прибыли и цель поездки. Из какой страны вы прибыли?
— Из Мексики.
— Впишите это вот сюда, в графу «Страна отправления». А в графу «Цель поездки» впишите, с какой целью вы прибыли в Москву.
— Я учусь в московском институте. Что мне писать?
— Учёба. Что у вас в чемодане?
— Личные вещи.
— Откройте ваш чемодан.
— Пожалуйста.
— Сигареты? Спиртные напитки есть?
— Нет.
— Какую валюту вы везёте с собой?
— Доллары США.
— Сколько?
— Двести долларов.
— Проходите.
— Спасибо.

г) Используя информацию упр. 15а,б, употребите необходимые по смыслу слова и словосочетания в нужной форме.

1) На границе в купе вошёл молодой ... и попросил предъявить паспорта. 2) Мы заранее заполнили ... и показали её ... . 3) Мы быстро прошли ... и ... и пошли погулять по Бресту. 4) Нашу соседку попросили пройти ... досмотр.

16. а) *Скажите, в какую кассу вы обратитесь, если вам надо купить билеты на электричку, купить билеты в Петербург.*

1

```
ПОЕЗДА ДАЛЬНЕГО
   СЛЕДОВАНИЯ
```

2

```
ПРИГОРОДНЫЕ
   ПОЕЗДА
```

б) *Прочитайте диалоги. Скажите, где студенты купили билеты, где они собирались подождать свой поезд, что они потом решили сделать.*

①

— Тьен, ты знаешь, в какой кассе можно купить билеты на электричку?
— Нет, а ты?
— Я тоже. Давай спросим. Скажите, пожалуйста, где можно купить билеты на электричку?
— Вот видите кассу ... Там написано «Пригородные поезда». Идите туда.
— Спасибо.
— Пожалуйста.

②

— Здравствуйте! Будьте добры, два билета до Сергиева Посада.
— Пожалуйста, с вас 70 рублей.
— Спасибо.

③

— Пойдём посмотрим по расписанию, когда наша электричка. Ой, нам не повезло! Ближайшая электричка будет только через час! Что будем делать?
— На улице холодно! Давай подождём в зале ожидания.
— Я хотел на всякий случай обменять доллары на рубли. Боюсь, мне не хватит...
— Тогда пойдём и поищем «Обмен валюты». На вокзале он обязательно должен быть. А потом узнаем в справочной, когда отправляются поезда в Воронеж. Я хочу на субботу и воскресенье съездить туда к друзьям.
— Я не вижу здесь никакой справочной.
— Вон, видишь, окошко «Информация»? Это и есть справочная...

в) *Посмотрите на рисунок. Используя информацию упр. 16а,б, скажите, где вы будете ждать поезд, если приехали на вокзал за два часа до его отправления. Где можно купить билеты на электричку? Где можно купить билеты, если вы едете во Владивосток? Куда вы обратитесь, чтобы узнать о прибытии и отправлении поездов? Где вы сможете обменять доллары на рубли? Куда вы обратитесь, если вам нужно оставить на вокзале свои вещи?*

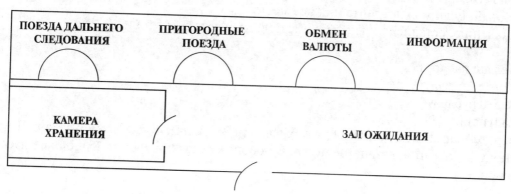

17. *а) Обратите внимание на значения данных слов и словосочетаний.*

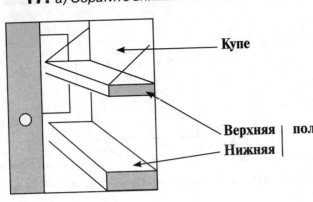

Купе — это отдельное помещение в вагоне для нескольких пассажиров. Слово **купе** не изменяется и не имеет множественного числа.

В вагоне 15 четырёхместных <u>купе</u>.

Верхняя | **полка** — это места, где спят пассажиры.
Нижняя |

У меня билет <u>на верхнюю полку</u>, а я больше люблю ездить <u>на нижней полке</u>.

Купейный вагон — вагон, который имеет отдельные закрываемые дверью помещения, в которых едут два или четыре пассажира.

Я всегда покупаю билеты <u>в купейный вагон</u>.

Плацкартный вагон — вагон, который не имеет закрываемых дверью помещений для пассажиров.

<u>В плацкартный вагон</u> билеты стоят дешевле, чем в купейный.

б) Прочитайте диалоги. Скажите, в какой кассе пассажир купил билет. Какие документы он предъявил, чтобы купить билет? Когда и с какого вокзала он уезжает в Воронеж? В какой вагон у него билет?

①

— Дайте, пожалуйста, один билет до Воронежа.
— Мы продаём билеты только на пригородные поезда. Вам нужны кассы, на которых написано «Поезда дальнего следования».
— А где эти кассы?
— Во втором зале.

②

— Вы последний в четвёртую кассу?
— Да, я.
— Я отойду ненадолго. Скажите, что я за вами.
— Хорошо.

③

— Дайте, пожалуйста, один билет до Воронежа.
— На какое число?
— На пятницу, 24 июня.
— Вам на утренний или на вечерний поезд?
— Если можно, на вечерний.
— В 19.30 отправляется пассажирский поезд, а в 21.45 — скорый. Вам на какой?
— На скорый, пожалуйста.
— Какой вагон?
— Купейный. Если можно, дайте нижнее место.
— К сожалению, остались только верхние полки. Будете брать билет?
— Да.
— Дайте ваш паспорт.
— Возьмите, пожалуйста.
— С вас 580 рублей.
— Пожалуйста.
— Смотрите! Ваш поезд № 184. Он отправляется 24 июня с Курского вокзала в 21 час 45 минут. У вас одиннадцатый вагон, двадцатое место. В Воронеж поезд прибывает 25 июня в 6 часов 45 минут.
— Спасибо.

в) *Посмотрите на рисунок. Используя диалог 3 упр.17б, найдите в билете информацию, которую сообщил пассажиру кассир.*

РЖД 20	АСУ ЭКСПРЕСС	ПРОЕЗДНОЙ ДОКУМЕНТ	ГЕ2010108 788066		
ПОЕЗД № шифр	ОТПРАВЛЕНИЕ число месяц час мин	ВАГОН № тип	ЦЕНА руб. билет плацкарта	Кол-во	ВИД ДОКУМЕНТА

184 КИ   24. 06   21. 45   11К   000218 0002111   01   ПОЛНЫЙ

МОСКВА – ВОРОНЕЖ   ЛЖД   (12020890-2090003)

МЕСТА 20   № ПРИВ.

ГЕ 899126   62С   А1   0098743160102   1125   МЖ39МО9/Н

330314306/ БУЙ ДЫК ТЬЕН

Н – 580. 1 РУБ. В Т.Ч. СТР. 2.3 + НСП 18. 6/5 0/77 РУБ.

ПРИБЫТИЕ 25. 06. В 06. 45

18. а) *Посмотрите расписания. Скажите, какое расписание можно увидеть на железнодорожном вокзале, а какое в аэропорту.*

1

РАСПИСАНИЕ
ДВИЖЕНИЯ ПОЕЗДОВ ДАЛЬНЕГО СЛЕДОВАНИЯ

ОТПРАВЛЕНИЕ   **ПРИБЫТИЕ**

№	Маршрут	Время	Плат.	Путь		№	Маршрут	Время	Плат.	Путь
14	Москва – Варшава	14.10	2	4		15	Варшава – Москва	12.40	1	1
10	Москва – Берлин	19.05	3	5		11	Берлин – Москва	16.17	1	2
18	Москва – Смоленск	19.40	1	2		19	Смоленск – Москва	20.54	3	5
6	Москва – Брест	21.12	3	4		7	Брест – Москва	5.12	2	4
22	Москва – Минск	23.00	2	3		23	Минск – Москва	11.05	3	6
12	Москва – Брюссель	23.12	2	4		13	Брюссель – Москва	18.00	3	5

2

РАСПИСАНИЕ
ДВИЖЕНИЯ ПРИГОРОДНЫХ ПОЕЗДОВ

К МОСКВЕ   **ОТ МОСКВЫ**

Время	Станция назначения	Кроме каких остановок	Дни следования		Время	Станция назначения	Кроме каких остановок	Дни следования
8.14	М – Курская	Везде	Ежедневно		8.10	Н.Иерусалим	Троицкое	Ежедневно
8.20	М – Курская	Битца	Ежедневно		8.16	Волоколамск	Везде	Ежедневно
8.34	М – Рижская	Везде	СБ и ВС		8.28	Нахабино	Битца	СБ и ВС
8.40	М – Рижская	Везде	Ежедневно		8.38	Дедовск	Троицкое	Ежедневно
8.54	М – Рижская	Везде	Ежедневно		8.48	Н.Иерусалим	Везде	Ежедневно
9.00	М – Рижская	Везде	Ежедневно		8.57	Волоколамск	Аникеевка	Ежедневно

3.

				РАСПИСАНИЕ				
ВЫЛЕТЫ					**ПРИЛЕТЫ**			
День	**Вылет**	**Маршрут**	**№ рейса**	**Дата**	**Прилет**	**Маршрут**	**№ рейса**	
5	9.35	Турин	SU 161	5	6.15	Барселона	SU 298	
5	11.35	Белград	SU 509	5	7.00	Белград	SU 510	
5	16.00	Киев	SU 187	5	16.10	Пекин	CA 910	
5	16.10	Пекин	SU 572	5	17.40	Киев	SU 188	
5	20.30	Барселона	SU 297	5	20.00	Турин	SU 162	
5	22.20	Сеул	SU 599	5	20.25	Сеул	KE 0923	

б) Используя расписание 1 упр.18а, скажите, когда и откуда отправляются поезда и куда они прибывают.

Образец: 1) Поезд № 14 отправляется из Москвы в Варшаву десять минут третьего со второй платформы четвёртого пути. 2) Поезд №15 прибывает из Варшавы в Москву без двадцати час на первый путь первой платформы.

в) Используя расписание 3 упр. 18а, скажите, откуда и куда отправляются самолёты.

Образец: 1) Без двадцати пяти минут десять самолёт из Москвы вылетает в Турин.
2) Пятнадцать минут седьмого самолёт из Барселоны прилетает в Москву.

19. *а) Обратите внимание на использование данных слов.*

Поезд	отходит (отошёл) приходит (пришёл) отправляется прибывает	в 9.00.	Самолёт	вылетает (вылетел) прилетает (прилетел) приземлился совершил посадку	в 9.00.
	стоит на пятом пути. опаздывает на 30 минут.				

б) Прочитайте диалоги. Обратите внимание на использование слов, данных в упр. 19а.

①

— Пань Минь, ты знаешь, что завтра Тьен уезжает в Воронеж?
— Да, он мне сказал. Я еду на вокзал провожать его. А ты поедешь?
— А когда у него поезд?
— Поезд отходит с Курского вокзала без пятнадцати десять, но посадка начинается за полчаса до отправления поезда. Мы поедем на вокзал к девяти часам.
— Очень хорошо! Я тоже поеду с вами.

②

— Тьен, смотри, сколько здесь поездов... Как мы узнаем, где твой поезд?
— Не волнуйся! Когда начнётся посадка на поезд, об этом обязательно объявят по радио. Вот слушай, уже говорят.
— Я ничего не поняла.
— Сказали, что наш поезд стоит на пятом пути третьей платформы. Идём. Вот мой вагон. Сейчас я отнесу вещи в своё купе и выйду к вам. До отправления поезда ещё 20 минут. Постоим на платформе, поговорим.

③

— Тьен! Зо Зо! Подождите минутку! Кто-то звонит... Алло!

— Ну и кто это был?

— Пак. Он сказал, что его самолёт приземлился полчаса назад в аэропорту «Шереметьево» и он уже прошёл паспортный и таможенный контроль. Сейчас он едет в общежитие.

— Передай ему от меня привет! Мне пора! Поезд отправляется через пять минут.

— Когда тебя встречать?

— Пань Минь! Я приеду в понедельник, но встречать меня не надо. Я доеду до общежития сам.

— Почему?

— Во-первых, потому, что поезд приходит в Москву очень рано. А во-вторых, этот поезд часто опаздывает.

— Тогда до встречи!

— До понедельника, Пань Минь! Спасибо, Зо Зо, что проводил меня.

— Пока, Тьен. Всего хорошего! Счастливого пути!

в) Используя информацию упр. 19а, вместо точек употребите необходимые по смыслу слова в нужной форме.

1) Давай не будем ждать электричку, она ... только через час. 2) Поезд Москва—Владивосток ... на пятом пути. 3) Мой поезд ... с Белорусского вокзала в два часа дня. 4) Только что объявили, что наш поезд ... на 30 минут. 5) Самолёт из Дели ... в аэропорту «Шереметьево-2» точно по расписанию. 6) Сейчас 10.30. А самолёт из Пекина ... в аэропорту «Шереметьево-2» в 10.20 по московскому времени. 7) Автобус только что ... от остановки.

20. *а) Обратите внимание на значения данных слов.*

Проводник (проводница) — человек, обслуживающий пассажиров поезда.

Проводник попросил показать билеты и паспорт.

Стюардесса — женщина, обслуживающая пассажиров самолёта.

Стюардесса сказала, что наш самолёт приземлится в аэропорту «Шереметьево» в 9.15.

б) Образуйте из данных слов словосочетания.

Образец: сосед, купе — сосед по купе.

1) Приходить, расписание. 2) Следовать, маршрут. 3) Идти, вагон. 4) Ходить, платформа.

в) Прочитайте диалоги. Скажите, какие документы нужно предъявить при посадке в поезд.

①

— Скажите, пожалуйста, какой это вагон?

— Одиннадцатый. Покажите, пожалуйста, ваш билет и паспорт. Проходите.

— Извините, я хотел бы узнать, когда поезд приходит в Воронеж?

— По расписанию поезд прибывает в Воронеж в 6.45.

②

— Здравствуйте! Значит, мы с вами соседи по купе? Давайте познакомимся. Меня зовут Николай Иванович. А вас?

— Меня зовут Тьен.

— Далеко едете?

— В Воронеж.

— И я тоже. Поезд приходит рано. Я попрошу проводницу разбудить нас за час до прибытия поезда. Не возражаете?

— Нет-нет! Большое вам спасибо.

✖ ГРАММАТИКА

> 1. Косвенная речь.
> 2. Выражение времени с помощью предлогов в простом предложении.
> 3. Обозначение местонахождения объекта и направления движения.

21. *а) Обратите внимание на употребление местоимений и союзов при замене прямой речи косвенной.*

ПРЯМАЯ РЕЧЬ	КОСВЕННАЯ РЕЧЬ
«**Я** еду на вокзал», — сказал Андрей. ⟶	Андрей сказал, **что он** едет на вокзал.
«**Дайте мне** паспорт, — сказал кассир. ⟶	Кассир сказал, **чтобы я** дал ему паспорт.
«**Ты** купил билет?» — спросили меня. ⟶	Меня спросили, купил **ли я** билет.
«**Когда ты** едешь?» — спросил я. ⟶	Я спросил, **когда он** едет.

б) Используя информацию упр. 21а, замените прямую речь косвенной.

1) Я сказал кассиру: «Мне нужен билет до Новосибирска на 7-е число». 2) Кассир спросила: «Вам нужен билет на скорый поезд?» 3) Девушка спросила: «С какого пути отправляется поезд «Красная стрела»? 4) В справочной ответили: «Поезд из Одессы прибывает в 14 часов». 5) Соседка по купе поинтересовалась: «Вы не хотите пойти в вагон-ресторан пообедать?» 6) Я спросил: «Сегодня есть самолёт на Санкт-Петербург?» 7) Проводница сказала: «Предъявите, пожалуйста, паспорт». 8) Таможенник сказал: «Заполните таможенную декларацию».

в) Используя информацию упр. 21а, замените косвенную речь прямой.

1) Студенты сказали нам, чтобы мы покупали билеты заранее. 2) Тьен сказал, что у него сегодня много дел, потому что он уезжает в Воронеж. 3) Пограничник несколько раз спросил меня, есть ли у меня виза. 4) Я спросил товарища, когда он едет на родину. 5) Проводница сказала нам, чтобы мы заплатили за постельное бельё. 6) Я спросил Пака, есть ли у него миграционная карта. 7) Таможенник сказал мне, чтобы я заполнил таможенную декларацию.

г) Используя информацию упр. 21а, перескажите диалоги урока в косвенной речи.

22. *а) Вместо точек употребите предлоги **в, на, до**. Слова в скобках употребите в нужной форме. В случае затруднения воспользуйтесь Грамматическим комментарием, п. 21.*

1) Поезд опаздывает ... (30, минута). 2) ... (отход) поезда ещё полтора часа. 3) Мне нужны два билета до Киева ...(суббота) ... (25-е число). 4) Когда поезд отправляется в Петербург? — ... (10, час) вечера. 5) ... (отправление) скорого поезда №18 Москва—Минск осталось 15 минут. 6) Когда прилетает самолёт из Хабаровска? — ... (половина шестого) утра.

б) Образуйте новые слова по образцу.

Образец: встречать — встречающие.

Провожать, отъезжать.

*в) Вместо точек употребите предлоги **за ... до, через ... после**. В случае затруднения воспользуйтесь Грамматическим комментарием, п. 21.*

1) Регистрация багажа начинается ... час ... отправления самолёта. 2) Мы опоздали. Приехали на вокзал ... 15 минут ... отхода поезда. 3) ... неделю ... его отъезда я написала ему письмо. 4) ... 5 минут ... отправления поезда провожающих попросили выйти из вагона, а отъезжающих занять свои места. 5) Билеты можно купить ... 30 дней ... отправления поезда. 6) ... два дня ... окончания отпуска меня

вызвали на работу. 7) ... час ... прибытия поезда я уже был дома. 8) ... 10 минут ... прихода поезда встречающих попросили пройти на пятую платформу. 9) ... 2 часа ... отлёта самолёта он позвонил мне, чтобы сказать, что самолёт приземлился и у него всё в порядке.

23. *а) Обратите внимание на использование предлогов* **на**, **с** *при определении местонахождения объекта и направления движения.*

где?		*куда?*		*откуда?*	
стоять **на**	платформе первом пути нижней полке	прийти **на** положить **на**	платформу первый путь нижнюю полку	уйти **с** взять **с**	платформы первого пути нижней полки

б) Обратите внимание, что данные слова имеют в предложном падеже окончание **-у**.

аэропорт — <u>в</u> аэропорт**у**	порт — <u>в</u> порт**у**

в) Используя информацию упр. 23а, б, употребите предлоги **в, на, с**. *Слова в скобках употребите в нужной форме.*

1) Наш поезд стоял ... (одиннадцатый путь). 2) По радио объявили, что поезд прибывает ... (двенадцатый путь). 3) Поезд отправляется ... (второй путь) первой платформы. 4) ... (международный аэропорт) мы должны были быть за два часа до отлёта самолёта. 5) Я никогда не был ... (морской порт). 6) ... (пятый путь) нашего поезда не было. 7) Мы ожидали поезд ... (третья платформа). 8) Я не люблю ездить ... (верхняя полка). 9) Сними мои вещи ... (верхняя полка) и поставь их ... (нижняя полка). 10) Когда объявили, что наш поезд прибывает, мы пошли ... (шестая платформа).

 ЧТЕНИЕ

а) Проверьте, знаете ли вы следующие слова и словосочетания. В случае необходимости обратитесь к словарю.

Валютные ценности, историко-культурные ценности, ценные бумаги, ювелирные изделия.

б) Обратите внимание на значения данных слов и словосочетаний.

Ручная кладь — сумки, чемоданы, которые везёт пассажир с собой.

В графу таможенной декларации «Ручная кладь» я записал свою дорожную сумку.

Багаж — вещи, которые перевозят отдельно от пассажира (в специальном вагоне или помещении самолёта).

У меня нет <u>багажа</u>.

в) Прочитайте таможенную декларацию. Обратите внимание на форму её заполнения. Ответьте на вопросы.

1. Гражданином какой страны является Синицын Игорь Борисович?
2. В какую страну едет Синицын Игорь Борисович?
3. Какова цель его поездки?
4. Сколько у него вещей?
5. Какую иностранную валюту он везёт с собой?
6. Какие ювелирные изделия он везёт?

ТАМОЖЕННАЯ ДЕКЛАРАЦИЯ

Синицын Игорь Борисович
фамилия, имя, отчество

РФ
гражданство

РФ
место постоянного жительства: страна

РФ
страна отправления

Индия
страна назначения

нет
количество мест багажа

3
количество мест ручной клади

ЦЕЛЬ ПОЕЗДКИ: ☐ *деловая* ☒ *туризм* ☐ *в гости* ☐ *работа*
(нужное здесь и далее пометить знаком X)

ПРИ МНЕ В БАГАЖЕ ИМЕЮТСЯ:

1. Валюта Российской Федерации, иностранная валюта и другие валютные ценности (в том числе ценные бумаги в иностранной валюте)

Наименование	Сумма (цифрами и прописью)		Отметки таможни
Доллары США	500	Пятьсот	
Евро	600	Шестьсот	

2. Вещи, запрещенные и ограниченные к ввозу/вывозу (в том числе: наркотические средства, отравляющие, сильнодействующие, психотропные, радиоактивные и взрывчатые вещества, оружие и боеприпасы, специальные материалы и технические изделия военного назначения, историко-культурные ценности, иные вещи)

Наименование	Количество	Отметки таможни
Нет		

3. Вещи ввозимые/вывозимые временно, либо ввозимые/вывозимые обратно (в том числе: ювелирные изделия, фото- и киноаппаратура, переносные музыкальные инструменты, переносная видео- и телеаппаратура, портативные компьютеры и другие вещи)

Наименование	Количество	Отметки таможни
Кольцо золот. обруч.	1 шт.	

🎧 АУДИРОВАНИЕ

24. *Прослушайте объявления. Ответьте на вопросы.*

1. Когда и с какого пути отправляется электричка в Сергиев Посад?

2. 1) На какой поезд начинается посадка?
   2) Где находится поезд?
   3) Когда отправляется поезд?

3. 1) Сколько времени осталось до отправления поезда?
   2) Что должны сделать отъезжающие?
   3) Что должны сделать провожающие?

4. Куда прибывает скорый поезд № 93 Минск—Москва?

5. 1) На сколько минут опаздывает скорый поезд № 16 Брест—Москва?
   2) Когда прибудет поезд?
   3) Куда прибудет поезд?

25. *Прослушайте первые фразы диалогов. Восстановите ответные реплики.*

1) — ....
2) — ....
3) — ....

🗣 ГОВОРЕНИЕ

26. *а) Восстановите недостающие реплики диалога.*

①

— Я хочу поехать в Санкт-Петербург.
— .... ?
— Билеты можно купить на Ленинградском вокзале.
— .... ?
— Нет, времени отправления поезда я не знаю.
— .... ?
— Позвони в справочную вокзалов или съезди на вокзал.

②

— .... ?
— Ближайший поезд в Петербург отправляется в 19 часов 45 минут.
— .... ?
— «Красная стрела» отправляется в 20 часов 48 минут.
— .... ?
— Сейчас посмотрим. Нет, на «Красную стрелу» все билеты проданы.

③

— .... ?
— Ближайший скорый поезд в Волгоград отправляется в 12 часов дня.
— .... ?

117

— Да, билеты пока есть. Сколько билетов вам нужно?

— ....

— Вам купейный или плацкартный вагон?

— ....

— К сожалению, остались только верхние полки. Будете брать?

— ....

— Смотрите! Ваш поезд № 12. Он отходит с Курского вокзала в 12 часов ровно. У вас двенадцатый вагон, четвёртое место.

④

— Ты поедешь на каникулы домой?

— ....

— Когда ты поедешь?

— ....

— Ты уже взял билеты?

— ....

— На какое число ты думаешь брать билеты?

— ....

— Сколько стоит билет на самолёт?

— ....

⑤

— Давай поедем в Сергиев Посад!

— .... ?

— Там очень старый и красивый монастырь.

— .... ?

— От Москвы километров 70.

— .... ?

— На электричке.

— .... ?

— С Ярославского вокзала.

б) Составьте диалоги по данным ситуациям.

Ситуация 1. Вы приехали на вокзал, чтобы встретить товарища. Но вы не знаете, когда и куда точно прибудет поезд. Узнайте об этом в справочном бюро (= информация).

Ситуация 2. Вы хотите поехать на каникулы к себе домой. Узнайте в справочном бюро (= информация), есть ли билеты на самолёт на тот день, в который вы хотели бы улететь. Уточните стоимость билета, время отлёта самолёта и время начала регистрации.

Ситуация 3. Вы хотите поехать в Варшаву. Купите билет в кассе. Назовите число, на которое вы хотите купить билет, необходимое вам количество билетов, тип вагона. Попросите продать вам билет на нижнюю полку.

ПИСЬМО

27. *Вы едете на каникулы к себе на родину. Вам необходимо пройти таможенный контроль. Заполните таможенную декларацию, вписав данные о себе.*

Форма ТД-4
Сохраняется на все время пребывания в Российской Федерации или за границей

ТАМОЖЕННАЯ ДЕКЛАРАЦИЯ

_____
фамилия, имя, отчество

_____
гражданство

_____
место постоянного жительства: страна

_____
страна отправления

_____
страна назначения

_____
количество мест багажа

_____
количество мест ручной клади

ЦЕЛЬ ПОЕЗДКИ: ☐ _деловая_   ☐ _туризм_   ☐ _в гости_   ☐ _работа_
(нужное здесь и далее пометить знаком X)

ПРИ МНЕ В БАГАЖЕ ИМЕЮТСЯ:

1. Валюта Российской Федерации, иностранная валюта и другие валютные ценности (в том числе ценные бумаги в иностранной валюте)

Наименование	Сумма (цифрами и прописью)	Отметки таможни

2. Вещи, запрещенные и ограниченные к ввозу/вывозу (в том числе: наркотические средства, отравляющие, сильнодействующие, психотропные, радиоактивные и взрывчатые вещества, оружие и боеприпасы, специальные материалы и технические изделия военного назначения, историко-культурные ценности, иные вещи)

Наименование	Количество	Отметки таможни

3. Вещи ввозимые/вывозимые временно, либо ввозимые/вывозимые обратно (в том числе: ювелирные изделия, фото- и киноаппаратура, переносные музыкальные инструменты, переносная видео- и телеаппаратура, портативные компьютеры и другие вещи)

Наименование	Количество	Отметки таможни

3. Где остановиться?

✓ ЛЕКСИКА

28. *а) Обратите внимание на синонимию данных слов.*

гостиница = отель

б) Обратите внимание на значения данных слов и словосочетаний.

Номер (номера) — это комната в гостинице.

В гостинице «Россия» у меня очень хороший <u>номер</u>.

Администратор — это работник гостиницы, который принимает и размещает приезжающих.

<u>Администратор</u> спросила, на сколько дней мне нужен номер.

Бронировать номер — заранее заказывать место в гостинице.

Я <u>забронировал</u> номер в гостинице на 5-е число.

в) Используя информацию упр. 28б, употребите необходимые по смыслу слова.

1) Наше турагентство всегда заранее ... места в гостиницах для туристических групп. 2) «Скажите, пожалуйста, у вас есть свободные ... ?» — спросил я у ... .

29. *а) Обратите внимание, как определяется количество чего-либо.*

Число в р.п. + суффикс + окончание

Гостиница, в которой два этажа = **двух** + этаж + **н** + **ая** гостиница.

ЗАПОМНИТЕ!

Гостиница, в которой один этаж, — **одноэтажная** гостиница.

б) Используя информацию упр. 29а, выразите ту же мысль иначе. В случае затруднения воспользуйтесь Грамматическим комментарием, п. 9.1.

1) Гостиница, в которой десять этажей. 2) Гостиница, в которой пятнадцать этажей. 3) Гостиница, в которой три этажа. 4) Номер, в котором одно место. 5) Номер, в котором два места.

30. *а) Обратите внимание на словосочетания, которые используются, когда говорят об условиях проживания в гостинице.*

оплатить	номер
заплатить	**за** номер
доплатить	

б) Прочитайте диалоги. Обратите внимание на использование слов, данных в упр. 30а.

①

— Здравствуйте! Я забронировала в вашей гостинице одноместный номер.
— Как ваша фамилия?
— Лопес.
— Заполните, пожалуйста, регистрационную карточку и оплатите номер в нашей кассе.
— Я могу оплатить номер за сутки?
— Желательно, чтобы вы оплатили полностью ваше проживание в нашей гостинице. Вы же бронировали номер на три дня?
— Хорошо, я заплачу за номер сразу за три дня.

— Пожалуйста, вот мой паспорт, регистрационная карточка и квитанция об оплате.

— Ваш номер 1575. Он находится на пятнадцатом этаже. Вы должны освободить номер 7 июля в 12 часов. Это ваш ключ.

— Но у меня самолёт только в девять вечера!

— Вы можете доплатить за номер.

— Сколько я должна доплатить?

— Половину стоимости номера за сутки.

— Нет, это очень дорого.

— Тогда вы можете оставить вещи в камере хранения нашей гостиницы и погулять по городу. Перед отъездом вы их заберёте. Кстати, если у вас есть ценные вещи, советую вам их тоже сдать в камеру хранения.

— Спасибо. А где я могу поесть?

— Ресторан находится на первом этаже. Он работает с 8.00 до 24.00. На десятом этаже круглосуточно работает бар.

— Спасибо за информацию.

— Пожалуйста. Надеюсь, что вам у нас понравится!

☒ *ГРАММАТИКА*

Выражение реального условия в сложном предложении.

31. *а) Обратите внимание на выражение реального условия в сложном предложении.*

ВРЕМЯ В ПРИДАТОЧНОЙ И ГЛАВНОЙ ЧАСТЯХ			
будущее ↓	будущее ↓	Если он <u>приедет</u> утром,	(то) он <u>будет звонить</u> нам. (то) он <u>позвонит</u> нам вечером.
настоящее	будущее настоящее	Если он <u>приезжает</u> утром,	(то) он <u>позвонит</u> нам вечером. (то) он всегда <u>звонит</u> нам.
прошедшее	будущее настоящее прошедшее	Если он <u>приехал</u> утром,	(то) он <u>позвонит</u> нам вечером. (то) это он <u>звонит</u> нам. (то) он уже <u>звонил</u> нам.

б) Используя информацию упр. 31а, вместо точек употребите слова в нужной форме.

1) Если в этой гостинице есть свободные номера, в этот раз я ... в ней. Если в этой гостинице есть свободные номера, я, как правило, ... в ней (останавливаться, остановиться). 2) Если у меня поезд в 14.00, то обычно я ... номер в 12.00. Если у меня поезд в 14.00, то я ... номер только через два часа (освобождать, освободить). 3) Если он хочет жить один, он всегда ... для себя одноместный номер. Если он хочет жить один, он и в этот раз ... для себя одноместный номер (бронировать, забронировать). 4) Если она у себя в номере, она сейчас... телефонную трубку. Если она у себя в номере, она всегда ... телефонную трубку (брать, взять).

в) Используя информацию упр. 31а, вместо точек употребите слова в нужной форме.

1) Если он забронировал номер в гостинице «Космос» на три дня, то до вчерашнего дня он ... там. Если он забронировал номер в гостинице «Космос» на три дня, то с завтрашнего дня он ... там. Если он забронировал номер в гостинице «Космос» на три дня, то он и сейчас ... там (жить). 2) Если вы купили путёвки в турагентстве, то в ближайшее время оно ... для вас места в гостинице. Если вы купили путёвки в турагентстве, то оно, как правило, ... и места в гостинице. Если вы купили путёвки в турагентстве, то оно уже ... для вас места в гостинице (бронировать, забронировать). 3) Если они уехали 40 минут назад, то сейчас они ... в гостиницу на метро. Если они уехали 40 минут назад, то они уже ... в гостиницу. Если они уехали 40 минут назад, то они ... в гостиницу через 20 минут (ехать, приехать).

г) Используя информацию упр. 31а, закончите предложения. Обратите внимание, что времена глаголов в главной и придаточной частях совпадают.

1) Если я приезжаю в Москву, я ... (останавливаться в гостинице «Белград»). 2) Если она обратится к администратору, он ... (сказать, есть ли свободные номера). 3) Если вы попросите администратора, он ... (разбудить вас в семь часов утра). 4) Если я ухожу из номера, я ... (оставлять ключи у администратора). 5) Если вы купите турпутёвку у нас, мы ... (забронировать для вас номер в гостинице). 6) Если они поедут в Петербург, они ... (остановиться в недорогой гостинице). 7) Если я живу в гостинице, я ... (завтракать там же). 8) Если он едет в другой город, он ... (обязательно бронировать для себя номер в гостинице).

д) Используя информацию упр. 31а, закончите предложения.

1) Если я приезжаю в Петербург, ... 2) Если в гостинице «Космос» будут свободные номера, ... 3) Если ресторан в гостинице будет недорогой, ... 4) Если он забронировал номер заранее, ... 5) Если у тебя есть друзья в Новосибирске, ... 6) Если она вернулась в гостиницу в 7 часов вечера, ...

 **ЧТЕНИЕ**

а) Проверьте, знаете ли вы следующие слова и словосочетания. В случае необходимости обратитесь к словарю.

Всемирный, возникнет необходимость, гардероб, заказ, кондиционер, подтверждение, услуга.

б) Прочитайте текст. Как вы думаете, почему гостиница «Космос» является одной из лучших гостиниц Москвы.

ГОСТИНИЦА «КОСМОС»

Гостиница «Космос» находится на северо-востоке Москвы на одной из главных улиц города — проспекте Мира, в зелёном районе, в 20 минутах езды от центра. Напротив гостиницы «Космос» расположен Всероссийский выставочный центр (ВВЦ). Эту современную двадцатипятиэтажную гостиницу построили в 1979 году по французскому проекту.

Гостиница «Космос» может принять до 2000 гостей Москвы. Всего в гостинице «Космос» 1777 номеров (1718 одноместных и двухместных номеров, 53 номера-люкс и 6 апартаментов). В каждом номере гостиницы есть ванная комната, кондиционер, телефон с международной связью, спутниковое телевидение и холодильник. Так, например, площадь стандартного номера гостиницы «Космос» — 23,6 кв. м. В нём обязательно есть кровать, мягкое кресло, большой гардероб, стол и телевизор, по которому благодаря спутниковому телевидению гость гостиницы может смотреть не только русские, но и иностранные каналы. Телефон находится не только в комнате, но и в ванной. Если гости гостиницы хотят иметь доступ к сети Интернет, то существует возможность подключения к этой всемирной сети.

В гостинице «Космос» работают магазины сувениров, модной одежды и газетные киоски. Здесь же можно купить авиа- и железнодорожные билеты. Не выходя из гостиницы, её гости имеют возможность воспользоваться услугами Сбербанка. А если возникнет необходимость, то и обменять валюту в пунктах обмена валют, которые работают в этой гостинице круглосуточно. В гостинице много ресторанов, есть и свой ночной клуб. Но если человек, приехавший в гостиницу, любит тишину, то он может отдохнуть в уютных холлах гостиницы, где ему никто не будет мешать.

Если возникнет необходимость забронировать номер в гостинице «Космос», это можно сделать по телефону или по Интернету с 9.00 до 19.00 по московскому времени. Если планы будущего гостя гостиницы по какой-либо причине изменились, то бронирование номера может быть отменено за сутки до даты его приезда. Следует помнить, что номер считается забронированным только в том случае, если будущий гость гостиницы получит из неё подтверждение о том, что его заказ принят.

в) Прочитайте текст ещё раз. Ответьте на вопросы.

1. Где находится гостиница «Космос»?
2. Когда была построена гостиница «Космос»?
3. Сколько в ней этажей?
4. Сколько номеров и какие номера в гостинице?
5. Какие услуги предоставляет гостиница своим гостям?
6. Как и в какое время можно забронировать номер в гостинице?
7. Когда может быть отменено бронирование номера?
8. При каком условии номер считается забронированным?

г) Расскажите о гостинице «Космос».

Текст 4

а) Прочитайте анкету (= регистрационную карточку), которую заполняет каждый приехавший в гостиницу человек. Обратите внимание на форму её заполнения. Скажите, нужно ли у вас в стране заполнять подобную анкету, если вы хотите снять номер в гостинице.

Анкета

1. Фамилия *Шанина*
2. Имя *Ольга*
3. Отчество *Дмитриевна*
4. Дата рождения « *26* » *сентября* 19*57* г.
5. Место рождения

   республика, край, область, округ _____

   город, ПГТ, село, деревня, аул, кишлак *г. Москва*
6. Документ, удостоверяющий личность: вид *паспорт*

   (наименование)

серия *43* № *625789* выдан « *12* » *января* 20*05* г.

ОВД района Медведково г. Москвы

   (наименование органа, учреждения, выдавшего документ)

7. Адрес места жительства *Москва, ул. Дежнева, д. 43, кв. 67.*

Зарегистрирован « *12* » *июня* 20*06* г.

С правилами пожарной безопасности, условиями и сроками проживания в гостинице ознакомлен

Подпись владельца документа *Шанина*

Подпись клерка _____

Комната № *325*

Прибыл *12.06.2006 г.*

Выбыл *15.06. 2006 г.*

б) На основании анкеты сформулируйте вопросы, которые мы задаём при устном знакомстве.

в) Расскажите, что вы узнали о прибывшем в гостиницу человеке на основании этой анкеты.

🎧 **АУДИРОВАНИЕ**

32. *Прослушайте диалог. Ответьте на вопросы.*

1. На какое число Кумар забронировал номер?
2. На какой срок он забронировал номер?
3. Какой номер он забронировал?
4. Сколько стоит номер в сутки?
5. В какой валюте производится оплата?
6. Как Кумару сообщат о том, что номер в гостинице забронирован?

33. *Прослушайте диалог. Ответьте на вопрос: «О чём попросил администратора проживающий в гостинице человек?»*

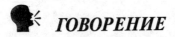

ГОВОРЕНИЕ

34. *а) Вам нужно снять номер в гостинице. Восстановите недостающие реплики диалога.*

— .... ?

— Да, есть. Какой номер вам нужен?

— ....

— Пожалуйста. На какое время вы у нас остановитесь?

— ....

— Заполните, пожалуйста, регистрационную карточку.

— .... ?

— В графу место жительства впишите название города и свой адрес, по которому вы в настоящее время зарегистрированы.

— .... ?

— В графу цель приезда впишите, зачем вы приехали к нам: на экскурсию, в командировку, в гости, на конференцию...

— .... ?

— В графе срок проживания укажите, на какое время вы к нам приехали. Всё заполнили? Распишитесь, пожалуйста, и оплатите номер в кассе нашей гостиницы.

— .... ?

— 600 рублей в сутки.

— .... ?

— «Обмен валюты» находится рядом с кассой.

— ....

— Дайте, пожалуйста, квитанцию. Ваш номер 802 на восьмом этаже. Возьмите, пожалуйста, ключ.

— ....

— Не за что.

б) Вы звоните по телефону в гостиницу, чтобы забронировать номер. Восстановите недостающие реплики диалога.

— .... ?

— Да, пожалуйста. С какого числа вам нужен номер?

— ....

— На какой срок?

— ....

— Какой номер вам нужен?

— ....

— Ваша фамилия, имя, домашний адрес и телефон?

— ....

— Заказ принят. Когда приедете, обратитесь к администратору гостиницы.

35. *Вы живёте в гостинице. Составьте диалоги по данным ситуациям.*

Ситуация 1. Вы приехали в Москву в командировку. У вас забронирован номер в гостинице «Метрополь». Сообщите администратору об этом. Скажите, какой номер и на какой срок вы бронировали. Поинтересуйтесь ценой номера и сроком оплаты.

Ситуация 2. Вы вернулись в гостиницу и разговариваете с администратором. Попросите его дать вам ключ и разбудить вас в нужное вам время.

Ситуация 3. Вы едете на экскурсию в Санкт-Петербург. Забронируйте номер в гостинице. Сообщите, на какое число вам нужен номер, на какой срок вы его бронируете. Спросите о цене номера. Поинтересуйтесь, в какой валюте производится оплата номера и в какие сроки можно отменить бронирование гостиницы.

36. *Расскажите о гостинице, в которой вы жили у себя в стране, используя в качестве плана данные вопросы.*

1. Как называется гостиница и где она находится?
2. Когда она была построена и чем она известна?
3. Какая это гостиница? (= Сколько в ней этажей?)
4. Всегда ли в этой гостинице есть свободные места?
5. Можно ли заказать номер в гостинице по телефону и как это можно сделать?
6. Какие номера в этой гостинице?
7. В каком номере вы жили?
8. Сколько времени вы жили в гостинице?
9. Сколько вы заплатили за номер и в какие сроки производилась оплата номера?
10. Что вам понравилось в этой гостинице?
11. Посоветуете ли вы своим друзьям останавливаться в этой гостинице? Почему?

ПИСЬМО

37. *Вы приехали на экскурсию в Петербург и остановились в гостинице. Заполните регистрационную карточку (анкету), вписав данные о себе.*

Анкета

1. Фамилия _____ Комната № _____
2. Имя _____ Прибыл _____
3. Отчество _____ Выбыл _____
4. Дата рождения «___» _____ 19___ г.
5. Место рождения
   республика, край, область, округ _____
   город, ПГТ, село, деревня, аул, кишлак _____
6. Документ, удостоверяющий личность: вид _____
                                        (наименование)
серия _____ № _____ выдан «___» _____ 20___ г.
_____
       (наименование органа, учреждения, выдавшего документ)
7. Адрес места жительства _____
Зарегистрирован «___» _____ 20___ г.

С правилами пожарной безопасности, условиями и сроками проживания в гостинице ознакомлен.

Подпись владельца документа _____
Подпись клерка_____

---

4. Где здесь можно поесть?

☑ *ЛЕКСИКА*

38. *а) Обратите внимание, какие продукты чаще всего используются в России для приготовления пищи.*

ОВОЩИ	МЯСО	ПТИЦА	РЫБА	КРУПЫ	ФРУКТЫ И ЯГОДЫ
капуста	баранина	курица	карп	гречка	апельсин
картофель	говядина	утка	морской окунь	рис	банан
лук	свинина		осётр		виноград
морковь			судак		груша
огурец			треска		клубника
помидор					мандарин
свёкла					яблоко

б) Обратите внимание на названия наиболее популярных в России блюд.

ЗАКУСКИ	ПЕРВЫЕ БЛЮДА	ВТОРЫЕ БЛЮДА	НАПИТКИ	ДЕСЕРТ
салат	борщ	антрекот	компот	булочка
	суп	блины	кофе	мороженое
	щи	гуляш	сок	пирожное
		котлета	чай	пирожок
		пельмени		торт

в) Образуйте из данных слов словосочетания.

Образец: блины, творог — блины с творогом.

1) Антрекот, картофель. 2) Гуляш, гречка. 3) Котлеты, рис. 4) Блины, икра. 5) Блины, сметана. 6) Пирожки, картошка. 7) Пирожки, мясо. 8) Пирожки, капуста. 9) Пирожки, яблоки. 10) Пирожки, рис. 11) Кофе, сливки. 12) Чай, молоко.

г) Образуйте из данных слов словосочетания.

Образец: салат, огурцы — салат из огурцов.

1) Салат, помидоры. 2) Салат, капуста. 3) Салат, морковь. 4) Салат, свёкла.

д) Выразите ту же мысль иначе.

Образец: виноградный сок — сок из винограда.

1) Овощной суп. 2) Рыбный суп. 3) Рисовый суп. 4) Мясной бульон. 5) Картофельные котлеты. 6) Яблочный сок. 7) Апельсиновый сок. 8) Молочные продукты.

39. *а) Скажите, где можно быстро поесть, а где можно не только поесть, но и отдохнуть.*

Буфет, кафе (= трактир), ресторан, столовая, бистро.

б) Скажите, где вам могут предложить такое меню.

МЕНЮ		ВТОРЫЕ БЛЮДА	

МЕНЮ

на 15 сентября 20____ г.

НАИМЕНОВАНИЕ БЛЮД	ЦЕНА		ВТОРЫЕ БЛЮДА	
ЗАКУСКИ		75/1	Котлеты с гарниром, яйцом	150 руб.
50	Осетрина ....150 руб.	50/50	Гуляш из говядины с гарниром	120 руб.
50/10	Шпроты с лимоном.....40 руб.	75	Судак по-польски	100 руб.
80/20	Салат из св. огурцов со сметаной.................30 руб.		**ДИЕТИЧЕСКИЕ БЛЮДА**	
		500	Суп овощной	70 руб.
ПЕРВЫЕ БЛЮДА		75/5	Треска отв. с гарн.	115 руб.
75/500	Суп гороховый .... 50 руб.		**НАПИТКИ**	
38/250	Борщ украинский........90 руб.	200	Компот из сухофруктов...............	15 руб.
38/300	Щи из св. капусты ....80 руб.	200	Кофе чёрный	20 руб.
		200/8	Чай с лимоном...........	15 руб.
		1 шт.	Пирожное	15 руб.

МЕНЮ

Чай	4 руб.
Кофе с молоком	5 руб.
Чёрный кофе	5 руб.
Фанта	15 руб.
Пицца «Семейная»	60 руб.
Салат «Берлинский»	30 руб.
Пирожок с джемом	10 руб.

в) Посмотрите на предметы, которыми обычно пользуются в столовой. Обратите внимание на их названия.

тарелка нож вилка ложка поднос

г) Прочитайте диалоги. Обратите внимание на использование слов, данных в упр. 38 и 39.

①

— Пань Минь! У нас занятия начинаются только через час. Пойдём пообедаем в столовой.
— С удовольствием! Я сегодня встала поздно и не успела даже позавтракать. Я очень хочу есть.

②

— Пань Минь, возьми, пожалуйста, ножи, вилки и ложки. А я пойду возьму поднос.
— Хорошо.

③

— Салат из помидоров и огурцов, пожалуйста. Скажите, пожалуйста, на каком бульоне сделан борщ?
— На бульоне из говядины.
— А овощной суп тоже сделан на мясном бульоне?
— Нет.
— Дайте мне, пожалуйста, овощной суп, окуня с картошкой, чай и вот эту булочку.

127

— Ты почему не взяла борщ? Очень вкусный...

— Я не ем говядину. Котлеты вкусные?

— Ничего, есть можно. Только нож тупой. Давай пей чай и пойдём.

— Чай какой-то холодный. Не буду пить. Надо было взять компот или сок.

— Лучше кофе. Он всегда здесь крепкий и горячий. Ну, всё! Пойдём. Нам пора.

д) Используя информацию упр. 39г, найдите антонимы к данным словам.

1) Горячий чай. 2) Слабый кофе. 3) Острый нож.

☒ *ГРАММАТИКА*

Выражение цели в сложном предложении.

40. *а) Обратите внимание на выражение цели в сложном предложении.*

Зачем ты взял приглашение в ресторан?

ОДИН И ТОТ ЖЕ СУБЪЕКТ   РАЗНЫЕ СУБЪЕКТЫ

инфинитив   *прошедшее время*

Я взял приглашение в ресторан,

чтобы <u>поехать</u> туда с друзьями.   чтобы мои друзья <u>съездили</u> туда.

б) Используя информацию упр. 40а, ответьте на вопросы.

Образец: — Зачем Миша поехал в ресторан? (встретиться)

— Миша поехал в ресторан, чтобы встретиться с друзьями.

1) Зачем Маша пошла в кафе? (пообедать) 2) Зачем студенты пошли в буфет? (поесть) 3) Зачем Игорь Николаевич взял меню? (заказать) 4) Зачем они поехали в китайский ресторан? (попробовать) 5) Зачем девушки пошли в кафе? (выпить) 6) Зачем молодые люди встали из-за стола? (потанцевать) 7) Зачем молодой человек подошёл к девушке? (пригласить) 8) Зачем Сергей заказал столик в ресторане? (отметить)

в) Используя информацию упр. 40а, образуйте из двух предложений одно со значением цели.

Образец: Я зашёл в пиццерию. Я хочу съесть пиццу. — Я зашёл в пиццерию, чтобы съесть пиццу.

1) Я звоню в ресторан. Мне нужно заказать столик на четверых. 2) Серёжа пришёл к тебе. Он хочет пригласить тебя в кафе на день рождения. 3) Мы искали тебя. Нам нужно узнать, где находится ресторан «Прага». 4) Они позвали официанта. Им нужно расплатиться. 5) Я иду на рынок. Мне нужно купить овощи и фрукты. 6) Ты идёшь в корейский ресторан. Ты хочешь попробовать блюда корейской кухни. 7) Лена взяла меню. Она хочет выбрать себе что-нибудь на десерт.

г) Используя информацию упр. 40а, ответьте на вопросы.

Образец: Зачем ты повёл его в столовую? (пообедать) — Я повёл его в столовую, чтобы он пообедал.

1) Зачем девушки позвали официанта? (принять заказ) 2) Зачем молодые люди позвали официантку? (принести) 3) Зачем вы позвали официанта? (выписать счёт) 4) Зачем вы повели Барбару в русский ресторан? (попробовать) 5) Зачем вы пошли с Иваном в буфет? (поесть) 6) Зачем ты рассказываешь Андрею, где находится ресторан «Прага»? (найти)

д) Используя информацию упр. 40а, образуйте из двух предложений одно со значением цели.

Образец: В зале играет музыка. Посетители могут потанцевать. — В зале играет музыка, чтобы посетители могли потанцевать.

1) В институте работает столовая. Студенты и преподаватели могут там пообедать. 2) Официантка выписала счёт. Мы можем расплатиться. 3) Он хочет пригласить Юлю в ресторан «Седьмое небо». Там она может полюбоваться панорамой Москвы. 4) Я пригласил Вана в ресторан «Славянский базар». Там он попробует блюда традиционной русской кухни. 5) Я сказала ему. Он будет ждать нас в столовой. 6) Я дал ей меню. Она сама может выбрать себе то, что ей нравится. 7) Мы уже сказали ему. Он закажет нам пиццу по телефону.

ЧТЕНИЕ

Текст 5

а) Проверьте, знаете ли вы следующие слова и словосочетания. В случае необходимости обратитесь к словарю.

Оркестр, башня, достопримечательность, совершать, великолепный вид, здание, полярный исследователь, торжественный обед, ощутить аромат истории.

б) Прочитайте текст. Обратите внимание, что рестораны, о которых рассказывается в тексте, существуют не один год и каждый из них имеет свою историю.

МОСКОВСКИЕ РЕСТОРАНЫ ПРИГЛАШАЮТ ВАС!

На Арбатской площади, по которой так любят гулять москвичи и гости столицы, находится **ресторан «Прага»**, построенный в 1955 году архитектором Соболевским. Здание ресторана «Прага» очень необычной формы. Ресторан известен своей кухней. Кроме того, там всегда играет оркестр. Вы всегда можете отдохнуть в нём, если устали гулять по Москве.

Ресторан **«Седьмое небо»** расположен в Останкинской телевизионной башне на высоте 328—334 метра. Его достопримечательность — медленно движущиеся полы, на которых установлены столики. Полный оборот пол совершает за 40 минут. Из окон ресторана открывается великолепный вид на город.

На Никольской улице, которая связывает Красную площадь с Лубянкой, находится ресторан **«Славянский базар»**. Он расположен в здании, которое было построено ещё в 1872 году. Этот ресторан имеет богатую историю. В здании, где находится ресторан «Славянский базар», раньше была ещё и гостиница. В ней в разное время останавливались известный русский художник И. Репин, композитор П. Чайковский, писатель А. Чехов. Именно здесь развёртывается действие чеховского рассказа «Дама с собачкой». Гостиница памятна и тем, что в ней жил во время приезда в Москву полярный исследователь Ф. Нансен. В «Славянском базаре» московские музыканты давали в 1890 году торжественный обед по случаю приезда чешского композитора А. Дворжака. Так что, если вы хотите ощутить аромат русской истории, приходите в «Славянский базар».

в) Выберите ресторан, в который вы хотели бы пойти. Объясните свой выбор.

АУДИРОВАНИЕ

41. *а) Обратите внимание, что слово* **сладкоежка** *образовано из двух слов:* **сладко** *(=хорошо, вкусно) +* **есть**.

б) Прослушайте рекламное сообщение. Ответьте на вопросы.

1. Что открылось в центре Москвы?
2. Почему авторы рекламы думают, что сладкоежкам у них понравится?
3. Почему авторы рекламы думают, что детям будет у них интересно?

в) Прослушайте рекламное сообщение ещё раз. Запишите адрес и телефон «Эстерхази».

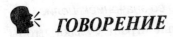 **ГОВОРЕНИЕ**

42. *Используя информацию упр. 39б, купите себе что-нибудь поесть.*

   Образец: Дайте мне, пожалуйста, чай за 4 рубля и сырок за 12 рублей.

43. *Расскажите о ресторане или кафе, в котором вы были у себя в стране, используя в качестве плана данные вопросы.*

1. Как называется кафе и где оно находится?
2. Всегда ли в этом кафе есть свободные места? Можно ли заказать столик по телефону?
3. Что вы заказывали, когда были в кафе и сколько заплатили?
4. Что вам понравилось в этом кафе, и посоветуете ли вы своим друзьям пойти туда?

5. У природы нет плохой погоды...

☑ **ЛЕКСИКА**

44. *а) Обратите внимание на словосочетания, которые используются для описания погоды.*

погода	дождливая пасмурная облачная неустойчивая	погода	морозная холодная прохладная тёплая жаркая	погода	солнечная сухая

*б) Используя информацию упр. 44а, найдите антонимы к словам **дождливая, пасмурная, жаркая**.*

в) Обратите внимание на глаголы, которые используются для характеристики погоды.

Погода	улучшится. ухудшится. изменится.	Ожидается Сохранится Удержится Установится	тёплая погода.

*г) Используя информацию упр. 44в, найдите антоним к словосочетанию **погода улучшится**.*

*д) Используя информацию упр. 44в, найдите синоним к словосочетанию **сохранится тёплая погода**.*

е) Прочитайте диалог. Обратите внимание на использование слов, данных в упр. 44а,в.

— Ты слышал прогноз погоды на неделю?
— Слышал.
— Ну, что сказали?
— В понедельник и во вторник погода не изменится. Сохранится тёплая, но дождливая погода. К среде погода улучшится. Говорят, что ожидается жаркая, солнечная и сухая погода.
— Меня интересует, какая будет погода в субботу и воскресенье?
— В субботу и воскресенье погода ухудшится. Установится пасмурная и прохладная погода, которая удержится всю следующую неделю.
— Понятно. Всё как всегда! В рабочие дни будет жарко, а в выходные, когда хочется отдохнуть, холодно.

ж) Выразите ту же мысль иначе.

Образец:　　Сообщили, что в Прибалтике ожидается пасмурная и дождливая погода. – Значит, в Прибалтике будет дождливо и пасмурно.

1) По радио передавали прогноз погоды. Сказали, что в Новосибирске в ближайшие дни удержится морозная и солнечная погода. 2) Я смотрела по телевизору прогноз погоды. Там говорили, что в Москве будет сухая и тёплая погода. 3) По радио передавали, что в Петербурге ожидается холодная и дождливая погода. 4) Я слушал по радио прогноз погоды. Сказали, что в Белоруссии сохранится прохладная и облачная погода, с прояснениями. 5) Передавали, что на следующей неделе в европейской части России установится жаркая и сухая погода. 6) По телевизору сказали, что в Карелии часто бывает пасмурная и дождливая погода.

45. *а) Обратите внимание на названия природных явлений.*

ЗИМА		ЛЕТО	ВЕСНА И ОСЕНЬ
гололёд метель снег	снегопад оттепель	гроза дождь	дождь заморозки туман

б) Прочитайте слова и словосочетания. Уточните их значение по словарю.

Влажность воздуха, атмосферное давление, осадки.

в) Используя слова в скобках, ответьте на вопросы.

1) Как называется природное явление, при котором после сильных морозов температура воздуха резко повышается? (оттепель) 2) Почему многие люди сегодня себя плохо чувствуют? (низкое атмосферное давление) Всего 732 миллиметра ртутного столба. 3) С чем связана плохая видимость на дорогах? (утренние и вечерние туманы) 4) В связи с чем увеличилась влажность воздуха? (постоянные кратковременные дожди) 5) Какое явление наблюдается поздней осенью и ранней весной в России? (заморозки) 6) В связи с чем водителям нужно быть особенно осторожными на дорогах? (гололёд) 7) О чём сегодня предупреждали метеорологи? (сильные метели и снегопады) 8) Чему радуются дети? (первый снег) 9) О чём предупреждали синоптики? (сильные грозы) 10) Как мы называем дождь, снег и тому подобные природные явления? (осадки) 11) К чему привели сильные дожди? (повышение влажности)

г) Обратите внимание на то, как говорят об ожидаемых природных явлениях.

Возможен	гололёд. туман. снег. дождь. снегопад.	Возможна	оттепель. гроза. метель.	Возможны	осадки. заморозки. грозы. дожди. снегопады.
Пройдут	дожди. грозы. снегопады.	Выпадет	снег.	Давление	вырастет. упадёт. повысится. понизится.
Температура	повысится. понизится.			Влажность	уменьшится. увеличится.

д) Прочитайте диалоги. Обратите внимание на использование данных в упр. 45г слов.

①

— Не надевай такую тёплую куртку.

— Почему?

— Сегодня обещали оттепель.

— А что такое оттепель?

— Это когда после сильных морозов температура резко повышается. Вчера было −15°, а сейчас термометр уже показывает +2°. Ты когда вернёшься?

— Поздно вечером.

— Тогда будь осторожен. Передавали, что к вечеру температура понизится, поэтому возможен гололёд.

②

— Тьен, я сегодня не пойду в институт.

— Почему?

— У меня сильно болит голова. Наверное, давление упало. Когда низкое давление, у меня всегда болит голова.

— Хорошо! Я скажу Анне Сергеевне, что ты сегодня не придёшь на занятия.

③

— Пань Минь, возьми обязательно зонт.

— Зачем? На улице жарко и солнечно.

— Это сейчас. По телевизору сказали, что после обеда пройдут грозы.

е) Используя информацию упр. 45г, вместо точек употребите необходимые по смыслу слова в нужной форме.

1) По прогнозам синоптиков, к субботе температура воздуха ... с 25 до 32°. Атмосферное давление ... с 740 до 732 миллиметров ртутного столба. Во второй половине дня ... дожди, ... грозы. Влажность ... с 76 до 84%. ... туманы, поэтому водителей просим быть особенно осторожными. В воскресенье температура воздуха снова ... до 25°, а давление ... до 746 миллиметров ртутного столба. Установится сухая и тёплая погода. Соответственно до 70% ... и влажность воздуха.

2) По прогнозам синоптиков, температура воздуха в понедельник ... с 0 до −10°. В связи с резким похолоданием водителям нужно быть особенно осторожными: на дорогах ... гололёд. Во второй половине дня ... снег, а к ночи ... метель.

46. *а) Обратите внимание на словосочетания, которые используются для характеристики ветра.*

ветер	порывистый сильный слабый	ветер	умеренный холодный тёплый

*б) Используя информацию упр. 46а, найдите антоним к слову **сильный**.*

в) Выразите ту же мысль иначе.

Образец: Ветер южный. — Ветер с юга.

Ветер северный, западный, восточный, юго-восточный, юго-западный, северо-западный, северо-восточный

г) Прочитайте диалог. Скажите, почему Зо Зо надел куртку.

— Зо Зо, ты зачем надел куртку? Сейчас июнь. На термометре +21°.

— А ты был на улице?

— Нет.

— А я был. Там такой сильный холодный северный ветер, что я замёрз так, что до сих пор не могу согреться.

— Тогда я тоже надену куртку.

— И правильно сделаешь.

47. *а) Обратите внимание на способы выражения временных отношений.*

ВРЕМЯ СУТОК		ВРЕМЕНА ГОДА	
что?	*когда?*	*что?*	*когда?*
утро	утром	зима	зимой
день	днём	весна	весной
вечер	вечером	лето	летом
ночь	ночью	осень	осенью

б) Прочитайте диалог. Обратите внимание на использование слов, данных в упр. 47а.

— Говорят, что днём температура будет около +4°, а вечером понизится до −2°. Не знаю, что надеть.

— Весной и осенью в Москве всегда так. Надень тёплый свитер. Если будет жарко, его всегда можно снять.

— Ну, я надеюсь, летом-то будет тепло?

— Не скажи, Зо Зо. В Москве никогда не знаешь, какая будет погода.

в) Используя информацию упр. 47а, вместо точек употребите необходимые по смыслу слова в нужной форме.

* * *

— Для середины декабря очень ... (тёплая ночь)!

— Да, ... (эта ночь) температура будет около нуля.

* * *

— Какой сегодня ... (пасмурный день)!

— Так по радио же сказали, что ... (день) давление будет падать и пройдут дожди.

* * *

— Апрель! Сейчас же ... (весна)! Почему так холодно?

— Это ещё не холодно. Всё-таки +2°. В Москве ... (поздняя осень и ранняя весна) могут быть и заморозки.

* * *

— Представляешь, я надел свитер, потому что ... (утро) температура была +15°, а сейчас как жарко! Наверное, все +30°.

— Надо было слушать прогноз погоды. Сейчас же не ... (осень), а ... (лето), поэтому ... (утро) может быть прохладным, а ... (день) жарким.

* * *

— Какой прогноз погоды на завтра? Слышал что-нибудь?

— Плохой. Сказали, что завтра в течение ...(день) морозы усилятся, а ... (вечер) температура понизится до −30°.

* * *

— А какая в Москве бывает температура воздуха?

— Это зависит от времени года. ... (лето) температура воздуха в Москве может подниматься до +32°, а ... (зима) опускаться до −32°.

48. *а) Используя слова для справок, вместо точек употребите необходимые по смыслу слова.*

Слова для справок: установится, понизится, ожидается, возможны, сопровождаться.

На следующей неделе в Москве ... холодная погода. ... сильные морозы. Ночью температура ... до −32°. К концу недели ... незначительное ослабление мороза до −25°. Это незначительное потепление может ... обильными снегопадами и метелями.

133

б) Используя слова для справок, вместо точек употребите необходимые по смыслу слова в нужной форме.

Слова для справок: пройти, падать, сохраниться, возможен, понижаться, обещать, увеличиться, передавать, ухудшиться, подняться.

По радио ... прогноз погоды. Послушаем, какую погоду ... нам синоптики. В ближайшие сутки ... неустойчивая погода. В первой половине дня будет тепло и солнечно. К вечеру погода ... : давление начнёт ..., ... дожди, ... грозы, ... сильный северный ветер. Температура с 23 ... до 15°. Влажность с 76 ... до 86%.

✖ ГРАММАТИКА

> 1. Выражение причинно-следственных отношений в сложном предложении.
> 2. Обозначение местонахождения лица, предмета.

49. *а) Обратите внимание на выражение причинно-следственных отношений в сложном предложении.*

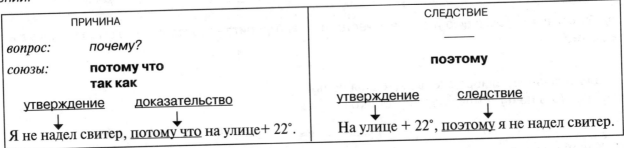

ПРИЧИНА	СЛЕДСТВИЕ
вопрос: **почему?**	—
союзы: **потому что** **так как**	**поэтому**
<u>утверждение</u> <u>доказательство</u>	<u>утверждение</u> <u>следствие</u>
Я не надел свитер, <u>потому что</u> на улице+ 22°.	На улице + 22°, <u>поэтому</u> я не надел свитер.

б) Используя информацию упр. 49а, ответьте на вопросы.

1) Почему ты надел куртку? (холодно) 2) Почему ты взял зонт? (дождь) 3) Почему ты не послушал прогноз погоды? (не было времени) 4) Почему водителям нужно быть сегодня особенно осторожными? (гололёд) 5) Почему ты не сказал мне, что сегодня будет дождь? (прогноз погоды) 6) Почему ты думаешь, что дождя сегодня не будет? (солнечная погода)

в) Используя информацию упр. 49а, преобразуйте предложения со значением следствия в предложения со значением причины.

Образец: Я не очень верю синоптикам, поэтому всегда, когда ухожу из дома, я беру с собой зонт. — Я всегда, когда ухожу из дома, беру с собой зонт, потому что я не очень верю прогнозам синоптиков.

1) Я родился и вырос в Африке, поэтому до приезда в Россию я никогда не видел снега. 2) На улице был сильный гололёд, поэтому общественный транспорт ходил плохо. 3) В Сочи летом всегда жарко, поэтому я езжу туда отдыхать. 4) Мне сегодня не нужно было никуда идти, поэтому я вчера не слушал прогноз погоды. 5) Я знал, что в России холодная зима, поэтому сразу, как только приехал, я купил себе тёплые вещи. 6) В Петербурге часто бывает пасмурная и дождливая погода, поэтому я, когда еду туда, всегда беру с собой зонт и тёплые вещи.

г) Используя информацию упр. 49а, образуйте из двух предложений одно со значением причины или следствия.

Образец: 1. Я не люблю оттепели. После них всегда следует резкое похолодание. — Я не люблю оттепели, потому что после них всегда следует резкое похолодание.
2. Дул сильный северо-восточный ветер. Казалось, что на улице очень холодно. — Дул сильный северо-восточный ветер, поэтому казалось, что на улице очень холодно.

1) Давление растёт. Дожди прекратятся. 2) Сегодня холодно. Дует северный ветер. 3) Влажность высокая. Постоянно идут дожди. 4) Сегодня сильный туман. Водителям нужно быть осторожными. 5) В феврале много метелей и снегопадов. Этот месяц называют месяцем метелей и снегопадов.

6) Я не знаю, во что мне одеться. Я не посмотрел вчера по телевизору прогноз погоды. 7) Возьми с собой тёплые вещи. В Петербурге погода часто меняется. 8) Давление очень низкое. Мне всё время хочется спать. 9) Я не стал выключать радио. Я хотел послушать прогноз погоды. 10) Завтра мы идём в горы. Мы должны знать точно, какая завтра будет погода.

50. *а) Обратите внимание, что данные слова имеют в предложном падеже окончание **-у**.*

ветер — <u>на</u> ветру	снег — <u>на</u> (<u>в</u>) снегу

*б) Вместо точек употребите предлоги **в**, **на**. Слова в скобках употребите в нужной форме. В случае затруднения воспользуйтесь Грамматическим комментарием, п. 3.6.*

1) Хорошо в тридцатиградусную жару полежать ... (берег) реки. 2) ... (густой туман) было плохо видно. 3) Лето было холодным, поэтому вода ... (пруд) была +16°. 4) Весна в этом году была очень тёплой, поэтому ... (луг) рано появились цветы. 5) ... (лес) было не так жарко, как на ... (берег) реки. 6) ... (север) совсем другой климат, чем ... (средняя полоса России).7) Я замёрз ... (холодный ветер) и возвратился домой. 8) Был сильный снегопад, поэтому я вернулся домой весь ... (снег). 9) Я увидел лежащий ... (снег) чей-то кошелёк.

 ЧТЕНИЕ

Текст 6

а) Проверьте, знаете ли вы следующие слова и словосочетания. В случае необходимости обратитесь к словарю.

Командировка, корреспондент, набережная, оборудование, отморозить уши, отцветать, перспектива, расстроить (= испортить настроение), редактор.

б) Прочитайте текст. Как вы думаете, интересная ли работа у журналиста. Почему вы так думаете?

ПУТЕШЕСТВИЕ ЗА ПОГОДОЙ

Россия — огромная страна. Когда в Москве три часа дня, на востоке страны часы показывают полночь. Об этом я знал. Но Россия, оказывается, ещё и страна, в которой почти одновременно может быть весна, зима и лето. В этом я убедился, когда пришёл работать в газету. Меня сразу послали в командировку, потому что заболел корреспондент, а ехать кому-то надо было. Послали меня на большой северный остров, было это в середине апреля.

«Вылет завтра в три утра. Ты оденься потеплее; передавали, что там метели, погода холодная и облачная», — сказал в 9 часов утра редактор. За окном кабинета стояла необычная для этого времени года сухая и солнечная погода; сильный порывистый ветер разогнал несколько дней назад долго стоявшие над столицей облака, температура изо дня в день повышалась, влажность уменьшалась на глазах. Всё шло к тому, что в ближайшие дни сохранится тёплая погода со слабым приятным ветром, вернее, ветерком. Не верилось, что в пределах одной страны можно найти место, где сейчас царствуют метели, холодный ветер, снег, мороз... Но поверить пришлось уже на следующий день. Лётчики везли на остров какое-то оборудование и очень спешили: синоптики обещали, что к вечеру совсем уж погода на острове испортится. Поэтому в Архангельске мы только заправились и сразу снова взлетели. «Давление падает, ветер усиливается, становится порывистым, — услышал я от них перед взлётом. — Как бы в туман или снегопад не попасть. Погода здесь в эту пору неустойчивая: ветер, снег, туман, дождь и редкие прояснения».

Нам повезло: снегопад начался через два часа после приземления. Снегу выпало много, поэтому не верилось, что где-то есть настоящая весна. Впрочем, на этом северном острове весна такая и есть, на московскую зиму по всем показателям похожая: погода неустойчивая, на смену снегопаду может прийти дождь; днём бывает плюс пять на солнце, но ночью без шапки можно отморозить уши на холодном ветру при двадцати градусах мороза...

Вернувшись через неделю в Москву, я пришёл в редакцию, и меня сразу же расстроили: «Отдыхать потом будешь, вечером летишь в Сочи». Мне так хотелось отдохнуть в Москве, что даже перспектива попасть в город на берегу Чёрного моря не обрадовала:

— Но почему я?

— Потому что больше некому, все в командировках, — объяснили мне.

Словом, утром я уже смотрел на Чёрное море из номера моей гостиницы. Здесь стояла жаркая погода, плюс двадцать семь градусов. Сады отцветали. По набережной ходили успевшие загореть ребята в шортах. «Лето, настоящее лето!» — подумал я. Вода была ещё довольно холодная, но некоторые отдыхающие уже летний купальный сезон открыли.

Ночью началась гроза. Слушая, как дождь стучит в окна, я вспоминал снега, мороз, скалы, льды северного острова. Это было только вчера! Вот так мне довелось побывать за несколько дней на севере, в центре страны и на юге, испытать холод зимы, первое тепло весны и жару лета.

в) Прочитайте текст ещё раз. Ответьте на вопросы.

1. Почему героя рассказа, как только он пришёл работать в газету, послали в командировку?
2. Куда его послали в командировку?
3. Почему герой рассказа не мог поверить, что где-то может быть холодно?
4. Как герой добирался на северный остров?
5. Почему лётчики спешили?
6. Была ли погода на острове похожа на весеннюю? Почему вы так думаете?
7. Почему герой рассказа не обрадовался тому, что должен лететь в Сочи?
8. На какое время года была похожа погода в Сочи? Почему вы так думаете?
9. О чём вспоминал герой рассказа, слушая шум дождя?

г) Расскажите, какая погода бывает весной на севере России, в центральной её части, на юге России.

🎧 **АУДИРОВАНИЕ**

51. *Прослушайте прогнозы погоды. Ответьте на вопросы.*

1. 1) Какая температура будет в Москве 7 марта?
   2) Какая температура будет в Московской области 7 марта?
   3) Будут ли в Москве идти сильные дожди?
   4) Каково направление ветра?
   5) Когда в Москве 7 марта была самая высокая температура?
   6) Когда в Москве 7 марта была самая низкая температура?

2. 1) Какая температура будет в Москве в понедельник и во вторник?
   2) Прогнозируют ли синоптики в понедельник и во вторник осадки?
   3) Какая температура будет в Москве со среды до воскресенья?
   4) Прогнозируют ли синоптики осадки со среды до воскресенья?

🗣 **ГОВОРЕНИЕ**

52. *Восстановите недостающие реплики диалогов.*

①

— .... ?
— Сейчас −11°.
— .... ?
— Слышал. По радио к вечеру обещали похолодание до −20°. Сильный ветер, по-моему, северный. Может быть, будет метель.

②

— .... ?
— Только что передали.
— .... ?
— Завтра обещают хорошую погоду, без осадков.
— .... ?
— Днём +20°, но к вечеру ожидается похолодание.

136

53. *Расскажите, какая погода бывает у вас в разные времена года, используя в качестве плана данные вопросы.*

1. На какие времена года делится год в вашей стране?
2. Какая погода бывает в вашей стране в разные времена года?
3. Какая температура воздуха бывает в вашей стране в разные времена года? Какая может быть самая высокая температура воздуха и в какое время года она бывает? Какая может быть самая низкая температура воздуха и в какое время года она бывает?
4. В какое время года в вашей стране чаще всего идут дожди? Какие это дожди? Сильные? Слабые? Кратковременные? Бывают ли грозы?
5. Зависит ли направление ветра от времени года? Какие ветры дуют чаще и в какое время года?
6. Передают ли у вас по радио или по телевизору прогнозы погоды? Как часто их передают? Слушаете ли вы их? Нужны ли вам прогнозы погоды? Зачем?
7. Какое время года вы любите больше и почему?

6. Города, где я бывал...

☑ ЛЕКСИКА

54. *а) Обратите внимание на словосочетания, которые используются при описании города.*

город	большой маленький молодой новый	город	старый древний современный старинный

*б) Используя информацию упр 54а, найдите синонимы к словам **молодой, древний**.*

*в) Используя информацию упр 54а, найдите антонимы к словам **большой, молодой**.*

г) Прочитайте диалог. Скажите, в каких городах живут студенты.

— Зо Зо, а где ты живёшь в Мьянме?
— Я живу в Янгоне. Это столица Мьянмы.
— Большой город?
— Очень. Янгон — самый большой город в нашей стране.
— Это древний город?
— Да, у него многовековая история. Но одновременно он и современный город. А ты, Кумар, где живёшь?
— Я живу в столице Индии, в Дели. Это тоже старинный город. Там есть что посмотреть. Приезжай в гости!
— Обязательно. А ты, Пак, живёшь в Сеуле?
— Нет, я живу в маленьком и не очень старом городке. Можно сказать, что мой город, по сравнению с Янгоном и Дели, молодой. Но я его люблю, потому что он очень красивый и современный.
— Давно его построили?
— Нет, это новый город. Ему ещё нет и ста лет.

д) Используя информацию упр 54а, вместо точек употребите необходимые по смыслу слова.

1) Ростов Великий — ... город. Первый раз летописи говорят о нём в 862 году. 2) Недалеко от Владимира находится Суздаль. Как и Ростов Великий, это тоже ... город. Первый раз летопись говорит о Суздале в 1024 году. 3) Москва —самый ... город в России. В нём проживает более 10 млн

человек. Первый раз летопись говорит о Москве в 1147 году. С одной стороны, это ... город, а с другой — ... . В нём есть метро, широкие проспекты, много новых районов. 4) Братск — ... город. Этот ... город был построен в 60-е годы XX века. 5) Сергиев Посад — ... городок. Он расположен в северо-восточной части Московской области.

55. *а) Обратите внимание на словосочетания, которые используются, когда говорят о значении города в жизни страны.*

центр	административный индустриальный культурный научный	центр	политический промышленный религиозный торговый

*б) Используя информацию упр 55а, найдите синоним к слову **индустриальный**.*

в) Прочитайте диалоги. Скажите, что студенты узнали о Москве.

— У вас вчера была экскурсия по Москве. Что вы узнали о городе, в котором учитесь? Кумар, что вы можете нам сказать?

— Я узнал, какую роль играет Москва в жизни страны. Москва — административный и политический центр страны. Административный, потому что из Москвы правительство руководит страной, а политический, потому что в нём работают президент и парламент России.

— А вы, Пань Минь. Что вам было интересно узнать о Москве?

— Мне было интересно узнать, что Москва — культурный и научный центр России. Вчера нам показали много театров, самую большую библиотеку страны и здание Московского университета на Воробьёвых горах.

— А я, Анна Сергеевна, не только слушал экскурсовода, но и задавал ему вопросы.

— Молодец, Пак! И о чём же вы его спросили?

— Я спросил, можно ли Москву назвать промышленным центром России. Ведь мы не видели ни одной фабрики, ни одного завода!

— И что она вам ответила?

— Она ответила, что посещение заводов и фабрик не входит в программу экскурсии. Но в городе их много, поэтому Москву можно считать одним из индустриальных центров России. А ещё она сказала, что столица России — крупный торговый центр. Как-то интересно она это сказала. Вот, вспомнил: Москва — порт пяти морей.

— Анна Сергеевна, я тоже задавала экскурсоводу вопросы. Я тоже молодец?

— Вы, Анна Мария, умница! Какие вопросы интересовали вас?

— Я спросила экскурсовода, какие русские города являлись религиозными центрами России. Она сказала, что, если я интересуюсь этим вопросом, мне надо поехать на экскурсию в Ростов Великий или Суздаль. Именно эти древние города в своё время являлись религиозными центрами Древней Руси.

— Молодцы! Вы очень многое узнали о Москве. Мне было очень интересно слушать ваш рассказ об экскурсии.

г) Используя информацию упр. 55а,в, вместо точек употребите необходимые по смыслу словосочетания.

1) Этот город — ... страны, потому что здесь работает правительство и президент страны. 2) Этот город — ... страны, потому что здесь находятся крупные заводы и фабрики. 3) Этот город — ... страны, потому что в нём много библиотек и театров, музеев и выставочных центров. 4) Этот город — ... страны, потому что здесь расположены университеты и институты, крупнейшие научно-исследовательские центры. 5) Этот город — ... страны, потому что в нём находится резиденция главы церкви.

56. *а) Обратите внимание на синонимию данных слов.*

храм = собор = церковь

б) Прочитайте слова и словосочетания. Уточните их значение по словарю.

Академия наук, башня, библиотека, ворота, выставка, высшее учебное заведение, дворец, завод, кинотеатр, колокольня, конструкторское бюро, крепость, монастырь, музей, научно-исследовательский институт, памятник, парламент, президент, правительство, театр, собор, фабрика.

в) Обратите внимание, что в России часто используются сокращённые названия учреждений. Образуйте слова по образцу.

Образец: Академия наук — АН.

1) Высшее учебное заведение. 2) Конструкторское бюро. 3) Научно-исследовательский институт.

г) Используя информацию упр. 56б, впишите слова и словосочетания в соответствующую графу.

История	Культура	Наука	Политика	Промышленность
…	…	…	…	…

д) Используя информацию упр. 56г, скажите, что вы будете смотреть, если хотите узнать о культурной жизни страны, если вас интересует история города, если вас интересует город как научный центр, как промышленный центр. Работой кого вы будете интересоваться, если вы хотите узнать о политической жизни страны?

57. *а) Обратите внимание на значения данных слов и словосочетаний.*

Достопримечательность — место или предмет, заслуживающий особого внимания.

Кремль — главная <u>достопримечательность</u> Москвы.

Архитектурный ансамбль — согласованность частей единого целого.

Все вместе здания на территории Кремля создают неповторимый <u>архитектурный ансамбль</u>.

Обзорная экскурсия — поездка по городу с целью создания общего впечатления о нём.

Знакомство с городом, как правило, начинается с <u>обзорной</u> автобусной <u>экскурсии</u> по городу.

б) Прочитайте диалог. Обратите внимание на использование слов, данных в упр. 57а.

— Здравствуйте! Наша кафедра организует для вас обзорную экскурсию по Москве. Стоимость экскурсии 150 рублей.
— А что входит в программу обзорной экскурсии?
— Вы познакомитесь с самыми интересными достопримечательностями города, увидите неповторимый архитектурный ансамбль Соборной площади Кремля и многое другое.
— Мы уже были на такой экскурсии.
— Вы были, а я и Зо Зо нет. Александр Иванович, когда состоится экскурсия?
— 15 мая, в воскресенье, в 10 часов утра.
— Я и Зо Зо поедем. А кому и когда сдавать деньги?
— Тьен, сдайте, пожалуйста, деньги Ольге Дмитриевне Шаниной, вашему куратору, в течение следующей недели.
— Хорошо. Спасибо.

58. *а) Обратите внимание на слова, которые используются, когда необходимо сказать об изменениях в архитектурном облике зданий.*

Этот памятник архитектуры нужно	восстановить. реконструировать. реставрировать.	Этот дом нужно	перестроить. построить. разрушить. сломать.

*б) Используя информацию упр. 58а, найдите синоним к слову **разрушить**.*

*в) Используя информацию упр. 58а, найдите антоним к слову **разрушить**.*

г) Прочитайте диалог. Обратите внимание на использование данных в упр. 58а слов.

— Сейчас мы с вами находимся на Манежной площади. Перед нами Манеж. Здание Манежа сильно пострадало во время пожара. Сейчас его восстановили и частично реконструировали.

— А что за здание справа от нас? На нём ещё нарисована какая-то женщина...

— Это здание Московского университета. В нём находится церковь Святой Татианы. Не так давно эту церковь реставрировали, а известные русские художники восстановили фреску святой, которая, как считают русские студенты, помогает им хорошо учиться, если, конечно, об этом её просить.

— А там что было?

— Там была гостиница «Москва».

— А почему её разрушили?

— Её сломали, потому что она находилась в аварийном состоянии. В скором времени её восстановят в таком же виде, как она была и раньше. Перестраивать ничего не будут. А сейчас мы пойдём в подземный город, который построили в 90-е годы.

д) Используя информацию упр. 58а, вместо точек употребите необходимые по смыслу слова в нужной форме.

1) Храм Василия Блаженного русские архитекторы ... в 1561 году. 2) После войны ленинградцы ... архитектурные памятники, которые ... фашисты во время Второй мировой войны. 3) Многие исторические памятники находятся в аварийном состоянии, и их нужно ... . 4) Во время правления Дмитрия Донского Кремль ..., возвели новые каменные стены. 5) Эти иконы в очень плохом состоянии. Их необходимо ... . 6) Эти дома построены очень давно. В них до сих пор нет лифтов, нет горячей воды и центрального отопления. Поэтому Правительство Москвы решило их ... . 7) Раньше на этом месте были торговые склады, трактиры и чайные. В 30-е годы их ..., а на их месте ... гостиницу «Москва».

59. *Используя слова для справок, вместо точек употребите необходимые по смыслу слова.*

   Слова для справок: находиться, известен, расположен, основан.

Санкт-Петербург ... Петром Первым в 1703 году. Город ... на 42 островах. В нём ... крупнейший в России музей, получивший название Эрмитаж. Эрмитаж ... во всём мире своей коллекцией картин.

60. *а) Обратите внимание на использование данных слов.*

площадь (+ р.п)	Пушкина	памятник (+ д.п)	Пушкину
улица	Марины Расковой		

б) Прочитайте диалог. Обратите внимание на использование данных в упр. 60а слов.

— Ты где живёшь?

— На проспекте Вернадского.

— А я на улице генерала Карбышева. Совсем в другом конце Москвы. Где же нам встретиться?

— Давай встретимся возле памятника Пушкину. Знаешь, где он находится?

— Знаю. Станция метро «Тверская». Там, совсем рядом, площадь Пушкина.

— Вот и договорились. Завтра, в 6 часов вечера, я тебя жду. Пока!

— Пока!

в) Используя информацию упр. 60а, восстановите недостающие реплики диалога.

①

— Ты куда едешь?
— На Триумфальную площадь.
— Зачем?
— Посмотреть памятник ... (Маяковский).
— А кто такой Маяковский?
— Это известный русский поэт XX века.

②

— Ты где был?
— На площади ... (Победа).
— Зачем ты туда ездил?
— Посмотреть памятник ... (Кутузов).
— А чем известен Кутузов?
— Он победил французов в 1812 году.

③

— Мы вчера были на Тверской улице.
— И что вы там видели?
— Памятник ... (Юрий Долгорукий).
— Я не слышал о таком.
— Это русский князь, основатель Москвы.

④

— Ты куда собрался?
— На площадь ... (Гагарин).
— А что там интересного?
— Памятник ... (Гагарин).
— Я где-то слышал его фамилию.
— Это первый космонавт.

⑤

— Какая это улица?
— Это улица ... (Толстой).
— А кем был Толстой?
— Русским писателем.
— Здесь есть памятник ... (Толстой)?
— Да, он на этой улице.

⑥

— Где находится памятник ... (Ломоносов)?
— На Моховой улице.
— Я там был. Там нет памятника.
— Он во дворе университета.

☒ ГРАММАТИКА

> 1. Выражение уступительных отношений в сложном предложении.
> 2. Трудные случаи образования множественного числа существительных.
> 3. III склонение имён существительных.

61. *а) Обратите внимание на выражение уступительных отношений в сложном предложении.*

ДЕЙСТВИЕ В ГЛАВНОЙ ЧАСТИ ПРЕДЛОЖЕНИЯ СОВЕРШАЕТСЯ ВОПРЕКИ УСЛОВИЯМ, О КОТОРЫХ СООБЩАЕТСЯ В ПРИДАТОЧНОЙ ЧАСТИ	
хотя	
несмотря на то, что	
<u>Хотя</u> <u>Несмотря на то, что</u>	погода испортилась, мы решили продолжить нашу экскурсию.

б) Используя информацию упр. 61а, выразите ту же мысль иначе.

Образец: Мы уже были на Тверской улице, но решили ещё раз пройтись по ней. — Хотя мы уже были на Тверской улице, мы решили ещё раз пройтись по ней.

1) Я не хотела, но они всё-таки решили поехать на обзорную экскурсию. 2) Туристы были в Петербурге неделю, но не всё успели посмотреть. 3) Мы уже видели много достопримечательностей,

но собор Василия Блаженного произвёл на меня особенное впечатление. 4) Дорога была плохой, но до Суздаля мы доехали очень быстро. 5) Я никогда не был в Петербурге, но всегда интересовался историей этого города. 6) Лена учится в техническом вузе, но она интересуется русской историей.

в) Используя информацию упр. 61а, выразите ту же мысль иначе.

Образец: Хотя я всегда хотел посмотреть Суздаль, я не поехал туда из-за плохой погоды. — Я всегда хотел посмотреть Суздаль, но я не поехал туда из-за плохой погоды.

1) Несмотря на то, что я много раз был в Петербурге, я не перестаю восхищаться красотой этого города. 2) Хотя Света не любит ходить по магазинам, московские магазины она решила посмотреть. 3) Несмотря на то, что Андрей целый день ходил по городу, он не устал. 4) Хотя Петя видел здание Московского университета только на фотографиях, он сразу узнал его. 5) Несмотря на то, что до закрытия музея оставалось совсем мало времени, нам разрешили его осмотреть. 6) Хотя в Москве много достопримечательностей, главной из них всё же является Кремль.

г) Закончите данные предложения.

1) Хотя я недавно приехал в Москву, ... 2) Хотя я давно живу в Москве, ... 3) Несмотря на то, что у меня мало времени, ... 4) Несмотря на то, что билеты в Кремль стоили недёшево, ... 5) Хотя на улице было холодно, ... 6) Несмотря на то, что я плохо понимал то, что говорил экскурсовод, ...

62. *а) Образуйте множественное число от данных слов.*

1. **-а:** номер, поезд, город
2. **и, -ы:** церковь (о/-), переулок (о/-), рынок (о/-) дворец (е/-)

*б) Обратите внимание, что слова **достопримечательность**, **церковь**, **крепость** относятся к женскому роду. Вместо точек употребите эти слова.*

1) Эта крепость построена в X веке.
2) Из ... открывается красивый вид.
3) К ... мы подъехали на автобусе.
4) Я видел эту ... только на рисунках.
5) Я восхищался старинной ... .
6) Вчера мы были на экскурсии в ... .

1) Эта церковь построена давно.
2) Мы вышли из ... .
3) Мы походили по ... .
4) Мы обратили внимание на эту ... .
5) Над ... летали птицы.
6) В ... было много икон.

1) Кремль — главная достопримечательность Москвы.
2) В этом городе нет ни одной ... .
3) Мы подошли к Кремлю, главной ... этого города.
4) Сегодня вы увидите главную ... нашего города.
5) Главной ... нашего города является Кремль.
6) Во время экскурсии я расскажу вам о Кремле, главной ... нашего города.

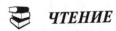 **ЧТЕНИЕ**

Текст 7

а) Проверьте, знаете ли вы следующие слова и словосочетания. В случае необходимости обратитесь к словарю.

Адмиралтейство, балет, канал, население, облик города, опера, остров, полководец, скульптура, транспортный узел.

б) Прочитайте текст. Обратите внимание, что Санкт-Петербург – это город, который строили как столицу Российской империи.

САНКТ-ПЕТЕРБУРГ

Петербург – второй по населению город в России. Один из самых больших промышленных, культурных и научных центров страны. Он расположен в европейской части России, там, где река Нева впадает в Финский залив, на 42 островах.

Город основан в 1703 году русским царём Петром Первым, так что по историческим меркам это совсем не старый город. Ему чуть более 300 лет.

Петербург – самый важный культурный центр страны. Это один из самых красивых городов мира, богатый прекрасными архитектурными памятниками и ансамблями XVIII – первой половины XIX века. В Петербурге очень много красивых зданий, построенных русскими и зарубежными архитекторами, широких проспектов и больших площадей, парков и садов, рек и каналов. Среди лучших зданий XVIII века – собор Петропавловской крепости, здание университета, Зимний дворец, Смольный монастырь. Значительнейшие архитектурные памятники XIX века – Казанский собор архитектора Воронихина, Адмиралтейство, Исаакиевский собор.

Большое место в облике города занимает скульптура XVIII–XIX веков: памятники Петру Первому работы Фальконе, русскому полководцу Кутузову, русской царице Екатерине II и другие.

Центральная улица Петербурга – Невский проспект.

В Петербурге находятся богатейшие собрания произведений искусства. Их можно посмотреть в Эрмитаже и Русском музее. Петербург славен и своими театрами. Крупнейший из них – Академический театр оперы и балета.

Во время Второй мировой войны многие исторические здания и памятники Петербурга (тогда он назывался Ленинград) были разрушены, но после войны их восстановили. И сейчас они такие же, как были до войны. Но Петербург не только город-музей, но и современный город. В нём есть метро, много новых районов, а недавно был построен новый мост через Неву.

Петербург – один из крупнейших научных центров страны. Уже в 1725 году здесь была открыта Академия наук. В городе жили и работали такие выдающиеся учёные, как основатель Московского университета М.В. Ломоносов, изобретатель радио А.С. Попов, учёный-химик Д.И. Менделеев и другие. Сейчас в городе свыше 47 высших учебных заведений. В нём расположена одна из самых больших в мире библиотек – Публичная библиотека имени М.Е. Салтыкова-Щедрина. В ней хранится свыше 10 млн книг.

Петербург не только культурный, но и промышленный центр России. В городе работают крупнейшие на территории страны фабрики и заводы, например завод «Электросила».

Петербург – один из самых важных транспортных узлов России. Это город-порт. Морской порт находится в Финском заливе Балтийского моря, а речной – в устье Невы. Но необязательно добираться в Петербург морским путём. Можно полететь туда на самолёте, а можно доехать на поезде.

в) Прочитайте текст ещё раз. Ответьте на вопросы.

1. Как вы думаете, Петербург – большой город? Почему вы так думаете?
2. Где расположен Петербург?
3. Когда и кем он был основан?
4. Почему автор считает, что Петербург не старый город?
5. Что можно посмотреть в Петербурге?
6. Что случилось с историческими памятниками Петербурга во время Второй мировой войны? Восстановили ли их после войны?
7. Какие известные учёные жили в Петербурге? Чем они известны?
8. Как можно добраться до Петербурга?

г) Найдите в тексте доказательства данным утверждениям.

1. Петербург – самый важный культурный центр страны.
2. Петербург – город-музей.
3. Петербург – один из промышленных центров России.
4. Петербург – важнейший транспортный узел.

д) Расскажите о Санкт-Петербурге.

🎧 АУДИРОВАНИЕ

63. *Прослушайте информационные сообщения. Ответьте на вопросы.*

1. 1) Когда был основан город Владимир?
   2) Какую роль играл город в XII веке?
   3) Чем известен город?

2. 1) Когда был основан город Суздаль?
   2) К какому времени относятся сохранившиеся в городе памятники архитектуры?
   3) Почему в городе так много церквей и монастырей?

🗣 ГОВОРЕНИЕ

64. *Восстановите недостающие реплики диалога.*

①

— .... ?

— Да, я первый раз приехал в Москву.

— .... ?

— Я приехал вчера.

— .... ?

— Остановился в гостинице.

— .... ?

— Успел посмотреть только Красную площадь и Кремль.

②

— .... ?

— Был. А что? Ты едешь в Петербург?

— ....

— Когда?

— ....

— Зачем?

— .... ?

— Сколько времени ты там будешь?

— ....

— Чтобы что-нибудь советовать, надо знать, что тебя интересует...

— Там много интересных архитектурных памятников. Надо обязательно посмотреть Петропавловскую крепость, Александро-Невскую лавру. Сходи на Дворцовую площадь и площадь Декабристов. Начни с экскурсии по городу.

— .... ?

— Экскурсия займёт часа два. Покатаешься на теплоходе по Неве. Будет экскурсовод. Всё расскажет. Всё покажет. .... ?

— Это зависит от группы. Если экскурсия для русских, то экскурсовод говорит по-русски. Если для иностранцев, то он говорит по-английски, по-немецки, по-французски или по-испански.

③

— .... ?

— Площадь Декабристов. .... ?

— В декабре 1825 года было восстание. Людей, которые в нём участвовали, называют декабристами. А площадь названа в их честь.

④

— .... ?

— Это храм Василия Блаженного.

— .... ?

— В 1561 году.

— .... ?

— XVI век.

⑤

— Давай завтра поедем в Кремль!

— ....

— Почему на Тверскую? Что там интересного?   .

— ....

— Ну хорошо. Где и когда мы встретимся?   .

— ....

— Это очень рано. Почему ты хочешь встретиться пораньше?   .

— ....

65. *Расскажите о своём городе, используя в качестве плана данные вопросы.*

1. В какой части страны расположен город?
2. На берегу какой реки находится город?
3. Кто и когда основал город?
4. Какой это город, если говорить о времени его основания и его размере? Почему вы так думаете?
5. Какую роль в жизни страны играет город? Почему вы так думаете?
6. Как называется центральная улица города?
7. Какие достопримечательности есть в городе и где они находятся?
8. Памятники каким великим людям установлены в городе? Что эти люди сделали для страны?
9. Что бы вы советовали туристам посмотреть в городе?

ПРОВЕРЬТЕ СЕБЯ!

☑ *КОНТРОЛЬНАЯ РАБОТА ПО ЛЕКСИКЕ*

1. *Образуйте из данных слов словосочетания.*

⚠1
1. железнодорожный	а) вагон
2. купейный	б) вокзал
3. скорый	в) лагерь
4. туристический	г) поезд

⚠2
1. спортивный	а) досмотр
2. личный	б) контроль
3. пограничный	в) поезд
4. пригородный	г) лагерь

⚠3
1. архитектурный	а) монастырь
2. старинный	б) центр
3. административный	в) институт
4. научно-исследовательский	г) ансамбль

⚠4
1. нижняя	а) экскурсия
2. туристическая	б) декларация
3. таможенная	в) путёвка
4. обзорная	г) полка

2. *Вместо точек употребите необходимые по смыслу слова* **быть, бывать, побывать**.

1) Я часто ... на Тверской улице. 2) Нам очень хочется ... в Петербурге. 3) В этом месяце я три раза ... в Эрмитаже. 4) Я ... в санатории 24 дня.

3. *Вместо точек употребите необходимые по смыслу слова.*

1) Поезд ... (отправляется, уезжает) через 5 минут. 2) Провожающих просим ... (уйти, выйти) из вагонов. 3) Поезд Москва—Сочи находится на пятом ... (пути, перроне). 4) ... (Пограничник, таможенник) попросил вписать в декларацию золотые украшения. 5) Электропоезд до станции Дорохово идёт со всеми ... (станциями, остановками).

4. *Найдите антонимы к данным словосочетаниям.*

1. молодой город
2. холодный день
3. сильный ветер
4. пасмурный день

а) солнечный
б) слабый
в) старый
г) тёплый

5. *Найдите лишнее слово или словосочетание в каждой группе слов.*

1. **вагон**
   а) купейный
   б) плацкартный
   в) пригородный

2. **контроль**
   а) таможенный
   б) паспортный
   в) личный

3. **аэропорт**
   а) стюардесса
   б) платформа
   в) рейс

4. **прогноз погоды**
   а) осадки
   б) температура
   в) давление
   г) путёвка

5. **столовая**
   а) меню
   б) поднос
   в) носильщик
   г) обед

6. **гостиница**
   а) проводница
   б) номер
   в) камера хранения
   г) администратор

☒ *КОНТРОЛЬНАЯ РАБОТА ПО ГРАММАТИКЕ*

1. *Вместо точек употребите предлоги* **за ..., до; через... после; с, в, на, за, из**.

1) ... минуту ... объявления наш поезд действительно тронулся и стал быстро набирать скорость. 2) Поезд № 38 Москва—Астрахань отправляется ... Павелецкого вокзала ... 12 пути. 3) ... аэропорт мы приехали ... два часа ... отлёта нашего самолёта. 4) Сергей забрал вещи ... камеры хранения. 5) ... вокзале мы купили билеты. 6) Поезд № 12 Петербург—Москва прибывает ... 5 путь.

2. *Вместо точек употребите нужные предлоги. Слова в скобках употребите в нужной форме.*

А КАК ВЫ ... (ОТДЫХАТЬ)?

(Лето) все (отдыхать). Многие (ехать) ... юг, потому что там (светить) солнце. (Лето) там тепло. Взрослые и дети (ходить) ... пляж, (купаться) ... море, (загорать). ... неделю у меня тоже отпуск, но я ещё не знаю, куда я (поехать). Может быть, (собраться) ... море недели ... две, а потом недельку (провести) ... знакомых.

Год назад я был ... севере, но там было холодно, всего 10 (градус), всё время шёл дождь. К тому же это был санаторий, а я не люблю (санатории). Целый месяц я читал книги ... путешествиях и приключениях, смотрел ... телевизору передачи.

Корпус, в котором я жил, был построен ... (лес). Недалеко было озеро. Целый день ... (берег) стояли рыбаки и ловили рыбу. Но я, к сожалению, не рыбак. Можно было гулять ... (лес), но я забыл (дом) сапоги, а ... (лес) было много воды.

Если вы (любить) танцевать, ходить ... кино, театр, я не (советовать) отдыхать ... севере.

3. *Используя причастные обороты, выразите ту же мысль иначе.*

1) Билет на самолёт, который купил мой друг, стоил очень дорого. 2) В Манеже, который реставрировали совсем недавно, проводятся выставки. 3) Вопросы, которые я решаю сейчас, очень сложны. 4) В доме Пашкова, который построил великий русский архитектор Баженов, сейчас находится Государственная библиотека. 5) Номер, который я снимаю в гостинице, находится на десятом этаже. 6) Через окно, которое открыли студенты, слышался шум улицы.

4. *Напишите диалог в косвенной речи.*

— Ты уже решил, куда поедешь на каникулы? — спросил меня Зо Зо.
— Поеду домой, хотя это очень дорого, — ответил я.
— Когда собираешься ехать? — спросил Зо Зо.
— Поеду сразу после экзаменационной сессии, — ответил я.
— А я всё лето, наверное, буду сидеть в общежитии, — сказал Зо Зо.
— Съезди в Петербург и посмотри город, — посоветовал я ему.

5. *Вместо точек вставьте союзы* **что, чтобы, пока, после того как, когда, если, хотя, потому что, поэтому.**

Я заказал такси, ... поехать в аэропорт. ... таксист подъехал к общежитию, он позвонил мне и сказал, ... ждёт меня у подъезда. ... я спускался с чемоданом по лестнице, таксист ждал меня у подъезда. Я хотел приехать в аэропорт за час до отлёта самолёта, ... в это время как раз начинается регистрация на мой рейс. ... таксист был молодой, машину он вёл хорошо, и мы вовремя приехали в аэропорт. Мне нужно было пройти таможенный контроль, ... я быстро заполнил декларацию. ... я проходил паспортный контроль, я показал пограничнику паспорт. ... я прошёл паспортный и таможенный контроль, я стал ждать посадки на самолёт. «... всё будет хорошо, через шесть часов я буду дома», — думал я.

📖 КОНТРОЛЬНАЯ РАБОТА ПО ЧТЕНИЮ

1. *Прочитайте текст. Напишите ответы на данные после текста вопросы.*

ГОРОДА «ЗОЛОТОГО КОЛЬЦА»

«Золотое кольцо» — это туристический маршрут путешествия по древним, старинным русским городам. Маршрут имеет форму кольца, отсюда и его название. Поездку в несколько сот километров туристы начинают, выезжая из Москвы на восток, и заканчивают, возвращаясь в столицу с севера. Почему кольцо «золотое», догадаться тоже не трудно. Путешественнику предстоит познакомиться с самыми важными и самыми дорогими для России страницами истории.

И в Москве, и в других городах «Золотого кольца» сохранилось много уникальных архитектурных памятников и ценнейших образцов древней живописи.

Один из наиболее старых городов на этом маршруте Ростов. Первый раз летописи говорят об этом городе в 862 году. Ростов расположен на северо-востоке от Москвы, на берегу озера Неро. В X–XII веках город был религиозным центром русских княжеств и назывался Ростов Великий. Ростовский князь Юрий Долгорукий вошёл в историю тем, что в 1147 году основал город Москву. В Ростове сохранился Кремль XVII века, а также уникальный архитектурный ансамбль Соборной площади с Успенским собором XVI века.

Не менее важен для истории России город Ярославль, основанный около 1010 года на верхней Волге. В городе много архитектурных памятников XVII–XIX веков. В Спасо-Преображенском монастыре, основанном в XII веке, в конце XVIII века была найдена рукопись «Слова о полку Игореве». Эта книга является важнейшим памятником древнерусской культуры. Современный Ярославль является областным и административным центром Ярославской области.

Не менее известен в истории России и Переславль-Залесский. Этот город расположен в ста километрах от Москвы. Самым известным переславльским князем был Александр Невский, который прославился в России своими военными победами. В конце XVII века в этом городе на Плещеевом озере по приказу молодого царя Петра I построили первые русские корабли, положившие начало русскому флоту. В городе сохранились старинные монастыри, соборы, прекрасные богатые музеи. В современном Переславле находится несколько крупных промышленных предприятий, но всё-таки прежде всего это город-музей, город-заповедник.

Вопросы к тексту:

1. Почему туристический маршрут называется «Золотое кольцо»?
2. Чем был известен Ростов в X—XII веках?
3. Какую роль играет Ярославль в жизни современной России?
4. Можно ли сказать, что Переславль-Залесский — промышленный центр современной России?

 КОНТРОЛЬНАЯ РАБОТА ПО АУДИРОВАНИЮ

1. *Прослушайте информационное сообщение. Ответьте на вопросы товарища.*

1. Далеко ли от Москвы до аэропорта «Шереметьево»?
2. Как туда добраться?
3. Где можно купить билеты?

КОНТРОЛЬНАЯ РАБОТА ПО ГОВОРЕНИЮ

1. *а) Скоро каникулы. Восстановите недостающие реплики диалога.*

— .... ?
— Я был в прошлом году в Сочи на Чёрном море.
— .... ?
— Почти месяц.
— .... ?
— Хорошо отдохнул.
— .... ?
— Этим летом снова планирую поехать на море.

б) Вы покупаете билет на самолёт. Восстановите недостающие реплики диалога.

— .... ?
— Да, есть билет до Праги на рейс 144 на 5 мая.
— .... ?
— С аэропорта «Шереметьево».
— .... ?
— Самолёт вылетает в 19.15.
— .... ?
— Регистрация билетов и багажа начинается за час до отлёта.

в) Вы хотите снять номер в гостинице. Восстановите недостающие реплики диалога.

— .... ?
— Да, свободные номера есть.
— .... ?
— Нет, только двухместные.
— ....
— Если согласны, то я могу поселить вас в 242-й номер?
— .... ?
— 242-й номер на втором этаже.
— .... ?
— 2000 рублей в сутки.

г) Вы пришли в буфет. Восстановите недостающие реплики диалога.

— Слушаю вас.

— ....

— Ваш кофе и пирожное.

— .... ?

— С вас 30 рублей.

✍ КОНТРОЛЬНАЯ РАБОТА ПО ПИСЬМУ

1. Заполните таможенную декларацию, вписав данные о себе.

ТАМОЖЕННАЯ ДЕКЛАРАЦИЯ
фамилия, имя, отчество   гражданство
место постоянного жительства: страна
страна отправления   страна назначения
количество мест багажа   количество мест ручной клади
ЦЕЛЬ ПОЕЗДКИ: ☐ *деловая* ☐ *туризм* ☐ *в гости* ☐ *работа* (нужное здесь и далее пометить знаком *X*)

IV. ДЕЛА ДОМАШНИЕ

◇◇◇◇◇◇◇◇◇◇◇◇◇◇◇ 1. Дом, в котором я живу... ◇◇◇◇◇◇◇◇◇◇◇◇◇◇◇

☑ *ЛЕКСИКА*

1. *а) Обратите внимание на слова, которые используются при определении местожительства.*

	в	городе
		центре города
жить		пригороде
	за	городом
	на	окраине города
	под	Москвой

*б) Используя информацию упр. 1а, найдите антоним к словосочетанию **в центре города**.*

*в) Используя информацию упр. 1а, найдите синонимы к словосочетанию **за городом**.*

г) Прочитайте диалоги. Обратите внимание на использование слов, данных в упр. 1а.

①

— Кумар, я слышал, что ты живёшь в Дели?
— Да, это правда.
— Ты живёшь в центре города?
— Нет, на окраине. Но там хорошо. Меньше машин и больше свежего воздуха.

②

— Ты знаешь, я сегодня познакомилась с русской девушкой. Её зовут Катя. Представляешь, она живёт под Москвой. И каждый день ездит в институт.
— Сколько же времени она едет?
— Часа полтора.
— Бедная. Не хотела бы я жить в пригороде.
— Знаешь, а я бы с удовольствием жила за городом. Лучше полтора часа ехать в институт, чем каждый день слышать этот шум.
— Ну, это как кому нравится...

д) Используя слова-антонимы, закончите предложение.

Я живу в <u>большом</u> городе, в <u>новом</u> районе, <u>на окраине</u>, а я ... .

2. *а) Используя информацию упр. 29а (глава III), выразите ту же мысль иначе. В случае затруднения воспользуйтесь Грамматическим комментарием, п. 9.1.*

   Образец: дом, в котором один этаж — одноэтажный дом.

   1) Квартира, в которой две комнаты. 2) Дом, в котором три подъезда. 3) Дом, в котором восемь этажей. 4) Квартира, в которой пять комнат. 5) Дом, в котором десять этажей. 6) Квартира, в которой одна комната. 7) Дом, в котором двенадцать этажей. 8) Дом, в котором четыре подъезда.

б) Прочитайте слова. Уточните их значение по словарю.

Столовая, спальня, гостиная, детская, прихожая, ванная.

в) Скажите, почему так называются комнаты.

Образец: Прихожая называется так потому, что в эту комнату приходят с улицы и раздеваются в ней.

г) Прочитайте диалог. Обратите внимание на то, как в России определяется количество комнат в квартире.

— Катя, а у тебя собственный дом или квартира?

— У меня пока нет ничего. Я живу с родителями. У нас трёхкомнатная квартира в пятиэтажном доме.

— Что? Гостиная, ванная и кухня? Не тесно?

— Нет, гостиная, спальня родителей, наша с сестрой комната плюс ванная, туалет и кухня.

— Значит, у вас шестикомнатная квартира.

— В России, когда говорят, сколько комнат в квартире, считают только комнаты, в которых можно жить.

— То есть, если в квартире две комнаты плюс ванная, туалет и кухня, то это двухкомнатная квартира?

— Совершенно верно.

— Ой, как интересно!

д) Скажите, сколько этажей в доме (какой это дом), сколько комнат в квартире (какая это квартира).

а)

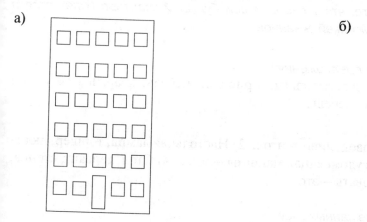

б)

3. *а) Прочитайте слова и словосочетания. Уточните их значение по словарю.*

Газ, горячая вода, холодная вода, лифт, мусоропровод, телефон, электричество.

б) Прочитайте диалог. Скажите, что такое квартира со всеми удобствами.

— Зо Зо, у тебя квартира или собственный дом?

— Собственный дом.

— А какие удобства у тебя в доме?

— Только холодная вода, газ и электричество. А у тебя Пак?

— У меня в квартире есть всё: газ, горячая и холодная вода, мусоропровод, телефон и электричество.

— А лифт у тебя в доме есть?

— Ну конечно, есть. У нас шестнадцатиэтажный дом, так что без лифта никак нельзя.

— Тогда у тебя действительно квартира со всеми удобствами.

в) Используя слова и словосочетания упр. 3а, скажите, какие удобства есть у вас в доме.

4. *Образуйте из данных слов словосочетания.*

Образец: окна, юг — окна выходят на юг.

1) Окна, север. 2) Окна, северо-восток. 3) Окна, юго-запад. 4) Окна, запад. 5) Окна, юго-восток. 6) Окна, северо-запад. 7) Окна, улица.

5. *а) Прочитайте слова. Уточните их значение по словарю.*

Диван, диван-кровать, вешалка, зеркало, книжная полка, книжный шкаф, кресло, кровать, кухонный шкаф, платяной шкаф, сервант, стенка, стул, табурет, тумбочка.

б) Скажите, в каких комнатах стоят у вас в квартире **обеденный стол, кухонный стол, письменный стол, журнальный столик.**

в) Прочитайте слова. Уточните их значение по словарю.

Газовая (электрическая) плита, душ, люстра, магнитофон, музыкальный центр, настольная лампа, посудомоечная машина, стиральная машина, телевизор, торшер, холодильник.

г) Используя слова упр. 5а-в, впишите слова и словосочетания в соответствующую графу.

Столовая	Спальня	Гостиная	Кухня	Прихожая	Ванная
сервант ...	кровать ...	стенка ...	табурет ...	вешалка ...	ванна ...

д) Используя информацию упр. 5г, скажите, что у вас в вашей будущей квартире будет стоять в столовой, в спальне, в гостиной, в кухне, в прихожей, в ванной.

6. *Используя слова для справок, закончите предложения.*

Слова для справок: бытовая техника, осветительные приборы, мебель, квартира со всеми удобствами, мягкая мебель.

1) Газ, горячая и холодная вода, мусоропровод, лифт — это ... 2) Настольная лампа, торшер, люстра — это ... 3) Холодильник, стиральная и посудомоечная машины — это ... 4) Стол, сервант, стенка, табурет — это ... 5) Диван, диван-кровать, кровать — это ...

7. *а) Обратите внимание на использование данных слов.*

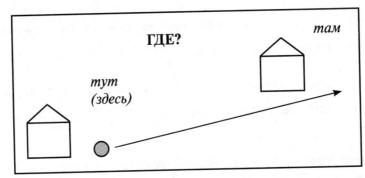

б) Используя информацию упр. 7а, вместо точек употребите слова **тут (здесь), там.**

1) Екатерина Сергеевна, вы не волнуйтесь, Таня ... , у меня. 2) ... моя комната, а ... комната родителей. 3) Это гостиная. ... по вечерам мы собираемся всей семьёй. 4) Мы живём ..., в этом доме, только неделю. 5) Видишь то здание. ... магазин. 6) Не знаю, как ты могла меня не найти. Я ждала тебя ..., где договорились.

8. *a) Посмотрите на рисунок. Покажите, где в комнате* **пол, стена, окно, дверь, угол комнаты,** *потолок.*

б) Обратите внимание на использование данных глаголов.

МЕСТОНАХОЖДЕНИЕ			ДЕЙСТВИЕ		
стоять	в	в шкафу	ставить-поставить	в	в шкаф
лежать	на (+ *п. п.*)	на столе	класть-положить	на (+ *в.п.*)	на стол
висеть		на стене	вешать-повесить		на стену

в) Прочитайте диалог. Обратите внимание на использование слов, данных в упр. 188б.

— Зо Зо! Тьен! Вы не можете нам помочь?
— А что нужно сделать?
— Мы с Анной Марией хотим поставить этот стол к окну.
— Пожалуйста!
— А вы можете повесить на стену фотографию?
— Конечно, можем. Где она?
— Вон! Лежит на полу.
— Дай, пожалуйста, стул.
— Анна Мария, принеси стул. Он стоит в коридоре, в углу.
— Пань Минь, на нём лежат книги.
— Положи их пока на стол.
— Хорошо!
— Всё. Я повесил фотографию. Можно помыть руки? Дай полотенце.
— Полотенце висит в ванной справа от двери.
— Вижу. Спасибо.

г) Используя информацию упр. 8б, вместо точек употребите необходимые по смыслу слова в нужной форме.

В моей комнате у окна ... письменный стол, на котором ... мои учебники и тетради и ... настольная лампа. Слева от стола ... диван, над которым ... фотографии известных рок-певцов. Около дивана ... два кресла и журнальный столик. На полу ... ковёр. Но больше всего мне нравится люстра, которая ... у меня в комнате. Её ... туда мама. А я ... в вазу цветы. Когда я прихожу домой, я всегда ... свои вещи в шкаф, а сумку ... на стул, который ... у письменного стола.

☒ ГРАММАТИКА

> Выражение пространственных отношений.

9. *a) Обратите внимание на использование данных предлогов для выражения пространственных отношений.*

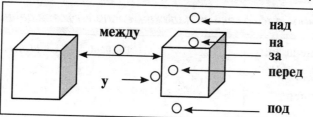

б) Обратите внимание на то, с какими падежами используются предлоги упр. 9а при обозначении местонахождения предмета.

между над под перед за } (+ т.п.)	у (+ р.п.)	на (+ п.п.)

в) Используя информацию упр. 9а, вместо точек употребите предлоги **между, над, под, перед, за, у, на.**

1) Собака лежала ... столом. 2) ... письменным столом висела фотография президента страны. 3) ... домом мы посадили цветы, а ... домом у нас огород. 4) Сейчас пройдём ... этими домами и ... ними будет магазин. 5) ... столе стоят цветы. 6) ... окна стоит журнальный столик.

г) Используя информацию упр. 9б, вместо точек употребите слова в скобках в нужной форме.

1) Перед ... (дом) находится детская площадка. За ... (детская площадка) магазин, в который я часто хожу. 2) У ... (подъезд) поставили скамейки. На ... (скамейки) сидят пенсионеры и о чём-то разговаривают. 3) Под ... (окно) растут цветы, а над ... (цветы) летают бабочки. 4) Между ... (кровать и шкаф) я поставил тумбочку. На ... (тумбочка) лежит книга.

10. *Вместо точек употребите предлоги* **в, на.** *Слова в скобках употребите в нужной форме. В случае затруднения воспользуйтесь Грамматическим комментарием, п. 3.6.1.*

1) ГУМ находится ... (Красная площадь). 2) Музей-усадьба «Архангельское» находится ... (пригород) Москвы. 3) Колокольня «Иван Великий» находится ... (территория Кремля). 4) Большой театр находится ... (Театральная площадь). 5) Памятник Гоголю находится ... (Гоголевский бульвар). 6) Памятник Ломоносову находится ... (Моховая улица). 7) Петровский дворец находится ... (Ленинградский проспект). 8) Музей «Оружейная палата» находится ... (Московский Кремль). 9) Музей-усадьба «Кусково» находится ... (окраина города). 10) Гостиница «Метрополь» находится ... (центр города).

11. *а) Обратите внимание, что данные слова имеют в предложном падеже окончание* **-у.**

угол — **в** углу шкаф — **в** шкафу	пол — **на** полу

б) Используя информацию упр. 11а, вместо точек употребите предлоги **в, на.** *Слова в скобках употребите в нужной форме.*

У моих родителей очень уютная гостиная. ... (пол) лежит красивый ковёр. ... (угол) стоит журнальный столик, а ... (столик) лежат журналы. ... (сервант) стоит очень красивая посуда. Мои родители очень любят читать, поэтому у них ... (книжный шкаф) стоит много книг.

12. *Вместо точек употребите предлоги* **в, на.** *Слова в скобках употребите в нужной форме.*

У меня в комнате сегодня беспорядок. Один журнал лежит ... (полка) ... (книжный шкаф), а второй я положил ... (письменный стол). Магнитофон тоже почему-то стоит ... (письменный стол). Пальто я не повесил ... (вешалка), и оно теперь лежит ... (кровать). Костюм я тоже забыл повесить ... (шкаф), и вот теперь он висит ... (стул) посередине комнаты.

13. *а) Обратите внимание на то, с какими падежами используются данные предлоги.*

недалеко далеко близко слева справа	**от** (+ р.п.)	рядом **с** (+ т.п.)

б) Используя информацию упр. 13а, вместо точек употребите слова в скобках в нужной форме.

Мои друзья живут в Москве в ... (большой шестнадцатиэтажный дом). Их дом расположен недалеко от ... (центр Москвы). Очень удобно, что их дом находится близко от ... (станция метро «Динамо»). Мои друзья живут в ... (первый подъезд) на ... (четырнадцатый этаж) в ... (двухкомнатная квартира). У них очень удобная квартира. Один коридор ведёт в ... (кухня, ванная и туалет), а второй — в... (гостиная и спальня). Окно в гостиной выходит на... (юго-запад), а окно кухни выходит на ... (север). Самая большая комната в квартире, конечно, гостиная. Слева от ... (дверь) стоит стенка. Рядом со ... (стенка) в ... (угол) два кресла. Между ... (кресла) стоит журнальный столик. На ... (журнальный столик) стоит ваза с цветами. На ... (пол) лежит большой ковёр с очень красивым рисунком. Летом, когда я прихожу в гости, мы любим сидеть на ... (балкон).

14. *Вместо точек употребите слова в скобках в нужной форме. В случае затруднения воспользуйтесь Грамматическим комментарием, п. 20.*

1) Недалеко от... (Красная площадь) протекает Москва-река. 2) Александровский сад расположен у ... (стена Кремля). 3) Под ... (Манежная площадь) построен Торговый центр. 4) Перед ... (Исторический музей) установлен памятник маршалу Жукову. 5) Рядом с ... (Кремлёвская стена) в Александровском саду находится памятник Неизвестному солдату. 6) Над ... (Большой Кремлёвский дворец) развевается флаг Российской Федерации.

15. *Согласуйте числительные с существительными. В случае затруднения воспользуйтесь Грамматическим комментарием, п. 9.2.*

1) В комнате 2 ... (кресло). 2) В квартире 3 ... (комната). 3) В столе лежат несколько ... (учебник, тетрадь). 4) В аудитории 15 ... (стол) и 30 ... (стул). 5) В нашей квартире 4 ... (окно). 6) В нашем доме 12 ... (этаж). 7) На этой улице 31 ... (дом).

 ЧТЕНИЕ

Текст 1

а) Проверьте, знаете ли вы следующие слова и словосочетания. В случае необходимости обратитесь к словарю.

Берёза, берёзовая аллея, кабинет, лестница, лестничная площадка, репродукция, свечи, усадьба, шкатулка.

б) Прочитайте текст. Обратите внимание на описание дома, в котором известный во всём мире русский писатель Лев Николаевич Толстой провёл большую часть своей жизни.

В ГОСТИ К ТОЛСТОМУ...

Лев Николаевич Толстой родился и прожил большую часть своей жизни в усадьбе Ясная Поляна. Писатель и его семья жили в большом двухэтажном доме с балконом. Все окна в доме выходили в парк. К дому вела широкая берёзовая аллея.

Прихожая в доме Толстых напоминала библиотеку. Справа, между дверью и деревянной лестницей, по которой можно было подняться на второй этаж, стоял книжный шкаф, а перед ним — стол, покрытый зелёной скатертью, и стул. Можно было взять книгу из книжного шкафа и тут же, за столом, почитать её. По левой стене также стояли книжные шкафы, полные книг, а рядом с ними стояла табуретка, чтобы можно было легко доставать книги с верхних полок. Напротив книжных шкафов висело большое зеркало.

По деревянной лестнице, как мы уже сказали, можно было подняться на второй этаж. Лестничную площадку верхнего этажа украшали английские часы XVIII века, когда-то принадлежавшие деду писателя. Справа от лестницы находился вход в гостиную, а слева — вход в комнату, где располагалась личная библиотека писателя.

Но, конечно, большую часть своего времени Толстой проводил у себя в кабинете. Напротив двери висела книжная полка. Над ней висели репродукции картин известных зарубежных художников. Слева от книжной полки, в углу, стояло кресло, а над ним висели фотографии близких Толстому людей: жены, детей, друзей. Кресло было придвинуто к письменному столу, за которым работал писатель. На нём лежали книги, которые нужны были ему для работы, и его личные бумаги. Чтобы

155

Толстой мог работать и вечером, когда уже темно, на стол поставили две свечи. У стола стояло кресло для гостей, которых принимал у себя в кабинете писатель. Напротив стола, у противоположной стены, стояла кровать, на которой Толстой мог отдохнуть, если очень уставал. Между письменным столом и кроватью, под книжной полкой, находилась тумбочка, на которой стояла шкатулка писателя.

В настоящее время усадьба Льва Николаевича Толстого является музеем. Все, кто любит произведения писателя, могут приехать в Ясную Поляну и увидеть собственными глазами дом, в котором он жил и работал.

в) Прочитайте текст ещё раз. Ответьте на вопросы.

1. Сколько этажей было в доме, где жил Л.Н. Толстой?
2. О каких комнатах в доме Л.Н. Толстого говорится в тексте?
3. Как вы думаете, у Л.Н. Толстого было много книг? Почему вы так думаете?
4. Как вы думаете, о ком вспоминал Л.Н. Толстой, глядя на часы, которые украшали лестничную площадку?
5. Как вы думаете, о ком вспоминал писатель, глядя на фотографии, висевшие на стене?
6. Было ли в доме Л.Н. Толстого электричество? Почему вы так думаете?
7. Зачем в кабинете Л.Н. Толстого была поставлена кровать?
8. Можно ли сейчас посмотреть дом, в котором жил и работал писатель? Почему вы так думаете?

г) Прочитайте текст ещё раз. Нарисуйте план прихожей и кабинета Толстого. Расскажите по рисунку об этих комнатах.

 АУДИРОВАНИЕ

16. *Прослушайте диалог. Ответьте на вопросы.*

1. В каком доме живёт Маша?
2. Какой номер дома?
3. В каком подъезде живёт Маша?
4. На каком этаже находится её квартира?
5. Какой номер квартиры?
6. В доме установлен домофон или кодовый замок?

17. *а) К вам в Москву приехал друг, и вы пошли на экскурсию по городу. Перед вами карта. Расположите на ней объекты, о которых вы услышали, в соответствии с логикой текста.*

1) Гостиница «Националь». 2) Центральный телеграф. 3) МХАТ. 4) Памятник Юрию Долгорукому. 5) Памятник А.С. Пушкину. 6) Кинотеатр «Пушкинский». 7) Концертный зал им. П.И. Чайковского. 8) Памятник В. Маяковскому. 9) Памятник А.М. Горькому.

б) Прослушайте текст ещё раз. Ответьте на вопросы.

1. Что вы узнали о Центральном телеграфе?
2. Когда был основан МХАТ?
3. Кто такой Юрий Долгорукий?

4. Что можно посмотреть в кинотеатре «Пушкинский»?
5. Кто выступает в Концертном зале имени П.И. Чайковского?
6. Кто такой В. Маяковский?
7. Кто такой А.М. Горький?

🗣 ГОВОРЕНИЕ

18. *Ваш друг переехал в новую квартиру. Вы ещё там не были. Восстановите недостающие реплики диалога.*

— Алло.

— Добрый день, Саша.

— А это ты! Рад тебя слышать. Приезжай ко мне. Я теперь живу в районе метро «Профсоюзная».

— .... ?

— От метро пешком минут десять.

— .... ?

— На четвёртом этаже.

— .... ?

— Лифта нет.

— .... ?

— Нет, двухкомнатная.

— .... ?

— Большая — 16 квадратных метров. Маленькая — 10 квадратных метров.

— .... ?

— Нет, кухня маленькая. Всего 5 квадратных метров.

— .... ?

— Да, мебель я уже купил. И не только купил, но и расставил. В большой комнате стоят диван-кровать, два кресла, журнальный столик, стенка. В маленькой — кровать, письменный стол, платяной шкаф. Ну, кухня, как у всех.

— .... ?

— Холодильник купил. А вот телевизор и стиральную машину ещё нет. Да что ты всё спрашиваешь! Лучше приезжай! Сам всё посмотришь!

— .... ?

— Прямо сейчас или завтра после семи.

— .... ?

— Едешь до метро «Профсоюзная». Дальше пешком. Записывай адрес: ул. Профсоюзная, д. 40. Всё, жду! Пока!

— Пока!

19. *а) Посмотрите план улицы. Расскажите, где находится дом, в котором вы живёте, дополнив данный текст.*

Дом, в котором я живу, находится напротив ..., между ... и ... . Рядом с домом, чуть левее, ... Близко от дома, сразу за спортивной площадкой ... . Остановка автобуса на ... . Немного подальше от дома находится ... , в который мы часто ходим гулять. Из окон дома видна ..., за которой сразу начинаются ... .

б) Нарисуйте план вашей улицы. Объясните, где находится ваш дом.

20. *а) Расскажите о своём доме, используя в качестве плана данные вопросы.*

1. Где находится ваш дом?
2. Что находится рядом с вашим домом?
3. Сколько этажей в вашем доме?
4. На каком этаже вы живёте?
5. Есть ли лифт в вашем доме?
6. Сколько комнат в вашей квартире?
7. Куда выходят окна комнат в вашей квартире?
8. Какие удобства есть в вашей квартире?
9. Какие комнаты есть в вашей квартире?
10. Есть ли у вас собственная комната?
11. Какая мебель есть в комнате, в которой вы живёте и где что стоит?
12. Какую мебель вы бы ещё хотели купить и куда вы хотели бы её поставить?

б) Используя в качестве плана вопросы упр. 20а, расскажите о доме, который у вас будет в будущем.

2. Моем, чистим, убираем...

☑ *ЛЕКСИКА*

21. *а) Прочитайте слова, которые используются, когда говорят о ремонте или уборке в доме. Уточните их значение по словарю.*

Белить, вешать, вытирать, гладить, клеить, красить, мыть, подметать, пылесосить (пылесос), стелить, стирать, убирать.

б) Используя информацию упр. 21а, заполните таблицу, вписав слова в соответствующую графу.

Уборка	Ремонт
убирать	белить
...	...

в) Прочитайте слова. Уточните их значение по словарю.

Бельё, обои, постель, пыль.

г) Прочитайте диалоги. Обратите внимание на использование слов, данных в упр. 21а,в.

①

— Пак и Кумар пойдут с нами в музей?
— Что ты! У них ремонт. Я был у них пять минут назад. Пак белит потолки. Кумар красит окна и двери. А потом они собираются вместе клеить обои.
— А где Тьен?
— Пошёл гладить джинсы. Он хочет пригласить Пань Минь в музей.

②

— Анна Мария, где Пань Минь?

— Она вешала бельё на балконе, а сейчас, по-моему, пошла мыть посуду.

— Вы пойдёте в музей?

— Нет, у нас генеральная уборка. Сегодня мы убираем нашу комнату.

— Видишь, я подметаю, а потом буду мыть полы, а Пань Минь вытирать пыль.

③

— У меня брюки совсем грязные. Не знаю, можно ли их стирать ...

— Думаю, что можно.

④

— Что ты делаешь?

— Стелю постель.

— Ещё рано.

— Знаю, но я хочу спать. Я вчера спал всего три часа и не выспался. Поэтому решил лечь сегодня пораньше.

⑤

— Алло!

— Катя, это ты?

— Да, это я.

— Такой шум. Ничего не слышно.

— Это моя мама пылесосит ковёр. Сейчас я уйду в другую комнату. Подожди минутку.

д) Используя информацию упр. 21г, образуйте из данных слов словосочетания.

1.
1. пылесосить	а) пыль
2. подметать	б) бельё
3. убирать	в) пол
4. стирать	г) картину
5. вытирать	д) квартиру
6. вешать	е) ковёр

2.
1. красить	а) одежду
2. белить	б) обои
3. клеить	в) полы, стены
4. мыть	г) постель
5. стелить	д) посуду
6. гладить	е) потолок

22. *а). Прочитайте слова. Уточните их значение по словарю.*

Матрас, наволочка, одеяло, пододеяльник, подушка, полотенце, простыня.

б) Используя информацию упр. 22а, заполните таблицу, вписав слова в соответствующую графу.

Постель	Постельное бельё
матрас ...	наволочка ...

в) Прочитайте диалоги. Обратите внимание на использование слов, данных в упр. 22а.

①

— Здравствуйте! Я хочу сдать постельное бельё.

— Пожалуйста. Так, наволочка есть, простыня есть, пододеяльник и полотенце тоже. Возьмите чистое постельное бельё.

— Спасибо.

②

— Тьен, ты снова уезжаешь в Воронеж?

— Да, а что?

— Можно я возьму твоё одеяло. А то мне ночью холодно.

— Конечно, возьми. Можешь взять и подушку.

— Спасибо.

159

23. *а) Обратите внимание на значения приставки* **пере-.**

СДЕЛАТЬ ВСЁ	ИЗМЕНИТЬ ЧТО-ЛИБО
Перемыть посуду.	Переодеть рубашку.

б) Прочитайте диалог. Обратите внимание на использование приставки **пере-.**

— Анна Мария, я перемыла всю посуду. Чем я могу тебе помочь?
— Вытри пыль и помоги перестелить постель.
— Сейчас. Я только переодену платье.

в) Выразите ту же мысль иначе.

   Образец: Моя сестра вымыла всю посуду. — Моя сестра **пере**мыла посуду.

1) Нам не понравились обои в комнате, и мы наклеили новые обои. 2) Нам не понравился цвет, в который была покрашена дверь, и мы покрасили её снова. 3) Мне не понравилось, как я постелила постель, поэтому я постелила её снова. 4) Мама выстирала всё бельё. 5). Я погладила всю одежду. 6) Брат вымыл все чашки.

24. *а) Посмотрите на рисунки и прочитайте подписи под ними.*

выключатель   розетка   лампочка   кран   замок

б) Обратите внимание на использование данных слов.

не работает сломался	выключатель кран замок	течёт не открывается не закрывается	кран
потерялся сломался	ключ	потерялся сломался	ключ
не работает сломалась	розетка	перегорела	лампочка

в) Обратите внимание на значения данных слов.

Электрик — специалист, который ремонтирует выключатели, розетки и т. д.
У нас не работает розетка. Нужно вызвать <u>электрика</u>.

Сантехник — специалист, который ремонтирует краны, унитазы и т. д.
У нас течёт кран. Нужно вызвать <u>сантехника</u>.

Слесарь — специалист, который ремонтирует замки.
У нас поломался замок. Нужно вызвать <u>слесаря</u>.

Плотник — специалист, который ремонтирует двери, окна и т. п.
У нас не закрывается окно. Нужно вызвать <u>плотника</u>.

г) Прочитайте диалоги. Скажите, каких специалистов и почему нужно вызвать студентам.

— Девочки, почему вы сидите в темноте?
— У нас сломался выключатель.
— Может, лампочка просто перегорела.
— Нет, лампочка у нас новая.

— Тогда нужно вызвать электрика.

— А вы знаете, как это сделать?

— Нужно написать в журнал заявку на ремонт.

— А где находится этот журнал?

— Пойдёмте со мной. Мне как раз нужно вызвать сантехника. У меня в ванной течёт кран.

— Тьен, ты подождёшь нас? Мы скоро вернёмся.

— Нет, я пойду с вами. Мне тоже нужно написать заявку на ремонт. У меня в комнате не открывается окно.

②

— Здравствуйте! У нас в комнате не работает выключатель. Нам нужно вызвать электрика. Дайте, пожалуйста, журнал. Я хочу написать заявку.

— Пожалуйста. Вот здесь напишите, пожалуйста, сегодняшнее число. Здесь укажите время.

— Пань Минь, сколько сейчас времени?

— Половина пятого.

— Вот здесь пишите 16.30. Теперь номер комнаты. А здесь распишитесь. Это всё.

— Спасибо.

③

— Здравствуйте! Электрика вызывали?

— Да. Проходите, пожалуйста.

— Что у вас случилось?

— Сломался выключатель.

— Где? В комнате, в ванной, в коридоре?

— В комнате.

— Покажите, пожалуйста.

— Вот здесь.

— Сейчас посмотрим... Так, всё в порядке. Я поставил вам новый выключатель. Проверьте, как работает.

— Всё в порядке. Спасибо.

д) *Прочитайте записи в журнале. Скажите, когда, кого и почему вызывали студенты.*

Образец: 16 октября 2005 года в половине пятого в комнату 605 вызвали электрика, потому что в комнате не работал выключатель.

Дата	Время	№ комнаты	Причина вызова	Подпись
2.11.2005	10.15.	412	*Не работает розетка*	
13. 12. 2005	13.10.	829	*Не работает кран*	
9.01.2006	8.30.	538	*Не открывается окно*	
28.02.2006	19.45.	674	*Сломался замок*	
3.03.2006	11.35.	8 этаж, коридор	*Перегорела лампочка*	
17.04.2006	15.40	285	*Плохо закрывается дверь*	

25. а) Обратите внимание на значения частиц -*то* и *кое-*.

-то	кое-	
ГОВОРЯЩИЙ НЕ ИМЕЕТ ИНФОРМАЦИИ О ТОМ, КТО, КОГДА ИЛИ ГДЕ СОВЕРШАЕТ ДЕЙСТВИЕ	ГОВОРЯЩИЙ ИМЕЕТ ИНФОРМАЦИЮ, НО ПОКА НЕ НАЗЫВАЕТ ЕЁ КОНКРЕТНО	ДЕЙСТВИЕ ОХВАТЫВАЕТ ЧАСТЬ ОДНОРОДНЫХ ОБЪЕКТОВ
Кто-то стучит в дверь. Не знаю, кто это может быть.	Сейчас я вам кое-что расскажу.	Кое-что я уже сделал, но не всё.

*б) Прочитайте диалоги. Обратите внимание на использование частиц **-то** и **кое-**.*

①

— Анна Мария, кое-кто опять не убрал за собой постель. Ты не знаешь, кто?

— Ну, я. Сейчас я её уберу. У меня просто не было времени.

— Между прочим, сегодня твоя очередь убирать комнату...

— А я уже кое-что сделала. Вот посмотри! Пыль вытерла, книги поставила на полку. Осталось только подмести и помыть полы.

— А этот учебник почему лежит на столе?

— Это не наш учебник. Наверное, кто-то из мальчиков его оставил. Пусть пока лежит на столе. Его же наверняка будут искать.

②

— Девочки, здравствуйте!

— Здравствуй, Пак!

— Представляете, я где-то оставил учебник. А у меня завтра семинар. Что делать, просто не знаю...

— Посмотри вот там, на столе. Это не твой учебник?

— Ну, конечно, мой. Спасибо вам большое.

— Не за что.

*в) Используя информацию упр. 25а, вместо точек употребите слова **кто-то**, **когда-то**, **где-то**, **кое-что**, **кое-где**.*

1) Мне ... говорил, что в этом магазине продаются хорошие и недорогие обои. 2) — Ты уже купила всё для ремонта? — ... купила, но не всё. 3) — Я знаю, что вы ... жили во Владивостоке. — Да, жил. А теперь вот купил квартиру в Москве и занимаюсь её ремонтом. 4) ... на этой улице есть магазин, в котором можно купить всё, что нам нужно для ремонта. Вот только я не помню, в начале или в конце улицы. 5) Я хочу тебе ... рассказать. Ты ведь ещё не знаешь, что я купила новый пылесос. 6) Я ... делаю по дому, но в основном, конечно, домашним хозяйством занимается мама. 7) Ты плохо убрал свою комнату. ... осталась пыль. 8) ... убрал мою комнату. Наверное, сестра, а может быть, мама.

 ГРАММАТИКА

> 1. Трудные случаи спряжения глаголов.
> 2. Краткая форма пассивных причастий.

26. *а) Образуйте от данных глаголов совершенный вид.*

Белить — **по**белить: клеить, гладить, красить, стирать, мыть, стелить.

б) Продолжите спряжение данных глаголов.

	(по)гладить	**(по)красить**	**(по)мыть**	**(по)стелить**
я	глажу	крашу	мою	стелю
ты	гладишь	красишь	моешь	стелешь
он	...	...	...	...

*в) Вспомните спряжения глаголов **вешать**, **вытирать**, **подметать**, **убирать**, **стирать**, **клеить**, **белить**.*

г) Обратите внимание на образование совершенного вида от данных глаголов.

вешать — повесить	подметать — подмести	убирать — убрать
вытирать — вытереть	пылесосить — пропылесосить	

д) Продолжите спряжение данных глаголов.

	повесить	**пропылесосить**	**подмести**	**убрать**	**вытереть**
я	повешу	пропылесошу	подмету	уберу	вытру
ты	повесишь	пропылесосишь	подметёшь	уберёшь	вытрешь
он	…	…	…	…	…

е) Обратите внимание на образование прошедшего времени от данных глаголов.

	вытереть	**подмести**
он	вытер	подмёл
она	вытерла	подмела
они	вытерли	подмели

ж) Используя информацию упр. 26а–д, вместо точек употребите слова в скобках в нужной форме.

1) Каждую субботу я … ковёр в своей комнате. В прошлую субботу я … ковёр. Но в следующую субботу ко мне придут гости, поэтому я … ковёр в пятницу (пылесосить, пропылесосить). 2) Вчера я … полы на кухне, а завтра … полы в коридоре. Я каждый день … полы (подметать, подмести). 3) Она … квартиру два раза в неделю. Но на прошлой неделе она была занята, поэтому она … квартиру только один раз. На следующей неделе она тоже будет занята, поэтому она … квартиру тоже только один раз (убирать, убрать). 4) Я … окна один раз в год. Одно я уже … в начале мая, а остальные два … через неделю (мыть, помыть). 5) — Скажи ей, что она забыла … свою юбку. — Ну и что! Завтра … . Она всё равно каждый день что-нибудь … (стирать, постирать). 6) В прошлом году мы … потолки и … обои, а в этом году хотим … двери и окна. Вот и получается, что каждый год мы что-нибудь … , … да … . (белить, побелить; клеить, переклеить; красить, покрасить). 7) Каждый раз, когда я прихожу из института, я … куртку на вешалку в коридоре. А вчера я случайно … её в шкаф, а потом долго искал (вешать, повесить). 8) Я … пыль через день. В понедельник я … пыль во всех комнатах. А в среду я … пыль ещё раз (вытирать, вытереть).

27. *а) Образуйте от данных глаголов пассивные причастия прошедшего времени. В случае затруднения воспользуйтесь Грамматическим комментарием, п. 17.5.*

Сломать, отремонтировать, открыть, сделать, купить (п/пл), вытереть, вымыть, постелить, убрать, закончить, вызвать, написать, сдать.

б) Обратите внимание на образование краткой формы пассивных причастий прошедшего времени.

Глагол СВ, переходный	Полное причастие	Краткая форма			
		он	**она**	**оно**	**они**
закончить сделать открыть	закончен/ный сделан/ный открыт/ый	закончен сделан открыт	закончена сделана открыта	закончено сделано открыто	закончены сделаны открыты

в) Используя информацию упр. 27б, образуйте от глаголов упр. 27а краткую форму пассивных причастий.

28. *а) Обратите внимание на способы выражения времени в конструкциях с краткими пассивными причастиями.*

СОСТОЯНИЕ В БУДУЩЕМ	АКТУАЛЬНОЕ СОСТОЯНИЕ	СОСТОЯНИЕ В ПРОШЛОМ
Через 15 минут окно будет открыто.	Сейчас окно открыто.	Окно было открыто 15 минут, (а теперь оно закрыто).

б) Выразите ту же мысль иначе.

Образец: Ремонт в комнате № 5 закончили? — Да, ремонт в комнате № 5 закончен.

1) Для ремонта всё купили? 2) Пыль вытерли? 3) Посуду помыли? 4) Окно закрыли? 5) Учебники убрали со стола? 6) Генеральную уборку сделали? 7) Электрика вызвали? 8) Дверь отремонтировали? 9) Постель постелили? 10) Замок отремонтировали?

1*

в) Используя информацию упр. 28а, ответьте на вопросы.

Образец: Когда же закончат ремонт? (два дня) — Думаю, ремонт будет закончен через два дня.

1) Когда же вам отремонтируют замок? (завтра) 2) Когда же уберут комнату? (вечером) 3) Когда же закроют окно? (15 минут) 4) Когда же сдадут постельное бельё? (5 минут) 5) Когда же вызовут сантехника? (понедельник)

г) Используя информацию упр. 28а, ответьте на вопросы.

Образец: Пак и Кумар закончили ремонт? (два дня) — Да, ремонт был закончен два дня назад.

1) Ты не знаешь, обои уже купили? (прошлая неделя) 2) Заявку на ремонт выключателя написали? (ещё вчера) 3) Посуду вымыли? (ещё утром) 4) Скажите, а слесаря вызвали? (полчаса назад) 5) Когда сделали ремонт в общежитии? (прошлый год)

 ЧТЕНИЕ

а) Проверьте, знаете ли вы следующие слова и словосочетания. В случае необходимости обратитесь к словарю.

Задача, ловить такси, обсуждать, поболтать, трогать, утюг.

б) Прочитайте текст. Скажите, можно ли назвать этого человека деловым?

ДЕЛОВОЙ ЧЕЛОВЕК

В воскресенье я решил убрать квартиру. Сделать нужно было много: пропылесосить ковры, вытереть пыль, помыть полы, постирать и погладить бельё. Поэтому я поднялся в девять утра, включил утюг, чтобы погладить себе кое-какую одежду, пустил в ванну воду, чтобы кое-что постирать, поставил на газ чайник и начал пылесосить ковёр у себя в комнате. И вдруг вспомнил, что обещал забежать к приятелю и помочь ему решить задачу по математике. Через десять минут я был у него. Мы начали решать задачу, но тут я вспомнил, что обещал родителям покрасить дверь. Через тридцать минут я был у родителей. Я начал красить дверь. Дверь была уже покрашена наполовину, но тут я вспомнил, что обещал своей соседке, у которой недавно был сделан ремонт в квартире, помочь повесить на стену книжные полки. Я только успел крикнуть родителям, чтобы без меня ничего не трогали, и бросился ловить такси. Мы долго обсуждали с соседкой, где лучше всего будут смотреться эти полки, а заодно поболтали о том, что и у меня в квартире было бы неплохо побелить потолки и переклеить обои. Потом она попросила меня отремонтировать пылесос, и я подумал, что работы хватит до вечера. Вдруг я вспомнил, что у меня дома не снят с огня чайник, не закрыта в ванной вода и не выключен утюг и пылесос...

в) Прочитайте текст ещё раз. Ответьте на вопросы.

1. Что планировал сделать герой рассказа у себя дома в воскресенье?
2. У кого он был в воскресенье?
3. Почему герой рассказа поехал к другу?
4. Зачем герой рассказа поехал к родителям?
5. Почему герой рассказа поехал к соседке?
6. О чём герой рассказа вспомнил, когда был у соседки?
7. Что сделал герой рассказа за день?

г) Расскажите текст от лица друга героя рассказа, от лица его родителей, от лица его соседки, которые потом узнали, что случилось.

 АУДИРОВАНИЕ

29. *Вы решили отремонтировать свою комнату. Прослушайте рекламные объявления. Запишите адрес фирмы, которая продаёт обои.*

30. *Прослушайте диалог. Ответьте на вопрос: «Что успела сделать по дому Катя?»*

31. *Прослушайте диалог. Ответьте на вопрос: «Какое постельное бельё сдал студент?»*

32. *Прослушайте диалоги. Ответьте на вопрос: «С кем разговаривают студенты?»*

🗣 ГОВОРЕНИЕ

33. *а) К вам пришёл мастер. Объясните ему, что он должен отремонтировать. Используя информацию упр. 24а-в, восстановите недостающие реплики диалога.*

①

— Электрика вызывали? Что случилось?
— ....

②

— Слесаря вызывали? Что случилось?
— ....

③

— Сантехника вызывали? Что случилось?
— ....

б) Составьте диалог по данной ситуации.

Вам нужно сдать и получить постельное бельё. Поздоровайтесь, объясните, зачем вы пришли, скажите, какое постельное бельё вы хотите сдать.

34. *Расскажите о своём отношении к работе по дому, используя в качестве плана данные вопросы.*

1. Как вы думаете, работа по дому трудная или лёгкая?
2. Какую работу по дому вы любите, а какую нет?
3. Как вы думаете, ваша мама много делает по дому? Она устаёт?
4. Помогаете ли вы своей маме? Какую работу по дому вы делаете?
5. Помогают ли маме по дому ваши братья и сёстры? Какую работу по дому они делают?
6. Должны ли мужчины помогать женщинам по дому? Что они должны, по вашему мнению, делать по дому?
7. Помогает ли ваш папа маме по дому? Какую работу он делает?
8. Как вы думаете, ваша мама рада, когда ей помогают по дому?
9. Как вы думаете, зачем нужно помогать маме?

3. Бытовое обслуживание

☑ ЛЕКСИКА

35. *Обратите внимание на конструкцию, с помощью которой объясняют, что нужно сделать с той или иной вещью.*

Мне надо (нужно)	отремонтировать	обувь.
Я хотел(а) бы	починить	часы.
Вы можете	…	

Ремонт обуви

36. *а) Посмотрите на рисунок. Используя рисунок, закончите предложения.*

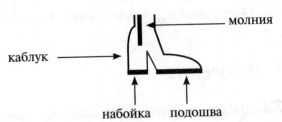

1. У меня поломался (оторвался) ...

2. У меня отклеилась (оторвалась) ...

3. У меня стёрлась ...

4. У меня поломалась (разошлась) ...

б) Прочитайте диалог. Скажите, зачем клиент пришёл в мастерскую.

— Здравствуйте! Я хотела бы отремонтировать туфли.
— Что с туфлями?
— Стёрлась набойка.
— Вы хотите отдать туфли в срочный ремонт или в обыкновенный?
— В обыкновенный.
— Туфли будут готовы завтра. Мы работаем с 9.00 до 20.00. С вас 120 рублей. Возьмите квитанцию.
— Спасибо.

Ремонт часов

37. *а) Прочитайте слова, которые используются при описании поломки часов.*

У меня	сломались испортились остановились	часы.	У меня	спешат отстают не идут	часы.

б) Посмотрите на рисунки. Соотнесите последние три рисунка с первым, на котором часы показывают точное время. Скажите, что случилось с часами.

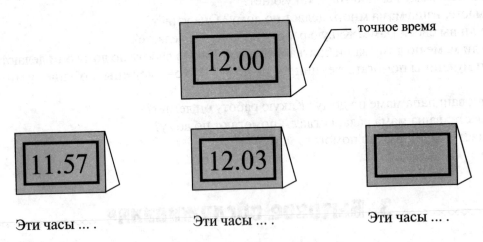

Эти часы ... .   Эти часы ... .   Эти часы ... .

в) Прочитайте диалог. Скажите, зачем клиент пришёл в мастерскую.

— Вы можете отремонтировать часы?
— Что с часами?
— Они спешат на пятнадцать минут.
— Давайте я посмотрю. Приходите за часами во вторник в течение дня. Вот ваша квитанция.
— Сколько с меня?
— С вас 180 рублей.
— Спасибо.

Гарантийные мастерские

38. *а) Посмотрите на рисунки и прочитайте подписи под ними.*

компьютер   монитор   клавиатура   мышка

б) Прочитайте слова и словосочетания, которые используются при описании поломки компьютера.

Компьютер	не загружается. не включается. зависает.	Не работает	монитор. клавиатура. мышка.
	В компьютере не работает		видеокарта. звуковая карта. CD-ROM.

в) Прочитайте диалог. Скажите, зачем клиент пришёл в гарантийную мастерскую.

— Что у вас?
— Компьютер не работает.
— Что с ним?
— Не загружается.
— Компьютер на гарантии?
— Да, вот гарантийная книжка.
— Приходите в понедельник. К понедельнику, я думаю, мы ваш компьютер отремонтируем.

39. *а) Посмотрите на рисунки и прочитайте подписи под ними.*

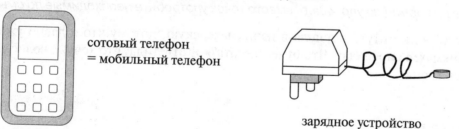

сотовый телефон
= мобильный телефон

зарядное устройство

б) Прочитайте слова и словосочетания, которые используются при описании поломки мобильного телефона.

Не работает	динамик. аккумулятор. зарядное устройство.

в) Прочитайте диалог. Скажите, зачем клиент звонит в гарантийную мастерскую.

— Это мастерская?
— Да. Слушаю вас.
— У меня сломался мобильный телефон.
— Он на гарантии?

— Да, я купил его два месяца назад.

— Какой марки ваш телефон?

— «Самсунг».

— Что с телефоном?

— Не работает динамик. Когда к вам можно приехать и как до вас доехать?

— Мы работаем каждый день, кроме воскресенья, с 9.00 до 20.00 без перерыва на обед. Мы находимся недалеко от станции метро «Динамо», в доме, на котором написано «Мебель». Магазин на первом этаже, а мы — на втором.

— Спасибо.

Парикмахерская

40. *а) Образуйте из данных слов словосочетания.*

1. подстричь (стричь)   а) голову
2. вымыть (мыть)   б) причёску
3. сделать (делать)   в) волосы, чёлку

б) Обратите внимание на синонимию данных словосочетаний.

> подстричь волосы = сделать стрижку = подстричься

в) Прочитайте диалог. Скажите, зачем клиент пришёл в парикмахерскую.

— Садитесь, пожалуйста, в это кресло. Что будем делать?

— Я хотела бы сделать стрижку.

— Голову мыть будете?

— Нет, спасибо.

— Как вас подстричь?

— Подстригите, пожалуйста, так, чтобы волосы были до плеч.

— А чёлку? Подлиннее или покороче?

— До бровей, пожалуйста.

г) Используя информацию упр. 40а,б, вместо точек употребите необходимые по смыслу слова.

После занятий в институте я пошла в парикмахерскую, потому что я давно уже хотела ... и ... причёску. Парикмахер спросила: «Что будем делать?» Я ответила, что хочу ... волосы. «Будете ... голову?» — спросила она.

☒ *ГРАММАТИКА*

> 1. Употребление краткой и полной формы пассивных причастий.
> 2. Употребление модальных глаголов для выражения желательности, возможности/невозможности, необходимости действия.

41. *а) Обратите внимание на использование полной и краткой форм пассивных причастий.*

ПОЛНАЯ ФОРМА			КРАТКАЯ ФОРМА	
S	какая?	Pr	S	Pr
Квитанция, **выписанная** в мастерской, лежала на столе.			Квитанция (была) выписана вчера.	

б) Используя информацию упр. 41а, употребите вместо точек причастие в полной или краткой форме, образовав его от глагола, данного в скобках.

1) Вчера я два часа искал гарантийную мастерскую, ... в незнакомом мне районе Москвы. Гарантийная мастерская ... в незнакомом мне районе Москвы, поэтому вчера я два часа её искал (расположить). 2) Туфли ... в пятницу, но у меня не было времени, и я забрал их из мастерской только во вторник. У меня не было времени, поэтому туфли, ... в пятницу, я забрал только во вторник (отремонтировать). 3) Компьютер, ... мне родителями на день рождения, стал для меня лучшим подарком. Этот компьютер ... мне родителями на день рождения в прошлом году (подарить). 4) В мобильном телефоне, ... мною неделю назад, почему-то плохо работает аккумулятор. Мобильный телефон ... всего неделю назад, но в нём уже не работает аккумулятор (купить). 5) Я осталась очень довольна причёской, ... мне сегодня парикмахером. Сразу видно, что причёска ... очень хорошим парикмахером (сделать). 6) Недалеко от станции «Менделеевская», ... в честь великого русского учёного-химика Дмитрия Ивановича Менделеева, находилась гарантийная мастерская, которую я так долго искал. Станция метро «Менделеевская», недалеко от которой находилась гарантийная мастерская, ... в честь великого учёного-химика Дмитрия Ивановича Менделеева (назвать). 7) Когда мы пришли в мастерскую, она уже была ... . Нам сказали, что мастерская, ... сегодня по техническим причинам, завтра обязательно будет работать (закрыть). 8) В часы, случайно ... мною, мастер вставил новое стекло. К сожалению, часы очень сильно ..., и их нельзя отремонтировать (разбить). 9) Я не могу надеть эти туфли: в них ... каблук. Каблук, ... вчера вечером по дороге домой, невозможно починить (сломать). 10) В обувной мастерской, ... недавно, очень низкие цены. Мастерская ... недавно, поэтому там очень низкие цены (открыть).

42. *а) Обратите внимание на значения модальных слов.*

ЖЕЛАЕМОЕ ДЕЙСТВИЕ	ВОЗМОЖНОСТЬ/НЕВОЗМОЖНОСТЬ	НЕОБХОДИМОСТЬ
Я | хочу / хотел бы | + инф.	Я | (не) могу | + инф.	Я | должен | Мне | надо (нужно) / необходимо | + инф.
Я хотел бы сдать в ремонт часы.	Вы можете починить молнию?	1. Я должна сегодня сдать в ремонт туфли. 2. Мне надо сегодня сдать в ремонт туфли.

б) Используя информацию упр. 42а, вместо точек употребите слова в скобках в нужной форме. В случае затруднения воспользуйтесь Грамматическим комментарием, п. 3.3.

1) ... (Брат) надо сдать ботинки в ремонт. 2) У сестры сломался компьютер, ... (сестра) необходимо узнать, где находится гарантийная мастерская. 3) ... (Родители) надо помочь отремонтировать квартиру. 4) ... (Отец) нужно отремонтировать часы. 5) ... (Мать) необходимо купить новые сапоги. 6) ... (Студенты) необходимо сделать фотографии для студенческого билета. 7) ... (дочь) надо купить мобильный телефон. 8) ... (Дети) нужно меньше смотреть телевизор.

в) Используя информацию упр. 42а, вместо точек употребите слова в скобках в нужной форме. В случае затруднения воспользуйтесь Грамматическим комментарием, п. 13.1.

1) ... (Я) хотел бы сделать набойки. 2) ... (Ты) можешь сходить в мастерскую сама? 3) ... (Он) нужно поехать в банк. 4) ... (Мы) должны сегодня сдать постельное бельё. 5) (Вы) необходимо сделать фотографии для паспорта. 6) ... (Он) хочет отремонтировать часы. 7) ... (Они) надо сегодня убрать в квартире.

*г) Вспомните спряжение глаголов **хотеть** и **мочь**. В случае затруднения воспользуйтесь Грамматическим комментарием, п. 15.3. и 15.4.*

169

д) Используя информацию упр. 42а, вместо точек употребите необходимое по смыслу модальное слово в нужной форме.

1) Вы ... отдать туфли в срочный ремонт или в обыкновенный? 2) Мне ... сделать фотографию на паспорт. 3) Я не могу сегодня пойти в кино. Я ... взять мобильный телефон из ремонта. 4) В первый же вечер я разбила часы и ... была на следующий день сдать их в ремонт. 5) Скажите, пожалуйста, вы ... отремонтировать молнию? 6) Вы не ... посмотреть и звуковую карту? Мне кажется, что она плохо работает. 7) — Что бы вы ... ? — Я ... сделать стрижку.

43. *а) Обратите внимание на использование совершенного и несовершенного видов глагола при отрицании.*

кому	нужно надо	+ инф. *сов. в.*	кому	не	нужно надо	+ инф. *несов. в.*
кто	должен хочет	+ инф. *сов. в.*	кто	не	должен хочет	+ инф. *несов. в.*

б) Используя информацию упр. 43а, замените утвердительные предложения отрицательными.

1) Мне нужно сделать набойки. 2) Я должен в пятницу убрать в комнате. 3) Она хочет пойти в парикмахерскую. 4) Им надо позвонить в гарантийную мастерскую. 5). Им нужно отремонтировать часы. 6) Я хочу подстричься. 7) Я должен сфотографироваться на паспорт. 8) Я хочу сдать постельное бельё. 9) Мне нужно постирать бельё. 10) Я должен поехать сегодня в банк. 11) Я должен взять туфли из мастерской. 12) Мне нужно вымыть голову.

ЧТЕНИЕ

Текст 3

а) Проверьте, знаете ли вы следующие слова. В случае необходимости обратитесь к словарю.

Батарейки, дорожить чем-либо, заводить часы, запасные части, корпус, поцарапать, расстроился, ремешок, смазать часы, стрелка часов, трясти, циферблат.

б) Прочитайте текст. Скажите, а у вас есть вещи, которые вам дороги. Почему они вам дороги?

КАК Я СТАРЫЕ ЧАСЫ РЕМОНТИРОВАЛ

У меня двое часов. Одни я ношу очень часто. Это хорошие модные дорогие современные часы с красивым циферблатом. Работают они на батарейке.

Другие — механические. У них жёлтый корпус, немодный циферблат, поцарапанное стекло. При каких обстоятельствах было поцарапано стекло, конечно, уже никто не помнил. Эти часы на старом кожаном ремешке остались мне от деда. Он купил их пятьдесят лет назад, а потом мне подарил на память. Называются они «Победа». Это в честь победы в войне с фашистской Германией в 1945 году. Дед воевал на той войне. Часы носил с гордостью. «Моя победа всегда со мной», — говорил дед.

Я их очень люблю и очень ими дорожу. Надеваю я эти часы нечасто: только в самые важные моменты своей жизни. Они были со мной, когда я сдавал вступительные экзамены в институт, когда получал диплом, когда первый раз пошёл на работу.

Уже полстолетия большая и маленькая стрелки часов ходят по кругу, а секундная отсчитывает секунды. Очень надёжными оказались часы, сделанные 50 лет назад. А недавно я заметил, что они стали отставать, потом спешить. Потом совсем остановились. Я их тряс, заводил, но ничего не помогало. Не идут старые часы. Сломались. Я был очень расстроен. «Лучше бы вторые часы испортились», — подумал я. Такие в любой часовой мастерской можно отремонтировать. А где найти запасные части к часам, которые были куплены несколько десятилетий назад, ещё в двадцатом веке?

Я стал искать мастера. Но во всех мастерских, на которых было написано «Ремонт часов», мне помочь отказывались. «Старый механизм окончательно испортился», — говорили мастера, даже не открывая часы. — Лучше купите новые часы».

Но я всё же нашёл часовщика, взявшегося отремонтировать часы. Этого пожилого мастера я нашёл на окраине города.

— Так что там у вас? — сказал он

— Да вот, «Победа» остановилась.

— «Победа»? Замечательные часы, у меня самого такие были. Я их потерял, к сожалению.

— А где же запасные части взять? Часы ведь старые... — спросил я.

— Для начала я их посмотрю. Может, действительно, они поломались так, что их отремонтировать уже нельзя... Приходите через два дня.

— Уважаемый мастер, — сказал я, — отремонтируйте часы. Пожалуйста. Это память о деде. С этими часами связано столько воспоминаний ...

— Не буду обещать. Если смогу — отремонтирую....

Прошло два дня. Я приехал к мастеру.

— Я не ремонтировал часы, — сказал мне мастер.

Я сильно расстроился. Значит, всё? Я бы с удовольствием отдал свои современные дорогие часы за старую «Победу».

— Неужели ничего нельзя сделать? — спросил я в отчаянии.

— Вы меня неправильно поняли, — засмеялся мастер. — Я их не ремонтировал потому, что они исправны. Я их просто почистил и смазал. Носите на здоровье. Я же говорил, что «Победа» — замечательные и надёжные часы...

Вот такая история произошла с часами. Они и сейчас ходят, напоминают мне о деде. Хорошие часы «Победа». Мне кажется, самые лучшие...

в) Прочитайте текст ещё раз. Ответьте на вопросы.

1. Сколько часов было у героя рассказа?
2. Какие часы и почему он любил больше?
3. В каких случаях герой рассказа надевал вторые часы?
4. Что случилось с любимыми часами героя рассказа?
5. Почему герой рассказа был расстроен, когда понял, что часы сломались?
6. Куда он обращался, чтобы отремонтировать часы?
7. Что говорили ему часовщики?
8. Где он нашёл мастера, который решил помочь герою рассказа?
9. Почему мастер сказал, что он не ремонтировал часы? Что он сделал с часами?

г) Расскажите текст от третьего лица и от лица часовщика, взявшегося отремонтировать часы.

🎧 **АУДИРОВАНИЕ**

44. *Прослушайте диалоги. Ответьте на вопросы.*

①

1. Где происходит диалог?
2. Зачем клиент пришёл в мастерскую?

②

1. Что случилось с часами?
2. Когда можно прийти за часами?

③

1. Зачем клиент пришёл в мастерскую?
2. Почему клиент должен прийти в мастерскую в пятницу?

④

1. Почему клиент звонит в мастерскую?
2. Когда можно приехать в мастерскую?
3. Как доехать до мастерской?

⑤

1. Зачем клиент пришёл в парикмахерскую?
2. Почему клиент отказался мыть голову?

171

ГОВОРЕНИЕ

45. *а) Вы пришли в мастерскую по ремонту обуви. Используя информацию упр. 36а, восстановите недостающие реплики диалога.*

— ....

— Что с сапогом?

— ....

— Вам в срочный ремонт или в обыкновенный?

— ....

— Хорошо. Вот квитанция. Приходите завтра.

б) Вы пришли в часовую мастерскую. Используя информацию упр. 37а, восстановите недостающие реплики диалога.

— .... ?

— Конечно. Что с ними?

— ....

— Давайте часы. Возьмите квитанцию.

— ....

в) У вас сломался компьютер. Вы пришли в гарантийную мастерскую. Используя информацию упр. 38б, восстановите недостающие реплики диалога.

— Что у вас?

— ....

— Что с ним?

— ....

— Оставьте, пожалуйста, в мастерской. Возьмите квитанцию. Приходите через три дня.

г) У вас сломался сотовый телефон. Вы звоните в гарантийную мастерскую. Используя информацию упр. 39б, восстановите недостающие реплики диалога.

— Слушаю вас!

— .... ?

— Да.

— ....

— Какой марки телефон?

— ....

— Когда вы его купили?

— ....

— Гарантия есть?

— .... ?

— ул. Новинки, 19.

— .... ?

— Станция метро «Коломенская». Дальше едете на любом автобусе до остановки «Детский сад».

д) Вы пришли в парикмахерскую. Используя информацию упр. 40а, восстановите недостающие реплики диалога.

— .... ?

— Да, пожалуйста, садитесь. Что будем делать?

— ....

— Как вас подстричь?

— ....

— Вам помыть голову?

— ....

4. Ты можешь пойти со мной в магазин?

☑ *ЛЕКСИКА*

Книжный магазин

46. *а) Посмотрите на рисунки. Скажите, в каких отделах книжного магазина можно купить эти книги.*

б) Прочитайте диалог. Обратите внимание на форму обращения покупателя к продавцу в случае, если покупателю необходима помощь.

— Простите, вы мне не поможете?
— Слушаю вас.
— Мне нужен учебник «Экспресс-курс русского языка». Где он может быть?
— Пройдите в отдел учебной литературы. Там увидите надпись «Русский язык». Если учебник есть в продаже, то он должен быть на этих полках.

47. *а) Прочитайте названия предметов, которые можно приобрести в магазине «Канцелярские товары». Уточните их значение по словарю.*

Блокнот, бумага для черчения, краски, простые и цветные карандаши, резинка, тетрадь, фломастеры, (синяя, чёрная, красная, шариковая, гелевая) ручка.

б) Прочитайте диалог. Обратите внимание на формы речевого этикета, которые используются покупателями в магазинах.

— Будьте добры, дайте, пожалуйста, набор цветных карандашей.
— Вам какой набор нужен? Вот здесь 10 цветных карандашей, здесь — 20, а здесь — 40.
— Тот, в котором 10 карандашей.
— С вас 80 рублей.
— Пожалуйста.
— Спасибо за покупку.

в) Посмотрите на рисунки и прочитайте подписи под ними.

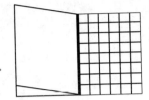

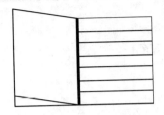

тонкая тетрадь в клетку (12—18 листов)   общая тетрадь в линейку (⩾ 48 листов)

г) Используя информацию упр. 47в, скажите, сколько тетрадей и какие тетради вам нужны.

Образец: Мне нужны две тонкие тетради в клетку и одна общая в линейку.

д) Используя слова для справок, соотнесите названия предметов с рисунками.

Слова для справок: треугольник, транспортир, линейка, циркуль.

а)   б)   в) 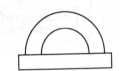   г)

е) Используя информацию упр. 47д, попросите нужные вам вещи у продавца.

Образец: Будьте добры, дайте, пожалуйста, циркуль за 120 рублей.

Одежда

48. *а) Попросите показать вам вещи данных размеров.*

Образец: Платье, 44. — Покажите, пожалуйста, платье сорок четвёртого размера.

1) Брюки, 48. 2) Мужской костюм, 50. 3) Сапоги, 37. 4) Мужские туфли, 42. 5) Женский костюм, 46. 6) Куртка, 52.

б) Обратите внимание на использование данных слов.

купить	брюки
посмотреть	костюм
выбрать	сапоги
примерить	

в) Прочитайте диалоги. Обратите внимание на использование слов, данных в упр. 48б.

— Анна Мария, давай сходим в магазин?

— Зачем?

— Мне надо купить куртку. А ты бы мне помогла её выбрать. А то я одна боюсь покупать дорогие вещи. Куплю ещё что-нибудь не то, что мне нужно.

— С удовольствием. Я люблю ходить по магазинам.

②

— Здравствуйте! Покажите, пожалуйста, вот такую куртку, но только 46-го размера.

— К сожалению, эти куртки только больших размеров. Посмотрите вот эти. Модель почти такая же, но есть ваш размер.

— Можно примерить?

— Конечно.

г) Используя информацию упр. 48б, вместо точек употребите необходимые по смыслу слова в нужной форме.

Вчера по дороге домой я зашла в магазин. Мне надо было ... джинсы. Я ... все джинсы, которые предложила мне продавщица, и ... тёмно-синие. Продавщица предложила мне их ... и показала, где находится примерочная кабина. Мне понравилось, как они на мне сидят, и я сказала продавщице, что я их беру.

49. *а) Прочитайте слова, которые используются, когда говорят о денежных расчётах. Уточните их значение по словарю.*

Мелочь, чек, сдача.

б) Прочитайте диалог. Обратите внимание на использование слов, данных в упр. 49а.

— С вас 155 рублей.
— Пожалуйста.
— Ваши 200 рублей. У вас есть мелочь? Дайте, пожалуйста, 5 рублей. У меня нет сдачи.
— Сейчас посмотрю. Вот, пожалуйста, 5 рублей.
— Возьмите 50 рублей сдачи.
— Дайте мне, пожалуйста, чек.
— Пожалуйста.

в) Используя информацию упр. 49а, вместо точек употребите необходимые по смыслу слова в нужной форме.

Вчера я ходил в магазин. Я купил рубашку за 210 рублей. Продавщице я дал 300 рублей. Продавщица спросила, есть ли у меня ... . Ей нужно было 10 рублей, чтобы дать мне 100 рублей ... . Я дал ей 10 рублей. Продавщица дала мне ... и 100 рублей ... .

Продукты

50. *а) Прочитайте слова. Уточните их значение по словарю.*

Баранина, макароны, говядина, гречневая крупа, колбаса, курица (куры), лосось, мука, растительное масло, рис, сарделька, сахар-рафинад, сахарный песок, свинина, сельдь, сосиска, треска, утка, шпроты, чай.

б) Обратите внимание на значения данных слов.

Бакалея — магазин или отдел в магазине, в которых продают чай, сахар, кофе, крупы, муку и т. д.

Гастрономия — магазин или отдел в магазине, в которых продают колбасу, сосиски и тому подобные изделия.

в) Используя информацию упр. 50а, заполните таблицу, вписав слова в соответствующую графу.

Бакалея	Гастрономия	Мясо	Рыба
макароны ...	сардельки ...	баранина ...	треска ...

г) Используя информацию упр. 50в, скажите, какие продукты вы чаще всего покупаете в магазине.

51. *а) Прочитайте слова. Уточните их значение по словарю.*

Арбуз, белый и чёрный хлеб, булочка, вафли, виноград, вишня, груша, йогурт, капуста, картофель (= картошка), кефир, клубника, конфета, лимон, лук, молоко, морковь, печенье, пирожное, пряник, сливочное масло, сметана, сыр, творог, торт, яблоко.

б) Используя информацию упр. 51а, заполните таблицу, вписав слова в соответствующую графу.

Хлеб	Молочные продукты	Кондитерские товары	Фрукты	Овощи
белый и чёрный хлеб ...	йогурт ...	вафли ...	арбуз ...	капуста ...

в) Обратите внимание, что данные существительные употребляются только в единственном числе.

хлеб печенье	виноград клубника лук морковь	капуста картофель (= картошка) молоко	кефир масло	сметана творог сыр

г) Используя информацию упр. 51а,б,в, скажите, какие продукты вы чаще всего покупаете в магазине.

52. *а) Обратите внимание на меры веса, которые используются в России.*

килограмм полкило грамм	**кг** **г**	литр пол-литра	**л**

б) Прочитайте диалог. Обратите внимание на использование слов, данных в упр. 52а.

— Здравствуйте! Дайте, пожалуйста, полкило печенья и 300 граммов вафель.
— Пожалуйста. С вас 78 рублей.

в) Попросите продать вам данные товары.

Образец: ½ кг (виноград) и 1 кг (яблоки). — Дайте, пожалуйста, полкило винограда и килограмм яблок.

1) 300 г (сыр) и ½ кг (колбаса). 2) 2 кг (свинина) и 1 кг (говядина). 3) 3 л (минеральная вода) и 1 л (газированная вода). 4) 600 г (сосиски) и 400 г (сардельки). 5) 2 кг (рис) и 1 кг (гречка). 6) ½ кг (творог) и 250 г (сметана). 7) ½ кг (морковь) и 5 кг (картофель). 8) 2 кг (лук) и 1 кг (клубника). 9) ½ л (растительное масло) и 2 кг (мука).

53. *а) Посмотрите на рисунки и прочитайте подписи под ними.*

пакет молока   пачка макарон   банка майонеза   банка шпрот   коробка конфет   бутылка пива

б) Используя информацию упр. 53а, вместо точек употребите необходимые по смыслу слова в нужной форме.

1) Дайте, пожалуйста, ... шоколадных конфет и ... печенья. 2) Надо купить ... кефира, ... майонеза, ... соли и 10 ... спичек. 3) Купи мне, пожалуйста, ... сока и ... лосося. 4) Два ... молока, пожалуйста. 5) Дайте, пожалуйста, ... сигарет. 6) Ты уже успела съесть целую ... шпрот!

☒ *ГРАММАТИКА*

> 1. Синонимия личных и безличных предложений.
> 2. Трудные случаи спряжения глаголов.
> 3. Повелительное наклонение.
> 4. Трудные случаи согласования количественных числительных с именами существительными в именительном и винительном падежах.

54. *а) Обратите внимание на употребление личных и безличных форм глагола.*

ЛИЧНЫЕ ФОРМЫ ГЛАГОЛОВ	БЕЗЛИЧНЫЕ ФОРМЫ ГЛАГОЛОВ
Я хочу купить себе платье.	Мне хочется купить себе платье.
Где я могу купить тетради?	Где можно купить тетради?
Я должен сходить в магазин.	Мне нужно (надо) сходить в магазин.

б) Используя информацию упр. 54а, выразите ту же мысль иначе.

1) Где я могу купить кефир? 2) Она должна обязательно купить сегодня транспортир и линейку. 3) Он хочет купить себе новый плащ. 4) Сестра хочет купить новое платье. 5) Где я могу купить часы? 6) Вы должны купить две общие тетради и две тонкие. 7) Перед началом учебного года студенты должны многое купить. 8) Девушки хотят пойти в магазин. 9) Саша должен купить родителям подарок на день рождения.

в) Используя информацию упр. 54а, выразите ту же мысль иначе.

1) Наташе хочется купить клубнику и вишню. 2) Сергею нужно заплатить за две общие тетради. 3) Девушке хочется примерить платье. 4) Брату нужно выбрать арбуз. 5) Андрею надо пойти в магазин за покупками. 6) Продавщице нужно дать сдачу. 7) Иностранцам хочется посмотреть московские магазины.

г) Используя информацию упр. 43а, замените утвердительные предложения в упр. 54в отрицательными.

55. *а) Продолжите спряжение данных глаголов.*

	купить	**взвесить**	**выбить**	**выбрать**	**отрезать**
я	куплю́	взвешу	выбью	выберу	отрежу
ты	ку́пишь	взвесишь	выбьешь	выберешь	отрежешь
он	…	…	…	…	…

б) Вспомните спряжение глагола **дать***. В случае затруднения воспользуйтесь Грамматическим комментарием, п. 15.4.*

56. *а) Образуйте повелительное наклонение от данных глаголов.*

1) посмотреть — я посмотрю — посмотр**ите**: сказать, взять, показать
2) купить —я куплю (он купит) — куп**ите**: доплатить
3) взвесить — я взвешу (он взвесит) — взвес**ьте**: отрезать, примерить

б) Используя информацию упр. 56а, вместо точек употребите слова в форме повелительного наклонения множественного числа.

1) ... (Купить) мне пачку сигарет. 2) ... (Сказать), где здесь книжный магазин? 3) ... (Взвесить) вот этот кусок мяса. 4) ... (Отрезать) вот этот кусочек. 5) ... (Взять) сдачу. 6) ... (Доплатить) два рубля. 7) ... (Примерить) этот костюм. 8) ... (Показать) туфли 37-го размера.

57. *Скажите, сколько стоят данные товары. В случае затруднения воспользуйтесь Грамматическим комментарием, п. 9.2.*

1) Хлеб — 6 руб. 50 коп. 2) Сливочное масло — 16 руб. 30 коп. 3) Мясо — 93 руб. 4) Колбаса — 112 руб. 5) Молоко — 16 руб. 50 коп. 6) Яйца (десяток) — 17 руб.

58. *а) Обратите внимание на образование множественного числа от слова* **человек** *и согласование этого слова со словами, выражающими количество.*

ЕДИНСТВЕННОЕ ЧИСЛО		МНОЖЕСТВЕННОЕ ЧИСЛО	
человек		**люди**	
несколько	человек	(не)много мало	людей

б) Образуйте родительный падеж множественного числа от данных существительных.

1) Ручки — ручек: линейки, вафли, вишни, булочки, сардельки, пачки.
2) Бутылки —бутылок: банки, коробки, сосиски.
3) Тетради — тетрадей: карандаши, циркули.

в) Используя информацию упр. 58а,б, вместо точек употребите слова в скобках в нужной форме.

Когда я пришёл в книжный магазин, в нём было немного ... (человек). Много ... (человек) было только в отделе «Канцелярские товары». Я встал в очередь. Передо мной стояло несколько ... (человек). Один из них купил несколько ... (простые и цветные карандаши). Второй человек купил много ... (тонкие тетради) в клетку и несколько ... (общие тетради) в линейку. Третий человек купил много ... (синие ручки) и пять ... (красные ручки). Я купил несколько ... (линейки и циркули) для себя и своих друзей.

г) Используя информацию упр. 58б, вместо точек употребите слова в скобках в нужной форме.

В магазине я купил килограмм ... (сосиски), полкило (сардельки), 300 граммов ... (вафли), 2 килограмма ... (вишни), 5 ... (булочки), 6 ... (банки) шпрот, несколько (пачка) сигарет и несколько ... (коробка) конфет.

 **ЧТЕНИЕ**

Текст 4

а) Проверьте, знаете ли вы следующие слова. В случае необходимости обратитесь к словарю.

Бульон, варёный, ветка, воин, воробей, горох (горошек) жареный, зал, замечать, икра, компот, копчёный, лань, лошадь (лошадиный), мешать, мороженое, пирожок, похвалить, рояль, слон, съедобный, фасоль.

б) Прочитайте текст. Почему рассказ называется «Что любит Мишка...»?

ЧТО ЛЮБИТ МИШКА ...

Один раз мы с Мишкой вошли в зал, где у нас бывают уроки пения. Борис Сергеевич сидел за роялем и что-то тихо играл. Мы с Мишкой сели на окно и сидели тихо, чтобы не мешать, а он нас не замечал и продолжал играть. Мне очень нравились радостные и приветливые звуки, и я долго мог бы так сидеть и слушать. Но Борис Сергеевич закрыл рояль, увидел нас и весело сказал:

— О! Какие люди! Сидят, как два воробья на ветке! Что скажете?

Я спросил:

— Что это вы играли, Борис Сергеевич?

Он ответил:

— Это Шопен. Я его очень люблю.

Я сказал:

— Понятно. Вы учитель пения, поэтому и любите разные песни.

Он сказал:

— Это не песня. То, что я играл, больше, чем простая «песня».

Я спросил:

— Что же это?

Он серьёзно ответил:

— Му-зы-ка. Шопен — великий композитор. Он сочинил чудесную музыку. А я люблю музыку больше всего на свете.

Он посмотрел на меня внимательно и спросил:

— Ну а ты что любишь? Больше всего на свете!

Я ответил:

— Я много чего люблю.

И я рассказал про собаку, и про слона, и про лань, и про древних воинов, и про лошадиные лица, и про всё, всё...

Он слушал меня внимательно, а потом сказал:

— Удивительно! А я и не знал. Ты ещё маленький, а любишь так много! Целый мир!

В наш разговор вмешался Мишка.

Он сказал:

— А я ещё больше Дениса люблю!

Борис Сергеевич засмеялся и сказал:

— Очень интересно! Теперь твоя очередь, что же ты любишь?

Мишка подумал немного и начал:

— Я люблю булки. Я люблю хлеб, торт и пирожные. Пирожки люблю тоже, с мясом, джемом, капустой и рисом. И горячо люблю шпроты, и икру, и картошку, особенно жареную. Можно и варёную. Варёную колбасу люблю очень сильно — могу съесть на спор целый килограмм. Копчёную колбасу люблю больше всего! Очень люблю вермишель с маслом, сыр — всё равно какой. Люблю яблоки, котлеты, суп из фасоли, зелёный горошек, мясо, сахар, чай, яйца. Так... Про конфеты — говорить не буду. Кто их не любит? Ах, да! Я всей душой люблю мороженое.

Мишка посмотрел на потолок и вздохнул. Видно, он уже здорово устал.

Борис Сергеевич внимательно смотрел на него, и Мишка поехал дальше. Он всё говорил и говорил.

— Морковь, рыбу, бананы, пирожные, про пирожки я уже говорил. Бульон, компот, колбасу, колбасу я тоже говорил...

Мишка замолчал. Было ясно, что он ждёт, когда Борис Сергеевич его похвалит. Но Борис Сергеевич молчал, только внимательно смотрел на Мишку. Мишка тоже молчал...

Первым заговорил Борис Сергеевич:

— Ты многое, конечно, любишь, но всё это какое-то одинаковое, съедобное. Получается, целый продуктовый магазин. И только... А люди? Кого ты любишь? А животные?

Тут Мишка покраснел и сказал:

— Ой, совсем забыл! Ещё — кошек! И бабушку.

(по В. Драгунскому)

в) Прочитайте рассказ ещё раз. Ответьте на вопросы.

1. Кто главный герой рассказа?
2. Кто такой Борис Сергеевич?
3. Откуда Борис Сергеевич знает ребят?
4. Что делал Борис Сергеевич, когда пришли ребята?
5. Что больше всего любит Борис Сергеевич?
6. Кто такие Денис и Мишка?
7. Что любит Денис?
8. Что любит Мишка?

г) Расскажите текст от лица Мишки и Бориса Сергеевича.

🎧 АУДИРОВАНИЕ

59. *Прослушайте рекламные объявления. Ответьте на вопросы.*

①

1. Когда проводится распродажа?
2. Что можно купить в магазине во время распродажи?
3. Когда работает магазин?

②

1. Какая кассета появится в ближайшее время в магазине?
2. Кто сделал эту кассету?

③

1. Что открылось на территории ВВЦ?
2. Чему на выставке уделено особое внимание?
3. Сколько времени продлится выставка?

🗣 ГОВОРЕНИЕ

60. *а) Обратите внимание на формы русского речевого этикета.*

Формы обращения. Вопрос. Просьба.		
Будьте добры, Будьте любезны, Скажите, пожалуйста, Вы не скажете,	скажите, пожалуйста,	у вас есть...? можно посмотреть ...? сколько стоит ....?
Покажите, Дайте,	пожалуйста...	

Ответ продавца.

— У нас есть ...
— Могу предложить вам... .
— Пожалуйста.

— К сожалению, у нас нет ...
— Вот, посмотрите, ...

б) Восстановите недостающие реплики диалога.

— .... ?

— Да, у нас есть англо-русские словари.

— ....

— Вот, пожалуйста. Ещё есть словарь на 150 тысяч слов. Вот посмотрите.

— .... ?

— Нет, русско-английского словаря сейчас нет. Зайдите послезавтра. Может быть, будут русско-английские словари. А из того, что я вам показала, возьмёте что-нибудь?

— ....

— С вас 100 рублей.

— ....

в) Используя информацию упр. 60а и 46-53, составьте диалоги, которые могли бы произойти в магазинах.

61. *Прочитайте диалог. Составьте на его основании подобные диалоги.*

— Вы неправильно дали сдачу.
— Я неправильно дала сдачу? Вы давали сто рублей. Я вам дала 25 рублей сдачи.
— Правильно. Но я взял килограмм сосисок за 72 рубля. Вы мне должны были дать 28 рублей.
— Извините, я ошиблась. Вот ещё 3 рубля.

5. Приятного аппетита!

62. *а) Обратите внимание на данную форму речевого этикета.*

> — Приятного аппетита!
> — Спасибо!

б) Посмотрите на рисунки. Обратите внимание на предметы, которыми мы пользуемся, когда готовим себе еду.

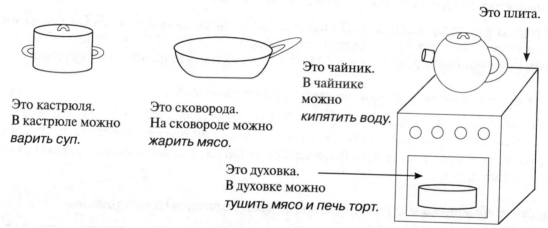

Это кастрюля.
В кастрюле можно *варить суп.*

Это сковорода.
На сковороде можно *жарить мясо.*

Это чайник.
В чайнике можно *кипятить воду.*

Это плита.

Это духовка.
В духовке можно *тушить мясо и печь торт.*

в) Обратите внимание на использование данных слов.

(при)готовить	завтрак обед ужин	**(с)варить**	суп бульон вермишель картошку	**(по)жарить**	мясо рыбу блины картошку
(по)тушить	мясо рыбу	**(ис)печь**	пирожки торт	**(с)делать**	салат чай кофе бутерброд

г) Используя информацию упр. 62в, вместо точек употребите необходимые по смыслу слова в нужной форме.

В рабочие дни, когда я хожу в институт, у меня нет времени ... себе завтрак. Поэтому рано утром
... себе несколько бутербродов и кофе. Вечером, когда я возвращаюсь из института, у меня есть
время, чтобы ... себе ужин. Обычно я ... рис в большой кастрюле и ... на сковороде мясо или рыбу, ...
себе чай. Но сегодня воскресенье, поэтому я решил ... вкусный обед. Я подумал, что нужно ... салат,
... суп, ... мясо в духовке. Вот только не решил, что лучше: ... или ... картошку. Я уже пошёл на кухню,
но тут зазвонил телефон. Звонили мои соседи. Они сказали, что решили ... обед, ... торт и пирожки.
Пригласили меня в гости. Я сразу же согласился, а обед решил ... в следующий раз.

181

> 1. Форма предиката в неопределённо-личных предложениях.
> 2. Пассивный залог.
> 3. Трудные случаи склонения существительных.

63. *а) Обратите внимание на конструкции, которые используются, когда необходимо сосредоточить внимание на факте, событии, действии.*

		ВНИМАНИЕ НА ФАКТЕ, СОБЫТИИ, ДЕЙСТВИИ.
	S Pr	*(в.п.)* Pr
Будущее время:	Он будет готовить обед ещё час. Он приготовит обед через час.	Обед <u>будут готовить</u> ещё час. Обед <u>приготовят</u> через час.
Настоящее время:	Он готовит обед уже час.	Обед <u>готовят</u> уже час.
Прошедшее время:	Он готовил обед час. Он приготовил обед за час.	Обед <u>готовили</u> час. Обед <u>приготовили</u> за час.

б) Используя информацию упр. 63а, выразите ту же мысль иначе.

1) Она варила картошку полчаса. 2) Он будет жарить картошку 20 минут. 3) Он тушил мясо час. 4) Они готовят ужин два часа. 5) Она будет печь пирожки 40 минут. 6) Он кипятил молоко 15 минут. 7) Они закрывают магазин в восемь часов. 8) Она будет покупать продукты по вторникам.

в) Используя информацию упр. 63а, выразите ту же мысль иначе.

1) Она почистит овощи через двадцать минут. 2) Он сделал салат ещё утром. 3) Они убрали посуду сразу после ужина. 4) Она вымоет тарелки вечером. 5) Они купят рис в воскресенье. 6) Она поставила чайник на плиту пять минут назад. 7) Они пригласят гостей на семь часов вечера. 8) Она приготовила это блюдо для гостей.

64. *а) Обратите внимание на использование активных и пассивных конструкций.*

	АКТИВНЫЙ ЗАЛОГ	ПАССИВНЫЙ ЗАЛОГ **ПРОЦЕСС**
	(в.п.)	*(и.п.)*
Будущее время:	Обед будут готовить ещё час.	Обед <u>будет готовиться</u> ещё час.
Настоящее время:	Обед готовят час.	Обед <u>готовится</u> час.
Прошедшее время:	Обед готовили час.	Обед <u>готовился</u> час.
		РЕЗУЛЬТАТ (СОСТОЯНИЕ)
	(в.п.)	*(и.п.)*
Будущее время:	Обед приготовят через час.	Обед <u>будет приготовлен</u> через час.
Настоящее время:	——	Обед <u>приготовлен</u>.
Прошедшее время:	Обед приготовили за час.	Обед <u>был приготовлен</u> за час.

б) Обратите внимание на образование возвратных форм глаголов.

ГОТОВИ<u>ТЬСЯ</u>						
НАСТОЯЩЕЕ ВРЕМЯ				ПРОШЕДШЕЕ ВРЕМЯ		
он она оно	готови**тся**	они	готовя**тся**	он она оно	готовил**ся** готовила**сь** готовило**сь**	они	готовили**сь**

в) Используя информацию упр. 64а,б, замените активные конструкции упр. 63б пассивными.

Образец: Он будет готовить обед ещё час: – Сколько времени будет готовиться обед? – Обед будет готовиться час.

г) Используя информацию упр. 64а,б, замените активные конструкции упр. 63в пассивными.

Образец: Он приготовит обед через час: – Когда будет приготовлен обед? – Обед будет приготовлен через час.

65. *Вместо точек употребите слова* **соль**, **картофель** *в нужной форме. Помните, что слово* **соль** *относится к женскому роду, а* **картофель** *– к мужскому.*

1) ... лежит на столе. 2) У нас дома нет ничего, кроме ... . 3) ... место в шкафу, а не в холодильнике. 4) Я видела ... в шкафу. 5) Сходи в магазин, пожалуйста, за ... . 6) Я была в магазине, но забыла о ... .

 # ЧТЕНИЕ

Текст 5

а) Проверьте, знаете ли вы следующие слова. В случае необходимости обратитесь к словарю.

Жадный, еда, каша, крупа, ложка, попробовать, топор, чудо.

б) Прочитайте текст. Скажите, действительно ли можно сварить кашу из топора.

КАША ИЗ ТОПОРА
(*Русская народная сказка*)

Шёл солдат по деревне. Зашёл он в один дом, а в этом доме жила женщина жадная, нехорошая. Поздоровался солдат и говорит хозяйке:

– Хозяюшка, дай мне чего-нибудь поесть.

Хозяйка только что приготовила обед. Но она сказала:

– Нет у меня ничего! Сама ещё ничего не ела сегодня!

– Свари кашу.

– Не из чего милый!

– Если так, давай мне топор, я из топора сварю!

«Что это за чудо, – думает хозяйка. – Надо посмотреть, как солдат из топора кашу будет варить». Принесла ему топор. Солдат взял топор, положил его в кастрюлю и начал варить. Варил, варил, потом попробовал и говорит:

– Вкусная каша получается! Вот только бы немного крупы положить!

Положил солдат крупу, опять варил, варил, попробовал и говорит:

– Совсем уж готова, только бы немного масла и соли добавить!

Принесла ему хозяйка масла и соли.

Сварил солдат кашу и зовёт хозяйку:

– Ну, хозяйка, давай теперь хлеб да бери ложку: будем кашу есть!

Стали они кашу есть.

– Вот не думала, – говорит хозяйка, – что из топора такую вкусную кашу сварить можно!

А солдат ест и улыбается. Съели они кашу. Хозяйка и говорит:

– Милый, а когда топор-то есть будем?

– Топор-то, хозяюшка ещё не сварился. Завтра доваришь и съешь.

в) Прочитайте текст ещё раз. Ответьте на вопросы.

1. Почему хозяйке не хотелось давать солдату еду?
2. Как вы думаете, из чего солдат сварил кашу?
3. Как вы думаете, у хозяйки действительно не было в доме никакой еды? Почему вы так думаете?

г) Расскажите прочитанную вами сказку.

а) Проверьте, знаете ли вы следующие слова. В случае необходимости обратитесь к словарю.

Перец, петрушка.

б) Прочитайте текст. Скажите, пробовали ли вы уже борщ.

КАК ПРИГОТОВИТЬ БОРЩ

Чтобы приготовить борщ, необходимо сначала сварить мясной бульон. Пока бульон варится, нужно нарезать свёклу, морковь, петрушку и лук, положить их в кастрюлю, добавить помидоры и немного бульона. Кастрюля должна быть обязательно закрыта крышкой. Овощи должны тушиться 15—20 минут. Через 15—20 минут в кастрюлю добавляют нарезанную капусту и тушат еще 20 минут. Затем овощи заливают приготовленным мясным бульоном, кладут картофель, соль, перец и варят, пока борщ не будет готов. В приготовленный борщ обязательно добавляется сметана.

в) Прочитайте текст ещё раз. Ответьте на вопросы.

1. На каком бульоне варится борщ?
2. Из каких продуктов готовится борщ?
3. Когда в борщ добавляется сметана?

 ## АУДИРОВАНИЕ

66. *Прослушайте фрагмент радиопередачи. Какие ошибки сделал радиослушатель, записывая рецепт?*

ЩИ ИЗ СВЕЖЕЙ КАПУСТЫ

1. Мясо варят 1 час 30 минут.
2. Затем мясо вынимают из кастрюли.
3. Потом добавляют соль и помидоры и варят ещё 30 минут.
4. За 15 минут до окончания варки кладут нарезанную капусту и лук.

ГОВОРЕНИЕ

67. *Вас интересует русская кухня. Расспросите о ней вашего собеседника, восстановив недостающие реплики диалога.*

— .... ?
— Русская кухня известна своими пирогами с мясом, капустой, грибами, рыбой, а также блинами со сметаной, икрой и вареньем.
— .... ?
— В северных и центральных районах России самым распространённым блюдом остаются щи.
— .... ?
— Праздничными можно считать такие блюда, как, например, утка с яблоками, салаты, пироги с вареньем.
— .... ?
— Обязательно попробуйте русские блины.
— .... ?
— Если говорить о еде, то, конечно, разница между русской и западной кухней есть. Например, русские и первые, и вторые блюда едят с хлебом.
— .... ?
— Обычно завтракают с семи до десяти часов утра.
— .... ?
— На завтрак обычно варят кашу или сосиски. Пьют чай с сахаром.

— .... ?

— Ужинают обычно в 8—9 часов, когда все приходят с работы.

— .... ?

— Чаще всего ужин состоит из второго блюда. Например, говядина или котлеты с картошкой и, конечно, чай.

68. *Ваш собеседник интересуется вашей национальной кухней. Ответьте на его вопросы, восстановив недостающие реплики диалога.*

— Какими традиционными национальными блюдами известна ваша национальная кухня?

— ....

— Какое блюдо самое распространённое в вашей стране?

— ....

— Из каких продуктов приготовлено это блюдо?

— ....

— Какие блюда вы готовите на праздник?

— ....

— Из каких продуктов готовятся эти блюда?

— ....

— Какое национальное блюдо вы советуете попробовать?

— ....

— Из каких продуктов готовят это блюдо?

— ....

— Если говорить о еде, есть ли разница между русскими традициями и традициями вашей страны?

— ....

— Когда у вас обычно завтракают и что едят на завтрак?

— ....

— Когда у вас обычно обедают и что едят на обед?

— ....

— Когда у вас обычно ужинают и что едят на ужин?

— ....

69. *Дайте рецепт приготовления одного из ваших любимых блюд.*

6. С праздником!

☑ *ЛЕКСИКА*

Государственные и семейные праздники

70. *а) Обратите внимание на названия праздников.*

1 января	Новый год	1 Мая	Праздник весны и труда
7 января	Рождество	9 Мая	День Победы
8 марта	Международный женский день	12 июня	День России

б) Используя информацию упр. 70а, скажите, когда и что празднуют в России.

Образец: Первого января в России празднуют Новый год.

71. *а) Обратите внимание на использование данных слов.*

праздновать отмечать	День Победы Новый год Рождество	праздновать отмечать	Первое мая Восьмое марта День России
	встречать отмечать	Новый год день рождения	

б) Прочитайте диалоги. Скажите, какие праздники интересовали студентов.

①

— Тьен, давай сегодня съездим в центр?

— Зачем?

— Я хочу посмотреть, как русские празднуют День Победы.

— Хорошо. Только сначала посмотрим по телевизору военный парад.

— Договорились.

②

— Тьен, у Пань Минь скоро день рождения. Ты не знаешь, она будет его отмечать?

— Не знаю. Но даже если она и не будет отмечать свой день рождения, мы всё равно должны поздравить её и что-нибудь ей подарить.

— А что мы ей подарим?

— Она очень любит цветы.

— Естественно. Как и все женщины! Но мне кажется, что нужно ещё подарить ей что-нибудь, кроме цветов. Например, фотоальбом.

— Согласен.

③

— Катя, а в России всегда встречали Новый год зимой?

— Нет, Пань Минь, не всегда. В Древней Руси новый год встречали в марте. Но в XVIII веке русский царь Пётр I решил праздновать его зимой.

— Как интересно!

в) Используя информацию упр. 71а, вместо точек употребите необходимые по смыслу слова в нужной форме.

1) В Древней Руси новый год начинался в марте. Его ... как праздник весны и солнца. 2) Вчера мы ... день рождения моего друга. 3) 25 января студенты ... Татьянин день. Это традиционный студенческий праздник. 4) В конце февраля в России ... Масленицу — проводы зимы.

72. *а) Посмотрите на рисунок. Обратите внимание на значения данных слов.*

что?

ёлка

ёлочка (маленькая ёлка)

Перед Новым годом на улицах Москвы устанавливают <u>ёлки</u>.

какой?

ёлочный

На ёлках много <u>ёлочных игрушек</u>.

б) Используя слова для справок, замените выделенные слова близкими по значению.

Слова для справок: поставить, украсить, встречать.

Москва готовится <u>праздновать</u> Новый год. В центре Москвы планируется <u>установить</u> двухметровую ёлку и <u>нарядить</u> её красивыми ёлочными игрушками.

73. *а) Посмотрите на рисунки и прочитайте подписи под ними.*

  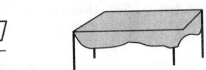

стакан   чашка   фужер   рюмка   скатерть

б) Прочитайте диалог. Обратите внимание на использование слов, данных в упр. 73а.

— Ребята! Закончилась зимняя сессия. Мы все сдали экзамены. Я думаю, что это событие нужно отметить. Как вы смотрите на это?

— Положительно. Накрываем на стол?

— Кумар, куда ты ставишь тарелки?! Сначала надо постелить скатерть. Вот теперь можно ставить и тарелки. Тьен, положи около каждой тарелки нож, вилку и ложку.

— Пань Минь, где они лежат?

— Посмотри в шкафу, на нижней полке.

— Зо Зо, поставь рядом с каждой тарелкой фужер и рюмку.

— А зачем нам фужеры?

— Мы с Анной Марией выпьем немного вина.

— А чашки и стаканы ставить?

— Да, стаканы нужны нам для воды. А чашки, Пак, я думаю, поставим потом, когда будем пить чай.

в) Используя информацию упр. 73б, образуйте из данных слов словосочетания.

1. постелить   а) тарелки, чашки, стаканы, фужеры, рюмки
2. поставить   б) ножи, вилки, ложки
3. положить   в) скатерть

74. *а) Обратите внимание на использование данных предлогов.*

где?	куда?			откуда?		
сидеть **за** столом	поставить положить постелить	**на**	стол	убрать взять	**со**	стола
	сесть	**за**		встать	**из-за**	
	пригласить	**к**	столу			

*б) Используя информацию упр. 74а, вместо точек употребите слово **стол** с нужным предлогом.*

Я постелила ... скатерть, поставила ... тарелки, стаканы и фужеры, положила ... вилки и ножи и стала ждать гостей. Когда все собрались, я пригласила гостей ... . Все сели ... . Мы сидели ... около двух часов, а потом встали ..., включили магнитофон и стали танцевать. Мы провели время очень хорошо. Перед уходом мне помогли убрать ... посуду. Когда гости ушли, я взяла ... подарки, которые они мне подарили, чтобы посмотреть их ещё раз.

Поздравления. Пожелания

75. *а) Обратите внимание на формы поздравления и пожелания, которые приняты в России.*

Формы поздравления и пожелания				
НЕЙТРАЛЬНАЯ СИТУАЦИЯ	Поздравляю *(кого?)*	*с чем?*	Желаю *(кому?)*	*чего?*
ОФИЦИАЛЬНАЯ СИТУАЦИЯ	Примите поздравления Разрешите поздравить *(кого?)*	по случаю *чего?*	Примите пожелания Разрешите пожелать *(кому?)*	

б) Прочитайте диалоги. Используя информацию упр.75а, найдите в них формы речевого этикета. Определите, в какой ситуации используются эти формы.

①

— Пак, поздравляю тебя с наступающим Новым годом. Желаю тебе в новом году исполнения всех твоих желаний.

— Спасибо.

②

— Анна Сергеевна! Разрешите от имени студентов нашей группы поздравить вас с праздником Восьмого марта и пожелать вам дальнейших творческих успехов и долгих лет жизни.

— Спасибо.

③

— Николай Юрьевич! Примите наши искренние поздравления по случаю вашего шестидесятилетия и самые сердечные пожелания крепкого здоровья и успехов в работе.

— Большое спасибо.

в) Используя информацию упр. 75а, вместо точек употребите необходимые по смыслу формы речевого этикета.

1) — ... с днём рождения!
— Спасибо.

2) — ... вам долгих лет жизни!
— Спасибо.

3) — ... вам счастья, здоровья, успехов в работе.
— Спасибо.

4) — Уважаемый Николай Юрьевич! ... от имени студентов нашей группы ... вас с наступающим Новым годом!
— Большое спасибо.

5) — Анна Мария, ... тебя с праздником!
— Спасибо.

6) — ... тебе успехов в учёбе!
— Спасибо.

7) — Александр Иванович, ... мои самые искренние ... с Днём учителя!
— Большое спасибо.

8) — Ольга Дмитриевна, ... наши ... с Восьмым марта. ... вам больших творческих успехов.
— Спасибо.

Приглашение. Согласие и отказ в ответ на приглашение

76. *а) Обратите внимание на формы приглашения, которые приняты в России.*

Формы приглашения		
НЕОФИЦИАЛЬНАЯ СИТУАЦИЯ	1. Заходи! Приходи *(к кому? куда?)* 2. Давай пойдём *(куда?)*	
НЕЙТРАЛЬНАЯ СИТУАЦИЯ	1. Я хочу пригласить вас *(к кому? куда?)* 2. Не хотите ли вы	погулять *(где?)* пойти *(куда?)* посмотреть *(что?)*
ОФИЦИАЛЬНАЯ	Разрешите	

б) Прочитайте диалоги. Используя информацию упр. 76а, найдите в них формы речевого этикета. Определите, в какой ситуации используются эти формы.

①

— Анна Сергеевна, я хочу пригласить вас ко мне на день рождения.
— Спасибо. Я с удовольствием приду.

②

— Катя, заходи как-нибудь ко мне.
— Обязательно, Пань Минь, зайду.

③

— Зо Зо, давай пойдём в кино.
— Не могу. У меня завтра экзамен.

④

— Пак, приходи ко мне послезавтра.
— Не знаю, смогу ли. Но я постараюсь прийти.

188

— Ольга Дмитриевна, не хотите ли вы посмотреть концерт, в котором принимают участие и ваши студенты?
— Охотно.

⑥

— Дмитрий Петрович, разрешите пригласить вас на празднование Дня независимости, которое состоится в понедельник в 19.00 в нашем общежитии.
— К сожалению, вынужден отказаться: в понедельник я улетаю в командировку в Петербург.

⑦

— Александр Сергеевич, позвольте мне пригласить вас на празднование мьянманского нового года.
— Спасибо. С радостью!

в) Прочитайте диалоги ещё раз. Обратите внимание, в какой форме соглашаются или не соглашаются участники диалога на приглашение. Используя информацию упр. 76б, заполните таблицу, вписав слова в соответствующую графу.

Согласие	Отказ	Неопределённый ответ
Обязательно. ...	Вынужден отказаться. ...	Не знаю, смогу ли. ...

г) Используя информацию упр. 76а,в, восстановите недостающие реплики диалога.

①

— Александр Иванович! ... вас на торжественное собрание, посвящённое началу учебного года, которое состоится 1 сентября в 9 часов утра в актовом зале института.
— ....

②

— Привет! Как хорошо, что я тебя увидела. Я как раз собиралась тебе звонить. ... ко мне сегодня вечером. Посидим, поболтаем.
— ... . У меня вечером дополнительные занятия по русскому языку.

③

— Николай Юрьевич, ... посмотреть сегодня выставку, которую подготовили наши студенты.
— У меня сегодня трудный день, но ... прийти.

④

— ... пойдём завтра в Третьяковскую галерею.
— ... Завтра я иду в музей А.С. Пушкина.

⑤

— ... тебя на мой день рождения. ... вместе с Серёжей.
— ....

☒ ГРАММАТИКА

> 1. Способы выражения приглашения говорящего к совместному действию.
> 2. Склонение словосочетаний, использующихся для наименования праздников.
> 3. Управление глаголов **поздравлять, желать**.
> 4. Повелительное наклонение.

77. *а) Обратите внимание на способы выражения приглашения говорящего к совместному действию.*

Давай(те)	+ инф. несов. в.	играть.
	+ 2 л. мн. ч. (мы) сов. в.	поиграем.

б) Используя информацию упр. 77а, выразите ту же мысль иначе.

1) Давай выпьем чаю! 2) Давай съедим торт! 3) Давайте потанцуем! 4) Давай подумаем, кого нам пригласить на день рождения! 5) Давай сыграем в эту игру! 6) Давай уберём со стола! 7) Давай вымоем посуду! 8) Давай постелем скатерть! 9) Давайте напишем поздравление с Новым годом!

в) Используя информацию упр. 77а, выразите ту же мысль иначе.

1) Давай смотреть телевизор! 2) Давай слушать новую кассету! 3) Давай убирать в квартире! 4) Давай стелить постель! 5) Давайте думать, куда поедем завтра! 6) Давайте пить кофе! 7) Давайте есть конфеты! 8) Давай играть в шахматы! 9) Давайте украшать ёлку!

г) Выразите желание сделать что-либо вместе с вашими друзьями.

Образец: Я хочу посмотреть эту передачу. — Давай посмотрим её вместе.

1) Я хочу поставить ёлку. 2) Я хочу поздравить нашего преподавателя с Днём учителя. 3) Я хочу купить Тане подарок на день рождения. 4) Я хочу пойти в кино. 5) Я хочу украсить ёлку этими ёлочными игрушками.

78. *а) Обратите внимание на склонение словосочетаний, обозначающих праздники.*

и.п.	Первое мая	День Победы	Новый год
р.п.	Первого мая	Дня Победы	Нового года
д.п.	Первому мая	Дню Победы	Новому году
в.п.	Первое мая	День Победы	Новый год
т.п.	Первым мая	Днём Победы	Новым годом
п.п.	о Первом мая	о Дне Победы	о Новом годе

б) Используя информацию упр. 78а, ответьте на вопросы с помощью данных справа слов.

1. Какой сегодня праздник?
2. По случаю какого праздника ты поздравил его?
3. К какому празднику ты готовишься?
4. Какой праздник ты хотел бы увидеть?
5. С каким праздником ты поздравил родителей?
6. О каком празднике ты сейчас рассказывал?

Восьмое марта
Двенадцатое июня
Первое мая
Новый год
Рождество
День Победы
день рождения
День учителя

в) Используя информацию упр. 78а, вместо точек употребите слова в скобках в нужной форме.

Скоро ... (Восьмое марта)! Дни перед ... (Восьмое марта) можно сравнить только с ... (предновогодние). Перед ... (Восьмое марта) много забот у ... (мужчины), много покупается ... (подарки). Эти подарки они подарят в день ... (Восьмое марта) всем ... (знакомые женщины) — дома и на работе. И вот наступает день ... (Восьмое марта). Все поздравляют женщин с ... (Восьмое марта). Женщины очень любят этот праздник и всегда радуются наступлению ... (Восьмое марта).

79. *Используя информацию упр. 75а, вместо точек употребите слова в скобках в нужной форме.*

1)
Дорогой Саша!

Поздравляем ... (ты) с ... (день рождения)! Желаем ... (ты) ... (крепкое здоровье и успехи в учёбе).
Любящие тебя дедушка и бабушка

2)
Уважаемый Николай Юрьевич!

Примите наши искренние поздравления с ... (День Победы) и самые сердечные пожелания ... (большое личное счастье, творческие успехи и долгие годы жизни).
С уважением, студенты 2-го курса

3)

Дорогая Анна Сергеевна!

Поздравляем ... (вы) с ... (День учителя). Желаем ... (вы) ... (успехи в вашем нелёгком и благородном труде).

Ваши ученики

4)

Оля и Саша!

Поздравляем ...(вы) с ... (Новый год)! Желаем ... (вы) в новом году ... (исполнение всех ваших желаний).

Миша и Надя

80. *а) Образуйте повелительное наклонение от данных глаголов.*

1) раздеваться – я раздев**а**юсь – раздев**а**йся: попробовать, не стесняться, передать
2) выбить – я выбью – **ь/е** – выбей: выпить
3) входить – я вхожу (он входит) – вход**и**: проходить, садиться, рассказать, брать

> **ЗАПОМНИТЕ!**
> есть – ешь –ешьте
> съесть – съешь– съешьте

б) Используя информацию упр. 80а, вместо точек употребите слова в скобках в форме повелительного наклонения единственного числа.

1) ... (Входить), ... (раздеваться) и ... (проходить) в комнату. 2) ... (Садиться) в кресло и ... (рассказать), что у тебя нового. 3) ... (Выпить) ещё чашечку чая, ... (попробовать) пирог. 4) ... (Съесть) ещё кусочек. 5) ... (Брать) конфеты, ... (не стесняться). 6) ... (Передать) привет маме.

ЧТЕНИЕ

Текст 7

а) Проверьте, знаете ли вы следующие слова и словосочетания. В случае необходимости обратитесь к словарю.

Гадать, искусственная ёлка, примета, создать атмосферу праздника, сюрприз, убедить, шар, экология, из экологических соображений, электрические гирлянды.

б) Скажите, от каких слов образованы данные слова.

Снегурочка, пятнадцатиметровый, новогодний, разноцветный, вечнозелёный, секретничать.

в) Прочитайте текст. Скажите, почему Саша встретит Новый год раньше Коли.

Здравствуй, Саша!

Вот незаметно и пролетел год. Я уже в ожидании праздника. Ты же знаешь, что Новый год – мой самый любимый праздник. Да, наверное, не только мой. У моей сестрёнки уже начались зимние каникулы, и она с нетерпением ждёт прихода Деда Мороза и Снегурочки и гадает, какие подарки они принесут ей в этом году.

Возле Большого театра установили огромную пятнадцатиметровую ёлку. Улицы тоже выглядят празднично: в витринах магазинов, кафе, ресторанов уже поставили ёлочки – символ новогоднего праздника. Это дерево не боится суровых зимних холодов и остаётся вечнозелёным. Уже открылись ёлочные базары, где можно купить ёлку. Ведь желающих купить настоящую ёлку всегда много. Мы долго советовались, какую ёлку купить: натуральную или искусственную. Мама хотела из экологических соображений купить искусственную, но сестра и я убедили её, что она не создаст атмосферы настоящего новогоднего праздника, поэтому папа купил натуральную ёлку. Теперь каждый день сестра задаёт один и тот же вопрос: "Ну когда же мы будем наряжать ёлку?"

Мы наряжаем ёлку всей семьёй. Поэтому ей придётся подождать до воскресенья, когда мы все будем дома. Но она уже достала разноцветные шары и электрическую гирлянду, а мама купила конфеты и мандарины, которыми мы тоже украсим ёлку. Но самый главный сюрприз для сестры будет под ёлкой. Когда она уже будет спать, Дед Мороз положит под ёлку подарок. Как ты понимаешь, в роли Деда Мороза выступят родители, которые в последнее время слишком часто стали секретничать.

Поздним вечером 31 декабря мы все соберёмся за праздничным столом, чтобы проводить старый год: вспомним всё хорошее, что было в старом году. Главное, чтобы у всех было хорошее настроение, потому что есть примета: если Новый год встретишь весело, то он будет счастливым. Мы будем ждать полуночи, и, пока часы на башне Кремля будут отсчитывать последние секунды старого года, папа откроет шампанское.

В первые минуты Нового года мы поздравим друг друга с праздником. Пожелаем счастья, здоровья, успехов.

"С Новым годом! С новым счастьем!" - мысленно скажу я тебе, потому что как житель Дальнего Востока ты встретишь Новый год на девять часов раньше, когда я ещё буду в институте, а родители на работе.

Что-то я размечтался. Впереди ещё целая неделя. В институте - экзамены. Я знаю, что письмо придёт к тебе перед самым Новым годом, и поэтому поздравляю тебя с наступающим праздником. Желаю тебе всего-всего самого хорошего. И жду от тебя письма.

Передавай привет родителям и брату от меня, сестры и моих родителей.

Жду письма.

До свидания. Коля.

г) Прочитайте текст ещё раз. Найдите в тексте ответы на вопросы.

1. Почему на улицах ставят ёлки?
2. Какую ёлку и почему купил отец Коли?
3. Кто наряжает ёлку в семье Коли?
4. Чем украшают ёлку?
5. Кто и когда кладёт под ёлку детям подарки?
6. Кто выступает в роли Деда Мороза?
7. Зачем собираются поздним вечером за праздничным столом?
8. Почему в новогоднюю ночь у всех должно быть хорошее настроение?
9. Что делает папа Коли, когда кремлёвские часы отсчитывают последние секунды старого года?
10. Как проходят первые минуты Нового года?

д) Расскажите текст от лица Саши.

🎧 **АУДИРОВАНИЕ**

81. *Прослушайте информационное сообщение. Ответьте на вопросы.*

1. По случаю какого праздника состоялся приём в Кремле?
2. Какое мероприятие состоялось после приёма?
3. Где встретятся ветераны завтра?
4. Зачем они придут туда?

82. *Прослушайте диалог. Ответьте на вопрос: «Куда и когда приглашают Дмитрия Сергеевича?»*

ГОВОРЕНИЕ

83. *а) Когда вы приходите в гости, иногда возникает необходимость произнести тост. Обратите внимание на конструкцию, которая используется в тостах.*

за + *в.п.*
<u>За</u> маму!   <u>За</u> вас!

б) Используя информацию упр. 83а, произнесите тост.

Ваше здоровье, ваши успехи, счастье, праздник, хозяйка дома, гости, мы, ты.

84. *а) Расскажите о дне рождения своего друга (подруги), используя в качестве плана данные вопросы.*

1) Когда родился (родилась) ваш друг (ваша подруга)?
2) Кто был в гостях на дне рождения?
3) Какие подарки дарили на дне рождения?
4) Какие блюда были на праздничном столе?
5) Что вы делали на дне рождения?

б) Расскажите о праздновании Нового года, используя в качестве плана данные вопросы.

1) Когда в вашей стране празднуют Новый год?
2) Какие традиции празднования Нового года существуют у вас в стране?
3) Какие национальные блюда готовятся у вас на Новый год?
4) Как отмечает Новый год ваша семья?
5) Дарят ли у вас на Новый год подарки друг другу?

в) Расскажите о Дне независимости, используя в качестве плана данные вопросы.

1) Когда в вашей стране празднуют День независимости?
2) С каким событием в истории вашей страны связан этот день?
3) У вас в стране это рабочий день?
4) Какие мероприятия проводятся у вас в стране в этот день?
5) Как в вашей семье отмечают День независимости?

ПИСЬМО

85. *а) Напишите поздравительные открытки по данным ситуациям.*

Ситуация 1. У вашего русского друга (подруги) день рождения.

Ситуация 2. Скоро 8 Марта. Вы хотите поздравить преподавательницу русского языка.

Ситуация 3. Наступает Новый год. Вы хотите поздравить декана факультета, на котором вы учитесь.

7. Пиши мне, звони...

☑ *ЛЕКСИКА*

86. *а) Посмотрите на рисунки и прочитайте подписи под ними.*

| Кому _____ |
| Куда _____ |

Индекс предприятия связи и адрес отправителя

Индекс предприятия связи места назначения

конверт

с 8 Марта!

открытка

б) Прочитайте диалог. Скажите, где может произойти такой диалог.

— Дайте, пожалуйста, два конверта «Авиа» с марками, один конверт без марки и открытку, на которой нарисована роза и написано «С Восьмым марта».

— Пожалуйста.

87. *а) Обратите внимание на использование данных слов.*

отправить написать	*что? куда? кому?*	получить	*что? откуда? от кого?*
вложить опустить бросить приклеить	*что? куда?*	принести	*что? откуда?*
		заклеить	*что?*

б) Прочитайте диалог. Обратите внимание на использование слов, данных в упр. 87а.

— Зо Зо, что ты делаешь?

— Я вчера получил письмо от родителей из Мьянмы и решил написать им ответ. Я уже заканчиваю. Давай сходим на почту и отправим письмо.

— Зачем? Уже поздно, и почта не работает. Мы можем опустить его в почтовый ящик здесь, в общежитии.

— Это хорошо! Ты можешь приклеить марки, пока я дописываю письмо.

— Пожалуйста, всё готово.

— Подожди минуточку. Сейчас я вложу письмо в конверт, заклею его, и мы пойдём.

— Можно к вам?

— Заходи, Пак.

— Добрый вечер, Тьен! А я принёс тебе письмо из Вьетнама. Интересно, от кого оно? От девушки? Бедная Пань Минь ...

в) Используя информацию упр. 87а, вместо точек употребите необходимые по смыслу слова в нужной форме.

Вчера я ... письмо от своего друга. Мне ... его с почты почтальон. И сегодня я решил ... другу ответ. Мне не хотелось выходить из дома, но письмо я хотел ... в Петербург как можно быстрее. Моя сестра как раз собиралась на работу. Я ... письмо в конверт, ... его, ... марку на конверт и попросил сестру по дороге ... письмо в почтовый ящик. Вечером, когда сестра вернулась с работы, она сказала, что ... письмо в почтовый ящик.

88. *а) Используя слова для справок, соотнесите сигналы, которые вы слышите по телефону, с фразами.*

Слова для справок: никто не подходит (никто не берёт трубку, никого нет дома), ваш телефон работает, занято.

1) Непрерывный гудок – ... . 2) Короткие гудки – ... . 3) Длинные гудки – ... .

б) Используя слова для справок, вместо точек употребите необходимые по смыслу слова.

Слова для справок: вставьте, снимите, наберите.

Правила пользования телефоном-автоматом

1) .... трубку.

2) Услышав непрерывный гудок, ... магнитную карту.

3) .... нужный номер.

в) Прочитайте диалог. Обратите внимание на использование слов, данных в упр. 88а,б.

– Кумар, ты почему такой злой?

– Почему? Целый вечер хожу звонить на первый этаж и не могу дозвониться.

– Может, телефон-автомат неисправен?

– Исправен.

– А может, у тебя кончилась магнитная карта?

– Не кончилась. Просто, когда я звоню, или никто не подходит к телефону, или всё время занято. Ну, не может же так быть, сначала короткие гудки, потом через пять минут длинные, а потом снова короткие.

– Не волнуйся ты так. Если этот звонок так для тебя важен, попробуй позвонить на мобильный телефон. Может, у человека просто телефон не работает.

– Спасибо тебе, конечно, за совет, но только я не знаю номера мобильного телефона. Всё, пошёл звонить. Пока!

89. *а) Обратите внимание на формы русского речевого этикета, которые используются в телефонном разговоре.*

---

1. Первая реплика со стороны снявшего трубку:

Алло!   Я слушаю (вас)!

Да!   Вас слушают!

2. Просьба позвать к телефону:

Попросите, пожалуйста, к телефону Ивана Александровича (Ивана, Ваню).

| Будьте добры (любезны), попросите | к телефону | *кого?* |
| Нельзя ли попросить | | |

Александра Михайловича, пожалуйста!

А Сашу можно?

3. Просьба подойти к телефону:

Вас к телефону!   Это тебя.

4. Ответы на просьбу позвать к телефону:

а) если человек на месте   *б) если его нет*

Я у телефона.	К сожалению,	его нет.
Слушаю Вас.		он вышел. Позвоните попозже.
Да, это я.		он уже ушёл.

5. Ответная реплика человеку, неправильно набравшему номер:

У нас такого (такой, таких) нет.

Вы ошиблись номером.

Вы не туда попали.

Вы неправильно набрали номер.

3*

б) Прочитайте диалоги. Используя информацию упр. 89а, найдите в них формы речевого этикета. Определите, в какой ситуации используются эти формы.

①

— Алло!
— Добрый день! Попросите, пожалуйста, Андрея!
— Андрея нет дома. Может быть, ему что-нибудь передать?
— Нет, спасибо. А когда он будет?
— Сказал, что придёт в 11 часов.
— Если можно, я позвоню ему ещё раз.
— Пожалуйста, звоните.

②

— Алло!
— Андрей, это ты?
— Таких здесь нет. Вы не туда попали.
— Извините, пожалуйста, это номер 151-30-77?
— Нет, вы неправильно набрали номер.

③

— Я слушаю!
— Это квартира Шаниных?
— Да, а кто вам нужен?
— Будьте любезны, позовите к телефону Ольгу Дмитриевну.
— Одну минуту.
— Да, я слушаю.
— Ольга Дмитриевна? Это Николай Юрьевич.
— Николай Юрьевич, здравствуйте. Очень хорошо, что вы позвонили. Я уж сама собиралась вам звонить.

④

— Вас слушают!
— Катя?
— Нет, это Татьяна Николаевна.
— А Катю можно?
— Катя, это тебя!
— Алло!
— Катя! У тебя голос совсем такой же, как у мамы.
— Это ты, Пань Минь? Здравствуй!

⑤

— Да!
— Нельзя ли попросить к телефону Анну Сергеевну?
— У нас такой нет. Вы ошиблись номером.

⑥

— Алло!
— Анну Сергеевну, пожалуйста.
— Я у телефона. Слушаю вас!
— Это Кумар!
— Здравствуйте, Кумар, извините, что не сразу узнала вас.

⑦

— Алло!
— Дмитрия Петровича, пожалуйста.
— Дмитрий Петрович, вас к телефону!
— Я слушаю!

90. *а) Обратите внимание на выражение ирреального условия, то есть условия, которое либо вообще невозможно осуществить, либо его нельзя осуществить по каким-либо причинам.*

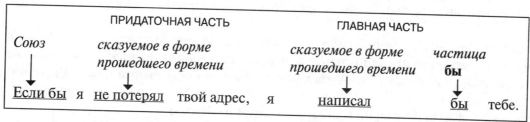

ПРИДАТОЧНАЯ ЧАСТЬ		ГЛАВНАЯ ЧАСТЬ	
Союз	*сказуемое в форме прошедшего времени*	*сказуемое в форме прошедшего времени*	*частица* **бы**
Если бы я	не потерял твой адрес, я	написал	бы тебе.

б) Используя информацию упр. 90а, закончите предложения, используя данные в скобках слова.

1) Если бы у неё был твой телефон, ... (позвонить тебе). 2) Если бы у меня был конверт, ... (отправить письмо сегодня). 3) Если бы Игорь и Саша знали твой адрес, ... (написать тебе). 4) Если бы Юре нужно было что-то срочно сообщить, ... (отправить телеграмму). 5) Если бы Том хорошо знал русский язык, ... (писать письма своим друзьям в Россию на русском языке).

в) Используя информацию упр. 90а, начните предложения, используя данные в скобках слова.

1) (купить магнитную карту), он позвонил бы тебе с телефона-автомата. 2) (быть дома), она взяла бы телефонную трубку. 3) (дописать письмо вчера), он отправил бы его уже сегодня. 4) (пойти на почту), они сказали бы нам об этом. 5) (быть на работе), её позвали бы к телефону.

г) Используя информацию упр. 90а, закончите предложения.

1) Если бы у меня было время, ... 2) Если бы я знал твой адрес, ... 3) Если бы я знал твой номер телефона, ... 4) Если бы я пошёл на почту, ... 5) Если бы адрес на конверте был написан правильно, ... 6) Если бы ты прислала телеграмму, ...

д) Используя информацию упр. 90а, закончите предложения.

1) Я был бы рад, если бы ... 2) Он бы отправил письмо сегодня, если бы ... 3) Она бы пошла сегодня на почту, если бы ... 4) Мы бы позвонили тебе, если бы ... 5) Они бы купили мобильный телефон, если бы... 6) Я бы бросил письмо в почтовый ящик, если бы ...

📚 **ЧТЕНИЕ**

Текст 8

а) Проверьте, знаете ли вы следующие слова и словосочетания. В случае необходимости обратитесь к словарю.

Гонец, денежный перевод, дилижанс, доисторические времена, железная дорога, колония, обмениваться новостями, племя, плодотворный, посланец, посылка, предки, раб, судно (суда), учредить.

б) Прочитайте текст. Ответьте на вопрос автора, который он задал вам в конце своего рассказа.

ЧТО МЫ ЗНАЕМ О ПОЧТЕ?

«Что за вопрос?» — ответите вы. Не только взрослый, но и каждый ребёнок знает, что на почте можно купить конверты и открытки, отправить или получить письмо, денежный перевод. «Если бы не было почты, — скажете вы, — мы бы не смогли переписываться с близкими нам людьми, узнавать новости. Если бы не было почты, жизнь в современном мире была бы невозможна». И вы, конечно, правы. В наше время почта действительно занимается пересылкой писем, газет и журналов, посылок, денег и тому подобными вещами. Но знаете ли вы, когда возникла почта? Ведь обмениваться новостями людям хотелось всегда. Уже в доисторические времена наши предки обменивались посланцами, которые приносили новости, чаще всего, разумеется, о войне и мире. Но, конечно, это была ещё не почта. А вот в Древнем Риме почта уже существовала. Император Октавиан Август учредил государственную почту, но только для доставки официальных бумаг. Пересылкой личной переписки граждан древнеримская почта не занималась. Для этого богатые римляне использовали специальных рабов-почтальонов.

Так что почта в современном понимании появилась только в XV веке. Во Франции Людовик XI создал первую почтовую линию. Эта идея оказалась плодотворной. И к концу XV века в Европе было уже 270 почт.

«Но ведь тогда не было железной дороги и самолётов! Как же доставляли почту?» — спросите вы. Очень просто. Существовали специальные почтовые дилижансы. Если же почту надо было доставить очень быстро, то в дорогу отправлялся гонец. Доставку сообщений между Европой и колониями осуществляли торговые суда. «Почему именно торговые?» — снова спросите вы. А потому, что только торговые корабли регулярно ходили в колонии и обратно.

Ну а теперь ответьте мне честно, узнали ли вы что-нибудь новое о почте?

в) Прочитайте текст ещё раз. Ответьте на вопросы.

1. Как люди узнавали новости в древние времена?
2. Где и когда появилась первая почта?
3. Чем занималась почта в Древнем Риме?
4. Кого использовали богатые римляне в качестве почтальонов?
5. Где и когда появилась почта в современном понимании этого слова?
6. Как доставлялась почта в XV веке?
7. Чем занимается почта в наше время?
8. Как вы думаете, как сейчас доставляют почту?

г) Расскажите об истории почты.

 АУДИРОВАНИЕ

91. *Прослушайте диалоги. Ответьте на вопрос: «Зачем эти люди пришли на почту?»*

 **ГОВОРЕНИЕ**

92. *На рисунках изображены предметы, которые вы хотите купить. Попросите их у работника почты.*

Кому _____	**ЗАКАЗНОЕ** 3 № --------
Куда _____	Кому _____
	Куда _____
_____ Индекс предприятия связи места назначения	Индекс предприятия связи и адрес отправителя
	_____ Индекс предприятия связи и адрес отправителя
цена 2 руб. 50 коп.	цена 1 руб. 15 коп.

АВИА

PAR AVION

Адрес отправителя

цена 3 руб.

Индекс предприя-
тия связи

Индекс предприятия
связи и адрес отправителя

цена 1 руб.

С НОВЫМ ГОДОМ!

цена 10 руб.

НОВОСИБИРСК

цена 15 руб.

93. *а) Вы звоните по телефону. Восстановите недостающие реплики диалога.*

① — Алло!
— ....
— Его нет дома. Может быть, ему
что-нибудь передать?
— .... ?
— Сказал, что придёт через час.
— ....
— Пожалуйста, звоните.

② — Алло!
— ....
— Таких здесь нет. Вы не туда попали.
— .... ?
— Нет, вы неправильно набрали номер.

③ — Я слушаю!
— ....
— Одну минуту.
— Алло!
— ....
— Здравствуйте! Слушаю вас.
.... ?
— Зачёт будет завтра, в 12 часов.

④ — Алло!
— ....
— К сожалению, он вышел.
— .... ?
— Позвоните минут через 15.

б) Расскажите своему другу, как звонить по телефону в Россию.

Образец: +7—47231-34-52-02 — Если тебе нужно позвонить в Белгород из-за границы, набери
код России +7, затем код города 47231, а после кода города номер телефона, который
тебе нужен —34-54-02.

1) Москва: +7 — 495 — 125-31-57

2) Санкт-Петербург: +7 — 812 — 425-12-31

3) Нижний Новгород: +7 — 831 — 47-27-16

4) Новосибирск: +7 — 383 — 629-98-44

94. *Расскажите о своей переписке, используя в качестве плана данные вопросы.*

1. Вы любите писать письма?
2. С кем вы переписываетесь?
3. Откуда и от кого вы получаете письма?
4. О чём вам пишут люди, с которыми вы переписываетесь?
5. Кому и куда вы пишете письма?
6. Как часто вы их пишете?
7. О чём вы в них пишете?
8. Пишете ли вы поздравительные открытки? С какими праздниками вы любите поздравлять своих знакомых?
9. Пишут ли поздравительные открытки вам? Кто их пишет? Какие пожелания вам больше всего нравятся?

✍ ПИСЬМО

95. *а) Обратите внимание на условные обозначения, принятые в России.*

область	**обл.**	проспект	**пр.**	дом	**д.**
район	**р-он**	улица	**ул.**	корпус	**к.**
город	**г.**	переулок	**пер.**	подъезд	**под.**
село	**с.**			квартира	**кв.**
деревня	**дер.**				

б) Обратите внимание на написание адреса на конверте.

<u>Кому</u>	*Иванову Николаю Андреевичу*
<u>Куда</u>	*Ярославская обл.,*
	г. Ростов,
	ул. Фестивальная, д.8, кв.31.

<u>Индекс предприятия связи</u>
<u>и адрес отправителя</u>

Плотникову М.С.
117 334, г. Москва,
ул. Вавилова, д.6, кв.53.

в) Используя информацию упр. 95а,б, напишите адрес на конверте. В случае затруднения воспользуйтесь Грамматическим комментарием, п. 4.

1) Дорофеева Анна Николаевна живёт в России, в городе Санкт-Петербурге, на улице Пушкина, в доме 17, в квартире 84.

2) Таранов Пётр Михайлович живёт в России, в Московской области, в городе Иваново, на Ильинской улице, в доме 7, в подъезде 2, в квартире 8.

3) Алексеев Дмитрий Юрьевич живёт в России, в городе Владивостоке, в Морском переулке, в доме 3.

4) Краснова Елена Сергеевна живёт в России, в Брянской области, в Волоконовском районе, в деревне Фироновка, в доме 27.

5). Адамчук Юрий Дмитриевич живёт в Белоруссии, в городе Бресте, на проспекте Победы, в доме 7, корпусе 3, в подъезде 1, в квартире 86.

6) Кравец Татьяна Ивановна живёт на Украине, в городе Киеве, на Воздухофлотском проспекте, в доме 43, корпусе 5, в квартире 298.

ПРОВЕРЬТЕ СЕБЯ!

☑ *КОНТРОЛЬНАЯ РАБОТА ПО ЛЕКСИКЕ*

1. *Образуйте из данных слов словосочетания.*

1
1. готовить   а) обувь
2. ремонтировать   б) волосы
3. отправить   в) обед
4. подстричь   г) письмо

2
1. часовая   а) остановка
2. поздравительная   б) мастерская
3. конечная   в) уборка
4. генеральная   г) открытка

3
1. острый   а) год
2. новый   б) нож
3. сломанный   в) звук
4. громкий   г) выключатель

2. *Вместо точек употребите необходимые по смыслу слова.*

1) У меня ... (поломался, испортился) каблук. 2) Сейчас 10 часов вечера. А на моих часах пять минут одиннадцатого. Мои часы ... (спешат, отстают). 3) Мне нужно срочно ... (помыть, почистить) тарелки. 4). У меня сломалось зарядное устройство. Надо срочно позвонить в ... (гарантийную мастерскую, в парикмахерскую).

3. *Вместо точек употребите необходимые по смыслу слова.*

1) На ужин мама решила ... (сварить, сделать) салат. 2) Я умею ... (делать, жарить) мясо. 3) ... (свари, сжарь) мне, пожалуйста, суп. 4) Вода уже ... (варится, кипит). 5) Только моя сестра умеет так ... (печь, жарить) торт.

4. *Вместо точек употребите необходимые по смыслу слова.*

Сегодня у меня было немного свободного времени, и я решила пройтись по магазинам. Магазин, в котором продают продукты, находится ... (недалеко от, рядом с) политехнического института. Если быть точнее, то магазин находится ... (между, перед) политехническим институтом и лицеем. Я иду ... (там, туда) минут 15. ... (там, туда) приходят все жители близлежащих домов. ... (там, туда) можно купить всё. Я покупаю продукты, которые мне (хочу, нужны), и иду дальше в другой магазин. Ещё неделю тому назад я купила ... (там, туда) платье, которое мне очень понравилось. Теперь я решила купить блузку. «Покажите, пожалуйста, мне блузку», — сказала я. Я примерила её, но, к сожалению, рукава мне были коротки, и я вернула блузку продавщице. «Примерьте эту», — предложила она. Ей очень хотелось, чтобы я купила ... (кое-что, что-то, что-нибудь). Но мне не понравился цвет. Я сказала, что зайду в другой раз, и попрощалась с продавщицей.

5. *Вместо точек употребите необходимые по смыслу слова.*

Я сидел ... (под, над, за) столом и писал письмо маме. Письма ... (от, к) мамы я получаю регулярно. А вчера я получил ещё и письмо ... (с, из) Индии ... (от, к) сестры. Когда я дописал письмо, я встал ... (из, из-за, со) стола, вложил письмо ... (на, в) конверт и наклеил ... (на, в) конверт марку. Потом я пошёл ... (на, в) почту и бросил письма ... (на, в) почтовый ящик.

6. *Найдите антонимы к данным словам и словосочетаниям.*

1. большой дом
2. острый нож
3. плохой апельсин
4. светлый подъезд
5. громкий звук
6. сломанный кран

а) хороший
б) тихий
в) тупой
г) маленький
д) отремонтированный
е) тёмный

7. *Найдите лишнее слово или словосочетание в каждой группе слов.*

1. кухня

1) холодильник
2) посудомоечная машина
3) письменный стол
4) кухонный стол

2. постельное бельё

1) скатерть
2) пододеяльник
3) наволочка
4) простыня

3. дом

1) ворота
2) пол
3) потолок
4) угол

4. квартира с удобствами

1) мусоропровод
2) горячая и холодная вода
3) лифт
4) подъезд

5. мастерские

1) ремонт обуви
2) ремонт часов
3) книжный магазин
4) фотография

6. молочные продукты

1) молоко
2) кефир
3) йогурт
4) пирожок

7. меры веса

1) метр
2) килограмм
3) полкилограмма
4) грамм

8. почта

1) конверт
2) открытка
3) кассета
4) марка

☒ КОНТРОЛЬНАЯ РАБОТА ПО ГРАММАТИКЕ

1. *Вместо точек употребите там, где необходимо, предлоги. Слова в скобках употребите в нужной форме.*

Мои друзья живут ... (окраина небольшого города) ... (двухэтажный дом). Мои друзья живут ... (третий подъезд) ... (первый этаж) ... (трёхкомнатная квартира). Окно ... (гостиная) выходит на... (юг). ... (кресла) ... (угол) стоит журнальный столик. ... (журнальный столик) любит спать кошка. ... (журнальный столик) висит очень красивая картина. ... (журнальный столик) лежат журналы и газеты. ... (пол) лежит небольшой, но красивый ковёр.

2. *Согласуйте числительные с существительными.*

1) На столе 4 ... (чашка), 1 ... (тарелка), 2 ... (вилка) и много ... (нож). 2) Купи мне, пожалуйста, 4 ... (наволочка), 3 ... (простыня) и несколько ... (пододеяльник). 3) Напротив двери — 2 ... (большое окно), справа от дивана-кровати — 2 ... (кресло). 4) Мы купили 1 ... (килограмм) сахара, 2 ... (килограмм) муки и 5 ... (килограмм) картофеля.

3. *Вместо точек употребите слова в скобках в форме повелительного наклонения единственного числа.*

1) ... (Проходить) в комнату, ... (раздеваться) и .... (садиться) в кресло. 2) ... (Дать) мне, пожалуйста, пакет молока. 3) ... (Съесть) пирожок, пожалуйста. ... (Взять) ещё один. 4) «... (Убрать) вещи со стола», — сказала мне мама.

4. *Вместо точек употребите пассивные причастия в полной или краткой форме, образовав их от данных в скобках глаголов.*

1) Письмо ... ещё вчера, но не ... , потому что я забыл купить конверты (написать, отправить). 2) Часы, ... мастером, больше не отставали ни на минуту (отремонтировать). 3) Из окна моего дома, ... далеко от центра, видны лес и озеро (расположить). 4) Мастер уже ... . Можешь не беспокоиться. (вызвать).

5. *Вместо точек употребите глаголы в скобках в форме пассива.*

Этот праздник ... у нас каждый год (отмечать). В этом году на праздник ... много гостей (пригласить). Для них ... стол (накрыть). Для гостей ... специальные блюда, которые им очень понравились (готовить).

6. *Вместо точек употребите слова в скобках в нужной форме.*

1) Если бы он ... (быть) богатым, он ... (купить) бы себе собственный дом. 2) Если бы я ... (получать) большую стипендию, я ... (звонить) бы каждый день домой. 3) Если бы они ... (закончить) институт, им бы ... (предложить) хорошую работу. 4) Если бы она ... (не забыть) купить соль, она ... (не пойти) бы снова в магазин.

КОНТРОЛЬНАЯ РАБОТА ПО ЧТЕНИЮ

1. *Прочитайте текст. Напишите ответы на данные после текста вопросы.*

МАСЛЕНИЦА

В конце февраля ко мне приехал из-за границы друг. Мы с ним пошли погулять по Москве. На улицах было много людей. Везде продавались блины с икрой, творогом, мясом, пряники, пирожки, горячий чай. На площадях выступали артисты.

— Что это вы празднуете? — спросил он.

— Масленицу, — ответил я.

— Что такое «масленица»?

— Это самый старый русский праздник. Его отмечают в конце февраля — начале марта.

— Что это за праздник? Как он возник? — продолжал расспрашивать меня мой друг.

Я рассказал, что до XIV века русские встречали Новый год в марте. Перед его встречей целую неделю провожали зиму и старый год. Эту праздничную неделю и назвали Масленицей. Потом Новый год начали встречать в сентябре, затем в январе. Но Масленица не исчезла, её продолжали праздновать, потому что весну в России всегда ждали с большим нетерпением. Ведь в России такие длинные и холодные зимы! Как же не радоваться приходу весны!

— Как же можно праздновать целую неделю? Что же вы делаете все эти дни? — удивился мой друг.

— Радуемся приходу весны, — ответил я. — А вот как, это уже другой вопрос. С этим праздником связано много традиций. Например, каждый праздничный день имеет своё имя. Понедельник называется «встреча».

— Что это значит? — поинтересовался мой друг. — Вы что, в этот день ходите в гости друг к другу?

— Не совсем так. День этот так называется потому, что в этот день встречают праздник. А Масленица без блинов — не Масленица. Поэтому с утра женщины пекут блины.

— Почему именно блины?

— Да потому, что блин — символ весны. Круглый, горячий и румяный блин так похож на весеннее тёплое солнышко.

— Ну хорошо. Испекли блины... А дальше-то что?

— Дальше все выходят на улицу. Видишь, сколько народу! Потому что скоро начнут возить по улицам Масленицу — символ зимы. Да вот и она. Посмотри, видишь того весёлого мужчину, одетого в женский костюм. Вот он и играет роль Масленицы.

— А почему за ним подметают улицу?

— Это «выметают» холодную зиму, чтобы она больше не возвращалась.

— Что вы делаете в понедельник, я, кажется, понял, а в другие дни?

— Вторник называют «заигрыш», потому что в этот день начинаются масленичные игры. Среда носила имя «лакомки», а четверг — «разгуляя». В этот день русские люди катаются с ледяных горок на санях, играют в снежки — словом, прощаются с зимними играми. А вот в пятницу и субботу по обычаю ходят в гости, навещают родных. Куда бы ты ни пришёл, везде угостят блинами. Воскресенье — последний день Масленицы — называется «прощанье». В этот день прощаются с праздником и сжигают на костре чучело Масленицы. Вот такой праздник.

— Да, интересно, — сказал мой гость, — теперь я понимаю, почему вы говорите: «не жизнь, а масленица».

Вопросы к тексту:

1. Что такое Масленица?
2. Почему любят Масленицу?
3. Сколько дней празднуют Масленицу?
4. Что пекут на Масленицу?
5. Как вы думаете, почему русские говорят: «Не жизнь, а масленица»?

 КОНТРОЛЬНАЯ РАБОТА ПО АУДИРОВАНИЮ

1. Прослушайте фрагмент радиопередачи. Какие ошибки сделал радиослушатель, записывая данные социологического опроса?

Данные социологического опроса

1. родственники
2. коллеги по работе
3. друзья
4. соседи

2. Прослушайте диалог. Ответьте на вопрос: «В каком магазине находится Олег?»

КОНТРОЛЬНАЯ РАБОТА ПО ГОВОРЕНИЮ

1. У вас сломалась молния на сапоге. Вы пришли в мастерскую, занимающуюся ремонтом обуви. Восстановите недостающие реплики диалога.

— Что у вас?

— ....

— Покажите сапоги. Молнию придётся менять на двух сапогах. Иначе они будут разные. Вы согласны?

— .... ?

— Приходите в пятницу в течение дня.

— .... ?

— С десяти до восьми.

— .... ?

— 600 рублей.

2. *Вы в книжном магазине. Восстановите недостающие реплики диалога.*

— .... ?

— Да, такой словарь у нас есть. Посмотрите в отделе справочной литературы.

— ....

3. *Вы покупаете продукты. Восстановите недостающие реплики диалога.*

— ....

— Пожалуйста, вот ваши полкило колбасы и килограмм сосисок.

4. *Вы пригласили в гости друга. Объясните, где вы живёте. Восстановите недостающие реплики диалога.*

— Как мне к тебе доехать?

— ....

— А дальше куда мне идти?

— ....

— Дай мне на всякий случай твой точный адрес.

— ....

КОНТРОЛЬНАЯ РАБОТА ПО ПИСЬМУ

1. Ваш друг Антонов Анатолий Дмитриевич живёт в городе Москве, на улице Левитана, в доме № 56, в квартире № 135. Напишите ему поздравительную открытку и напишите на открытке адрес.

205

V. МЫ ВСЕ ТАКИЕ РАЗНЫЕ ...

∘∘∘∘∘∘∘ 1. Я, ты, он, она – вместе дружная семья! ∘∘∘∘∘∘∘

☑ **ЛЕКСИКА**

1. а) Используя слова для справок, подберите соответствующее слово так, чтобы образовалась смысловая пара.

Слова для справок: двоюродная сестра, племянница, внучка, сестра, мать, тётя, бабушка, дочь, жена.

1) Отец – ... . 2) Сын – ... . 3) Брат – ... . 4) Дедушка – ... . 5) Внук – ... . 6) Дядя – ... . 7) Племянник – ... . 8) Двоюродный брат – ... . 9) Муж – ... .

б) Прочитайте диалог. Обратите внимание на использование слов, данных в упр. 1а.

— Анна Мария, я сегодня не буду ночевать в общежитии.
— Почему?
— Меня Катя пригласила к себе на день рождения. Она живёт за городом. Это далеко. Я боюсь поздно возвращаться, поэтому останусь ночевать у неё.
— Понятно. А кто ещё будет на дне рождения?
— Она сказала, что только её родители и родственники. Точно будут бабушка и дедушка, папа и мама и её родная сестра. Наверное, ещё приедут тётя и дядя и двоюродные брат и сестра.

в) Скажите, кем приходятся друг другу эти люди.

Образец: Катя – внучка Татьяны Михайловны и Анатолия Ивановича Снегирёвых, дочь Сергея Анатольевича и Ольги Петровны Снегирёвых, племянница Юлии Анатольевны и Игоря Васильевича Соколовых, родная сестра Иры Снегирёвой и двоюродная сестра Саши и Маши Соколовых.

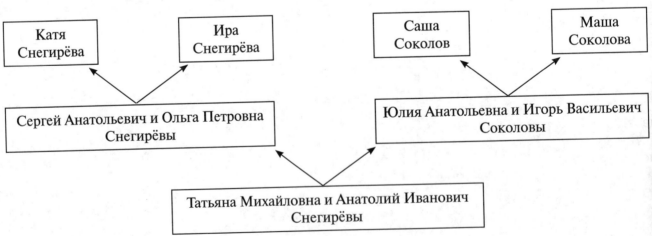

2. а) Обратите внимание, как определяется семейное положение человека.

Он **женат** (*на ком?*)	Он	**развёлся**			**развелись.**
Она **замужем** (*за кем?*)	Она	**развелась**	(*с кем?*)	Они	**разошлись.**
Они недавно **поженились.**	Он (она)	**в разводе**			**в разводе.**

б) Прочитайте диалог. Обратите внимание на использование слов, данных в упр. 2а.

— Пань Минь, понравился день рождения?

— Очень. Все веселились. Только двоюродный брат Кати был грустный.

— Почему?

— Он недавно развёлся со своей женой. Они поженились два года назад. А теперь вот разошлись.

— А на ком он был женат?

— Не знаю, мне неудобно было спрашивать.

— А двоюродная сестра Кати замужем?

— Да, она замужем за военным. Её мужа зовут Юра. Но его не было на дне рождения. Он уехал куда-то в командировку. Юра — офицер, поэтому он редко бывает дома.

в) Выразите ту же мысль иначе.

Образец: Сергей — муж Елены. — Сергей женат на Елене.

1) Татьяна — жена Александра. 2) Михаил и Наталья в разводе. 3) Юрий — муж Ирины. 4) Екатерина и Андрей в разводе. 5) Анатолий Иванович — муж Татьяны Михайловны. 6) Ольга Петровна — жена Сергея Анатольевича. 7) Игорь Васильевич — муж Юлии Анатольевны.

3. *Используя слова для справок, закончите предложения.*

Слова для справок: супруги, родители, семья, родственники.

1) Мать и отец — это ... 2) Тётя, дядя, племянник, племянница и т. д. — это ... 3) Мама, папа, сын, дочь — это ... 4) Муж и жена — это ...

4. *а) Обратите внимание на использование данных конструкций.*

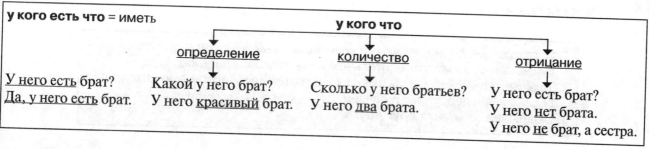

б) Прочитайте диалог. Обратите внимание на использование конструкций, данных в упр. 4а.

— Зо Зо, у тебя есть родные братья и сёстры?

— Да, у меня есть родные братья, но нет сестры.

— Сколько у тебя братьев?

— У меня два брата. Они, как и я, взрослые люди. Уже женаты. У меня даже есть племянница. Ей два года. А у тебя есть брат?

— У меня не брат, а сестра. Она учится в школе. У меня очень красивая и умная сестра, и я очень по ней скучаю.

— Я тоже скучаю. И по братьям, и по родителям, а особенно по жене.

в) Используя информацию упр. 4а, вместо точек употребите необходимую по смыслу конструкцию.

1) — У вашего брата ... дети? — Да, у него ... дети. У него уже ... большие дети. 2) — У Кати ... брат? — У неё ... не брат, а сестра. 3) — У вашего друга ... родители? — Да, у него ... родители. У него ... очень старые родители. 4) — У твоей мамы ... племянник? — У неё ... не племянник, а племянни... . 5) — У Саши ... сестра? — Да, у него ... сестра. У Саши ... очень красивая сестра. 6) — У тебя ... тётя? — У меня ... две тёти и один дядя. 7) — У вас ... друзья? — Да, у меня ... друзья. У меня ... три хороших друга.

207

5. *а) Обратите внимание на условия употребления собирательных числительных.*

двое	трое	четверо	пятеро	шестеро	семеро

лицо мужского пола	парные предметы	со словами **сутки, дети**
двое мужчин	двое очков	двое суток

б) Прочитайте диалоги. Используя информацию упр. 5а, найдите в них собирательные числитель-ные. Обратите внимание на условия их употребления.

1) — Пак, у тебя есть братья?
— У меня трое братьев.

2) — Зо Зо, я тебя не видел двое суток. Где ты был?
— Готовился к экзаменам.

3) — У меня всегда с собой двое очков.
— Зачем?
— В одних я хожу, а в других читаю.

в) Используя собирательные числительные, прочитайте данные предложения.

1) У Нади и Саши (6) детей: (3) мальчиков и три девочки. 2) Нас было (4) друзей. Мы подружились ещё в школе, а после школы все (4) решили поступать в один институт. 3) Я встречал своих родителей на вокзале. Они ехали ко мне (5) суток. 4) — Зачем тебе (2) сапог? — Так одни же осенние, а другие зимние. 5) У нас в семье все мужчины работают в милиции. У нас в семье уже (7) милиционеров. Мой отец, я, (3) моих братьев и (2) наших родственников.

☒ ГРАММАТИКА

> 1. Согласование собирательных и количественных числительных с именами существительными в именительном и винительном падежах.
> 2. Трудные случаи склонения имён существительных, использующихся при обозначении родственных связей.
> 3. Склонение сочетания **друг друга**.

6. *а) Обратите внимание на согласование собирательных числительных с существительными в именительном и винительном падежах.*

двое, трое, четверо, пятеро, шестеро, семеро *(+ р.п. мн. ч.)*
двое мальчик<u>ов</u>

б) Используя информацию упр. 6а, выразите ту же мысль иначе.

1) В нашей семье два студента — я и мой брат. 2) У Андрея Ивановича три внука. 3) У Крыловых было семь сыновей. 4) У наших соседей пять детей. 5) Среди моих родственников — четыре врача. 6) Мои шесть племянников приезжают ко мне каждое лето.

в) Замените собирательные числительные количественными. В случае затруднения воспользуйтесь Грамматическим комментарием, п. 9.2.

1) У нашей бабушки было двое внуков. 2) У Юры было четверо братьев. 3) У них было шестеро детей — три дочери и трое сыновей. 4) Пятеро детей, когда выросли, стали инженерами. 5) У меня было семеро близких друзей.

г) Согласуйте числительные с существительными. В случае затруднения воспользуйтесь Грамматическим комментарием, п. 9.4.

1) У неё два маленьких .... (ребёнок). 2) Я заходила к тебе несколько ... (раз). 3) Мне уже много ... (год), а тебе четыре ... (год). 4) Я прочитала рассказ два ... (раз). 5) В этой семье шесть ... (дети). 6) Мы ждали в гости семь .... (человек), но два ... (человек) не пришли.

7. *Образуйте множественное число от данных существительных. В случае затруднения воспользуйтесь Грамматическим комментарием, п. 3.8.*

Муж, брат, друг, сын, мать, дочь, отец, жена, сестра.

8. *а) Вместо точек употребите слова в скобках в нужной форме. В случае затруднения воспользуйтесь Грамматическим комментарием, п. 3.8 и 13.2.*

1) В семье ... (наши соседи) три сына. 2) ... (Мои сёстры) нет дома. 3) Я давно видел ... (свои друзья). 4) У них нет ... (дети). 5) Что-то я давно не видела ... (ваши дочери). 6) ... (Мои сыновья) сейчас нет дома. 7) Это фотография ... (твои родители)? 8) Я люблю ... (свои братья).

б) Вместо точек употребите слова в скобках в нужной форме. В случае затруднения воспользуйтесь Грамматическим комментарием, п. 3.8. и 13.2.

1) Я всегда дарю ... (свои сёстры) подарки. 2) Каждый год я езжу к ... (свои братья). 3) Мы часто звоним ... (наши друзья). 4) Я всегда помогаю ... (свои дочери), хотя они уже взрослые. 5) Сколько лет ... (ваши сыновья)? 6) Надо сказать ... (наши соседи), что к ним, когда они были на работе, приходил их сын. 7) Передай привет ... (свои родители).

в) Вместо точек употребите слова в скобках в нужной форме. В случае затруднения воспользуйтесь Грамматическим комментарием, п. 3.8. и 13.2.

1) Брат со ... (свои сёстры) играл в комнате. 2) Сегодня мы с ... (наши друзья) идём в театр. 3) Он гордится ... (свои сыновья). 4) Наши знакомые уехали на дачу со ... (свои дети). 5) Со ... (свои братья) она не виделась два года. 6) Хочешь, я познакомлю тебя со ... (свои родители). 7) Мы дружим с ... (наши соседи) уже много лет.

г) Вместо точек употребите слова в скобках в нужной форме. В случае затруднения воспользуйтесь Грамматическим комментарием, п. 3.8. и 13.2.

1) Серёжа много рассказывал о ... (свои друзья). 2) Я не поняла. Ты спрашивал о ... (мои братья и сёстры). 3) Мы заботимся о ... (наши родители). 4) Я давно ничего не слышал о ... (твои дочери и сыновья). 5) Он может часами говорить о ... (свои дети). 6) О ... (свои соседи) я могу сказать только хорошее.

9. *а) Обратите внимание на склонение сочетания **друг друга**.*

и.п.	кто?	—
р.п.	кого?	друг друга
д.п.	кому?	друг другу
в.п.	кого?	= р.п.
т.п.	кем?	друг другом
п.п.	о ком?	друг о друге

*б) Выразите ту же мысль иначе, используя сочетание **друг друга** в нужной форме.*

Образец: Миша часто ходит к Коле, а Коля – к Мише. – Они часто ходят друг к другу.

1) Мы всегда помогаем друзьям, а друзья – нам. 2) Я думаю, что Андрей любит Надю, а Надя – Андрея. 3) Брат всегда даёт советы сестре, а сестра – брату. 4) Саша часто спорит с Серёжей, а Серёжа – с Сашей. 5) Она не может жить без сестры, а сестра – без неё. 6) Дмитрий дружит с Иваном, Иван – с Дмитрием. 7) Лена заботится о Маше, а Маша – о Лене. 8) Таня каждый день звонит Пете, Петя – Тане.

*в) Используя информацию упр. 9а,б, вместо точек употребите сочетание **друг друга** в нужной форме.*

1) Они всегда помогали ... 2) Они дружат ... 3) Они ходили в гости ... 4) Они любили ... 5) Они заботятся ... 6) Они часто звонили ...

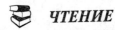

ЧТЕНИЕ

а) Проверьте, знаете ли вы следующие слова и словосочетания. В случае необходимости обратитесь к словарю.

Борода, вытирать пыль, горе, дышать, колено, окошко (=маленькое окно), рамка (= маленькая рама), стройная, шевельнуться (пошевельнуться).

б) Обратите внимание на синонимичность данных конструкций.

Мишины дяди и тёти = дяди и тёти Миши   Бабушкина комната = комната бабушки

в) Прочитайте текст. Как вы думаете, почему он называется «Домашний музей»?

ДОМАШНИЙ МУЗЕЙ

В бабушкиной комнате на стене висели фотографии. Из рамок, как из окошек, смотрели люди. Все они, по словам бабушки, были родственниками Миши.

Родственники сидели на стульях, положив руки на колени. Казалось, они боялись пошевельнуться и не дышали. Были на фотографиях и дети. Они не сидели, а стояли на стульях и почему-то, как и взрослые, тоже не улыбались. Бабушка говорила, что это Мишины дяди и тёти. Прямо смешно: на фотографиях дяди и тёти меньше самого племянника.

А ещё на стене висела очень старая фотография; на ней были люди, которых Миша никогда в своей жизни не видел. В центре, на стуле, сидел очень серьёзный мужчина с длинной бородой; рядом с ним — красивая женщина, а вокруг стояли мальчики и девочки. Эту фотографию Миша почему-то любил больше всех.

Бабушка называла свои фотографии в рамках домашним музеем. Каждое утро она старательно вытирала в музее пыль.

Однажды бабушка застала Мишу за необычным занятием. Он стоял на стуле и внимательно смотрел на старую фотографию.

— Кого ты здесь ищешь? — спросила бабушка.

— Дедушку.

— Его здесь нет. Эту фотографию сделали, когда я ещё не была замужем за твоим дедушкой.

— А что же это за человек с длинной бородой?

— Это мой папа, — сказала бабушка. — А рядом с ним моя мама. У меня была очень красивая мама. А вот это я.

С фотографии на Мишу смотрела молодая стройная девушка. Он ещё раз посмотрел на фотографию, потом на бабушку и не нашёл между ними ничего общего. Может быть, бабушка шутит? И почему на фотографии так много детей?

— А кто это стоит вокруг твоих мамы и папы? — спросил Миша. — Почему детей так много? Твоя мама работала в детском саду?

— Да нет. Это все мои братья и сёстры. Нас было шестеро детей. Трое мальчиков и три девочки. Тогда в семьях было много детей. Вот видишь, справа стоит мой старший брат Саша. Он был умный, серьёзный и очень добрый мальчик. Он очень хорошо учился, много читал и рассказывал нам о прочитанных книгах. После школы он поступил в институт и там познакомился со своей будущей женой. После окончания института они поженились и уехали работать далеко на Север. Рядом с ним — Вова. Он был на четыре года младше Саши. А слева, рядом с мамой, стоит Петя. Вова и Петя, когда выросли, стали военными. Они служили далеко-далеко от дома, и мы редко виделись, хотя в детстве не могли прожить и часа друг без друга. А это Маша и Надя. Мои младшие сёстры. Ты их знаешь. Они часто приходят к нам в гости.

— А почему они приходят без мужей?

— Маша, Надя и я вышли замуж незадолго до войны. Наши мужья были друзьями и все вместе ушли воевать, когда Германия начала войну. Они погибли, как и твой дедушка, как и мои два брата, Вова и Петя. Тогда многие не вернулись с войны.

Миша замолчал. Ему стало грустно, что эти молодые, сильные люди не вернулись с войны. Ему стало жаль бабушку и её сестёр, в жизни которых было так много горя.

г) Прочитайте текст еще раз. Ответьте на вопросы.

1. Почему Мише было смешно смотреть на фотографии, на которых были его дяди и тёти?
2. Почему Мишу заинтересовала старая фотография?
3. Почему Миша не увидел ничего общего между девушкой с фотографии и бабушкой?
4. Сколько братьев и сестёр было у бабушки?
5. Что Миша узнал о старшем брате бабушки? Как вы думаете, какое у него было образование?
6. Почему бабушка редко виделась со своими братьями, Вовой и Петей?
7. Кто из родственников бабушки погиб во время войны?
8. Почему Мише стало грустно?

д) Расскажите текст от лица Миши и бабушки.

 АУДИРОВАНИЕ

10. *Прослушайте фрагмент радиопередачи. Ответьте на вопросы.*

1. У кого из членов семьи Ракитиных высшее образование?
2. Чем сегодня занимается Ракитин-старший?
3. Чем сегодня занимается Анна Дмитриевна Ракитина?
4. Почему глава семьи чуть не обанкротился?
5. Где учится Андрей Ракитин?
6. Куда он любит ездить?

ГОВОРЕНИЕ

11. *Расскажите о себе, используя в качестве плана данные вопросы.*

1. Где живёт ваша семья?
2. Сколько человек в вашей семье?
3. Сколько у вас братьев и сестёр?
4. Сколько человек в вашей семье работает?
5. Как зовут ваших родителей?
6. Где и кем они работают?
7. Сколько лет они работают?
8. Нравятся ли им их профессии?
9. Как зовут ваших братьев и сестёр?
10. Где они учатся или работают?
11. Есть ли у них семьи?
12. Есть ли у вас племянники, племянницы?

∾∾∾∾∾∾ 2. Вы прекрасно выглядите! ∾∾∾∾∾∾

☑ ЛЕКСИКА

12. *а) Обратите внимание на слова, с помощью которых определяется рост человека.*

Он (она)	высокого выше среднего среднего небольшого невысокого маленького	роста.

*б) Используя информацию упр. 12а, найдите антонимы к слову **высокий**.*

*в) Используя информацию упр. 12а, найдите синонимы к словосочетанию **маленький рост**.*

г) Прочитайте диалог. Обратите внимание на использование слов, данных в упр. 12а.

— Зо Зо, покажи, пожалуйста, фотографию своей жены.
— Пожалуйста.
— Какая красивая у тебя жена! Она высокого роста?
— Нет, невысокого.
— Такая же, как Пань Минь?
— Нет, что ты! Пань Минь среднего роста. Моя жена ниже её.

13. *а) Обратите внимание на слова, с помощью которых описывается лицо человека.*

У него (неё)	красивое приятное бледное смуглое румяное широкое круглое узкое длинное	лицо.

У него (неё)	правильные красивые	черты лица.
У него (неё)	хороший плохой	цвет лица.

*б) Используя информацию упр. 13а, найдите антонимы к словам **бледный**, **широкий**, **хороший**.*

*в) С помощью приставки **не-** образуйте антонимы к словам **красивый**, **приятный**, **правильный**.*

г) Прочитайте диалоги. Обратите внимание на использование слов, данных в упр. 13а.

①

— А это моя сестра, о которой я тебе рассказывал.
— Ой, Тьен. Она и вправду красавица. Какое у неё приятное лицо, и черты лица правильные. Даже на фотографии видно, что у неё хороший цвет лица.

②

— Анна Мария, а как ты думаешь, кто симпатичнее — Пак или Тьен?
— Пань Минь, ну как их можно сравнивать. Они же совершенно разные. Пак высокого роста. У него круглое, широкое и румяное лицо. А Тьен среднего роста, и лицо у него более узкое и смуглое, чем у Пака. А вообще говоря, они оба очень симпатичные молодые люди.

14. *а) Обратите внимание на слова, с помощью которых описываются глаза человека.*

	ЦВЕТ ГЛАЗ			РАЗМЕР И ФОРМА ГЛАЗ	
У него (неё)	голубые синие зелёные карие серые чёрные светлые тёмные	глаза.	У него (неё)	большие небольшие маленькие круглые узкие	глаза.

*б) Используя информацию упр. 14а, найдите антонимы к словам **маленький**, **светлый**.*

*в) Используя информацию упр. 14а, найдите синоним к слову **маленький**.*

г) Прочитайте диалог. Обратите внимание на использование слов, данных в упр. 14а.

— Пань Минь, расскажи мне о Кате. Я никогда её не видела.
— Ну, что я могу тебе сказать. Она маленького роста. У неё длинное и бледное лицо. Так, ничего особенного! Но какие у неё глаза!

212

— Какие?

— Большие-большие и голубые!

— Как у меня?

— Анна Мария! Во-первых, глаза у тебя небольшие, а во-вторых, карие.

— Ах, так! А у тебя глаза вообще узкие.

— Ну и что! Тьену, между прочим, нравятся. И Паку, по-моему, тоже.

15. а) *Обратите внимание на слова, с помощью которых характеризуется взгляд человека.*

У него (неё)	смелый строгий открытый прямой	взгляд.	У него (неё)	робкий ласковый хитрый	взгляд.

б) *Используя информацию упр. 15а, найдите антонимы к словам* **робкий**, **ласковый**, **хитрый**.

в) *Используя информацию упр. 15а, найдите синоним к слову* **открытый**.

г) *Прочитайте диалог. Обратите внимание на использование слов, данных в упр. 15а.*

— Пак, это кто?

— Это мой друг. Мы с ним вместе учились в школе.

— Какой у него смелый, строгий и открытый взгляд!

— А это кто?

— Это наш учитель.

— У него такой ласковый взгляд! Сразу видно, что он добрый человек.

— А у тебя почему здесь, на фотографии, такой робкий взгляд? Учителя испугался?

— Просто фотография неудачная.

16. *Составьте описания внешности, антонимичные данным.*

1) Он высокого роста. У него бледное лицо, большие глаза и строгий взгляд. 2) Она небольшого роста. У неё правильные черты и хороший цвет лица. У неё робкий взгляд. 3) Он невысокого роста. У него широкое лицо, светлые глаза и открытый взгляд. 4) У неё красивые черты лица, но лицо у неё неприятное. У неё румяное, узкое лицо. У неё большие глаза и хитрый взгляд.

17. а) *Обратите внимание на слова, с помощью которых описываются губы и улыбка человека.*

У него (неё)	бледные полные тонкие яркие	губы.	У него (неё)	весёлая радостная счастливая приветливая	улыбка.	У него (неё)	грустная робкая хитрая широкая	улыбка.

б) *Используя информацию упр. 17а, найдите антонимы к словосочетаниям* **бледные губы**, **грустная улыбка**.

в) *Используя информацию упр. 17а, найдите синонимы к словосочетанию* **весёлая улыбка**.

г) *Прочитайте диалоги. Обратите внимание на использование слов, данных в упр. 17а.*

①

— У тебя, Кумар, мама совсем молодая. Только почему на этой фотографии у неё такие бледные губы и такая грустная улыбка?

— Потому, что эту фотографию я сделал перед самым отъездом. Она очень переживала, что я уезжаю.

— Представляю, какая у неё будет счастливая улыбка, когда ты вернёшься.

②

— Зачем ты вешаешь на стену эту фотографию? Мне эта актриса совсем не нравится. По-моему, у неё слишком полные и яркие губы. К тому же у неё ещё и хитрая улыбка.

— Это по-твоему, а по-моему, у неё красивые губы и улыбка не хитрая, а приветливая.

18. *а) Обратите внимание на слова, с помощью которых описываются лоб, нос и шея человека.*

У него (неё)	высокий низкий маленький большой	лоб.	У него (неё)	длинный короткий прямой	нос.	У него (неё)	длинная короткая полная худая	шея.

*б) Используя информацию упр. 18а, найдите антонимы к словосочетаниям **высокий лоб**, **длинный нос**, **короткая шея**, **полная шея**.*

в) Прочитайте диалог. Обратите внимание на использование слов, данных в упр. 18а.

— Мне надо сдать курсовую работу Антонову. А я даже не знаю, как он выглядит.

— Не волнуйся. Его невозможно не узнать. У него высокий большой лоб, очень длинный и прямой нос и длинная худая шея.

— Ну и портрет. Ладно, будем надеяться на лучшее. Может, узнаю. А то стыдно как-то: студент не знает своего преподавателя.

19. *а) Обратите внимание на слова, с помощью которых описываются волосы человека.*

ЦВЕТ ВОЛОС			ДЛИНА И КАЧЕСТВЕННАЯ ХАРАКТЕРИСТИКА		
У него (неё)	светлые тёмные седые	волосы.	У него (неё)	длинные короткие густые редкие	волосы.

*б) Используя информацию упр. 19а, найдите антонимы к словам **тёмный**, **длинный**, **густой**.*

в) Прочитайте диалог. Обратите внимание на использование слов, данных в упр. 19а.

— Представляешь, Пак. Сегодня подходит ко мне какой-то русский студент и спрашивает: «Вы не знаете, как зовут девушку-иностранку, которая учится вместе с вами? Она высокого роста и у неё ещё такие красивые тёмные длинные густые волосы?»

— Это он о ком?

— Об Анне Марии, конечно. А мы-то с тобой никогда не обращали внимания на её волосы!

— Это правда. А ведь они у неё действительно красивые.

20. *а) Составьте описания внешности, антонимичные данным.*

1) У неё высокий лоб и длинные густые волосы. 2) У него короткий нос и редкие светлые волосы. 3) У него полная шея, короткие волосы и маленький лоб. 4) У неё высокий лоб и густые тёмные волосы.

б) Составьте описание внешности, синонимичное данному.

Он невысокого роста. У него небольшие глаза, но взгляд открытый. У него всегда радостная улыбка.

21. *а) Выразите ту же мысль иначе.*

Образец: От стыда у него <u>стали красными</u> щёки. — От стыда он <u>покраснел</u>.

1) Он <u>стал таким старым</u>. 2) С годами волосы <u>стали тёмными</u>. 3) От волнения она <u>стала бледной</u>. 4) Она уже <u>стала</u> совсем <u>седой</u>. 5) Он <u>стал выглядеть моложе</u> лет на пять.

б) Выразите ту же мысль иначе.

Образец: <u>Когда он посмотрел</u>, я понял, что он обиделся на меня (взгляд). — <u>По его взгляду</u> я понял, что он обиделся на меня.

1) Когда она говорит, она напоминает старшую сестру (манера говорить). 2) Когда я посмотрел в его глаза, я понял, как он счастлив (взгляд). 3) Когда он себя так вёл, он напоминал ребёнка (поведение). 4) Когда она выглядит так плохо, сразу понятно, что она больна (вид). 5) Когда они так улыбнулись, я понял, что у них хорошее настроение (улыбки).

в) Выразите ту же мысль иначе.

Образец: У девушки были длинные тёмные волосы и голубые глаза.— Девушка была с длинными тёмными волосами и голубыми глазами.

1) У моего дедушки были короткие седые волосы, которые открывали высокий лоб. 2) У сестёр отца, которые приехали к нам в гости, были длинные, худые и злые лица. 3) У женщины были очень красивые и грустные глаза. 4) У моей сестры были небольшие серые глаза и полные губы. 5) У молодого человека были правильные черты лица.

22. *а) Обратите внимание на то, как оценивается человек по его внешнему виду.*

выглядеть (*как?*)	хорошо (плохо) молодо моложе (старше) своих лет

б) Прочитайте диалог. Обратите внимание на использование слов, данных в упр. 22а.

— Пань Минь, я тебя вчера видела с каким-то мужчиной.

— Это мой папа. Он приехал ко мне в гости.

— Надо же! Никогда бы не сказала, что это твой отец. Он выглядит очень молодо. Сколько ему лет?

— 55.

— Да? Тогда он выглядит моложе своих лет. На вид ему лет 40-45. Надолго он приехал?

— Нет, Катя. К сожалению, только на неделю.

в) Используя информацию упр. 22а, вместо точек употребите необходимые по смыслу словосочетания в нужной форме.

1) После летнего отпуска она ... . 2) Моему дяде уже за пятьдесят, но он ... своих лет. На вид ему можно дать лет 45. 3) Как вы себя чувствуете? Вы не больны? Вы ... очень ... .

23. *а) Обратите внимание, как приблизительно определяется возраст человека.*

сорок с небольшим (41 — 43) за сорок (45 — 47)	около пятидесяти под пятьдесят	(48 — 49)

б) Прочитайте диалог. Обратите внимание на использование слов, данных в упр. 23а слов.

— Ты не знаешь, сколько лет заведующему кафедрой русского языка Петрову Александру Ивановичу?

— Точно не знаю. Наверное, за пятьдесят.

— А как ты думаешь, Анна Сергеевна и Александр Иванович – ровесники?

— Нет, мне кажется Анна Сергеевна моложе. Ей скорее всего около пятидесяти.

в) Используя информацию упр. 23а, определите приблизительно возраст людей.

1) Сергею Александровичу 31 год. 2) Юлии 21 год. 3) Андрею Сергеевичу 49 лет. 4) Татьяне Михайловне 29 лет. 5) Петру Ивановичу 35—36 лет. 6) Михаилу Владимировичу 79 лет. 7) Екатерине Андреевне 55—56 лет. 8) Николаю Дмитриевичу 59 лет.

г) Запомните, как приблизительно определяется возраст человека.

молодой человек (16—30 лет) человек среднего возраста (30—55 лет)	пожилой человек (55—70 лет) старый человек (70 лет и больше)

д) Используя информацию упр. 23г, определите приблизительно возраст людей в упр. 23в.

> 1. Выражение приблизительного количества.
> 2. Образование наречий на **-о**.
> 3. Трудные случаи образования сравнительной степени.

24. *а) Обратите внимание на способы выражения приблизительного количества.*

ТОЧНОЕ КОЛИЧЕСТВО ЧЕГО-Л.	ПРИБЛИЗИТЕЛЬНОЕ КОЛИЧЕСТВО ЧЕГО-Л.		
сорок пять лет	перестановка слов		<u>лет</u> сорок пять
	около **больше** **меньше**	*(+ р.п.)*	<u>около</u> сорока пяти лет
	приблизительно **почти**	*(+ и.п.)*	<u>почти</u> сорок пять лет

ЗАПОМНИТЕ !

1. При склонении изменяются все части числительных.
2. Существительное имеет тот же падеж, что и числительное.

б) Используя информацию упр. 24а, выразите ту же мысль иначе, используя все возможные способы выражения приблизительного количества.

1) Этому ребёнку 14 лет. 2) Ей 21 год. 3) Ему 58 лет. 4) Его рост — 173 сантиметра. 5) Её рост — 164 сантиметра. 6) Рост этого ребёнка — 142 сантиметра.

25. *а) Обратите внимание на использование прилагательных и наречий.*

У него <u>грустный</u> взгляд. У него <u>грустная</u> улыбка.	Он	посмотрел улыбнулся	<u>грустно</u>.

б) Образуйте наречия от данных прилагательных.

   Образец: спокойный — спокойно

Ласковый, широкий, робкий, весёлый, радостный, счастливый, смелый, приветливый, хитрый.

в) Используя информацию упр. 25а, выразите ту же мысль иначе.

1) У него ласковая улыбка. ... 2) У Татьяны Ивановны строгий взгляд. ... 3) У Сергея Андреевича широкая приветливая улыбка. ... 4) У детей, которые приехали в гости, весёлые улыбки. ... 5) У Пети робкий, а у Васи смелый взгляд. ... 6) У Надежды Степановны спокойный взгляд. ...

26. *а) Образуйте сравнительную степень от данных прилагательных.*

1. **-ее:**   бледный, длинный, добрый, красивый, круглый, правильный, приятный
2. **-е:**   низкий (з/ж), узкий (зк/ж), строгий (г/ж), яркий (к/ч)

б) Обратите внимание на образование сравнительной степени от данных прилагательных.

большой — больше высокий — выше молодой — моложе	старый — старше чистый — чище широкий — шире	толстый — толще плохой — хуже хороший — лучше

в) Используя информацию упр. 26а,б, вместо точек употребите слова в скобках в сравнительной степени.

Образец: Ты сегодня ещё ... (бледный), чем вчера. — Ты сегодня ещё бледнее, чем вчера.

1) У меня глаза ... (большой), чем у мамы. 2) Сегодня ты выглядишь ... (плохой), чем вчера. 3) У моего отца плечи ... (широкий), чем у меня. 4) У Кати губы ... (яркий), чем у Тани. 5) У Тьена лицо ... (узкий), чем у Пака, а у Пака лицо ... (круглый), чем у Тьена. 6) У моей тёти шея ... (длинная), чем у бабушки.

г) Используя информацию упр. 26а,б, вместо точек употребите слова в скобках в сравнительной степени.

Образец: Он (старый), чем я.— Он старше, чем я. — Он старше меня.

1) Мой брат (высокий) и (толстый), чем я. 2) Ваша сестра (молодая), чем вы. 3) Ваш сын (низкий), чем мой сын. 4) Ольга (красивая), чем Татьяна. 5) Надя (добрая), чем мы. 6) Юра (хороший), чем ты. 7) Николай Иванович (строгий), чем Владимир Петрович.

27. *Слова в скобках употребите в нужной форме. В случае затруднения воспользуйтесь Грамматическим комментарием, п. 3.4, 13.2.*

1) Говорят, что я похож на ... (свой отец). 2) Младшая сестра похожа на ... (старшая сестра). 3) Вы очень похожи на ... (мой старый друг). 4) Ваша младшая дочь похожа на ... (ваша жена). 5) Ваш старший сын похож на ... (ваш муж).

 ЧТЕНИЕ

Текст 2

а) Проверьте, знаете ли вы следующие слова и словосочетания. В случае необходимости обратитесь к словарю.

Барышня, горничная, избранница, косметика, крестьянка, легкомысленный, нищий, охота, помещик, сарафан, стройный, украшение, фальшивый.

б) Прочитайте текст. Обратите внимание на описание внешности героев повести.

БАРЫШНЯ-КРЕСТЬЯНКА

Далеко от столицы жил помещик Иван Петрович Берестов. Он был женат, но жена его рано умерла. Иван Петрович дружил со всеми соседями. Исключением был Григорий Иванович Муромский, которого Иван Петрович не любил и о котором всегда говорил плохо. Иван Петрович и Григорий Иванович не только никогда не ездили друг к другу в гости, но и старались не встречаться друг с другом.

Таковы были отношения между двумя помещиками, когда сын Берестова приехал к нему в деревню. Он учился в университете и хотел стать военным, но отец не соглашался. Поэтому сын Берестова Алексей остался пока жить с отцом в деревне.

Алексей был красивый молодой человек с тёмными вьющимися волосами. Он произвёл впечатление на всех барышень, потому что, когда он встречался с ними, взгляд у него всегда был грустный. А девушкам это очень нравилось: они думали, что он грустен потому, что влюблён, а его избранница не любит его. Но больше всех думала о нём дочь Григория Ивановича Муромского Лиза. Ей было 17 лет. Чёрные большие глаза оживляли её смуглое и очень приятное лицо. У Лизы была горничная Настя. Она была старше своей хозяйки, но столь же легкомысленна, как и её барышня. У Насти на губах всегда была весёлая и чуть-чуть хитрая улыбка. Лиза очень любила её и открывала ей все свои тайны.

Однажды Настя попросила Лизу отпустить её в гости в деревню Тугилово, в которой как раз и жили Берестовы. Лиза согласилась, но с условием, что Настя, когда вернётся, расскажет ей о молодом Берестове.

Когда Настя вернулась, она рассказала, что Берестов очень красивый молодой человек. «Он стройный, высокий, румяный, — рассказывала Настя, — и очень весёлый».

217

— Да? А я думала, лицо у него бледное, а взгляд грустный.

— Да что вы! Он такой добрый, такой весёлый! — ответила Настя.

— Как бы мне хотелось его видеть! — сказала Лиза.

— Это нетрудно, — отвечала Настя. — Тугилово от нас недалеко. Пойдите погулять в ту сторону. Вы и встретите Алексея. Он каждый день утром ходит на охоту.

— Да нет, нехорошо. Ведь наши отцы не дружат друг с другом. Поэтому, если я даже его увижу, мне всё равно нельзя будет с ним познакомиться. Ах, Настя! А что, если я оденусь, как одеваются крестьянки?

— И в самом деле! Наденьте толстую рубашку, сарафан и идите в Тугилово.

Лиза так и сделала. Она оделась в одежду крестьянки и пошла погулять по лесу, который находился недалеко от деревни, в которой жил молодой Берестов. Алексей, как всегда, пошёл на охоту в лес, и там они встретились. Алексею очень понравилась молодая крестьянка. Он стал спрашивать, как её зовут. Лиза сказала, что её зовут Акулиной. Настоящая Акулина была крестьянкой. Это была толстая, некрасивая девушка, с круглым лицом и маленькими глазами.

Лиза и Алексей понравились друг другу. Они стали часто встречаться, а потом начали переписываться. Время шло. И однажды их отцы помирились друг с другом. Григорий Иванович Муромский даже пригласил в гости Ивана Петровича Берестова. Иван Петрович обещал приехать с сыном, о чём Григорий Иванович и рассказал своей дочери Лизе.

Лиза побледнела и очень испугалась. Она боялась, что Алексей Берестов, когда узнает, что она переодевалась крестьянкой, решит, что она легкомысленна и будет плохо думать о ней. Поэтому она решила одеться так, чтобы молодой Берестов её не узнал.

На следующий день, когда приехали гости, Лиза вышла к ним. Её отец хотел познакомить её с гостями. Он посмотрел на дочь и очень удивился. Лиза, его смуглая Лиза, выглядела бледной из-за большого количества косметики. На голове у неё были фальшивые волосы гораздо светлее собственных её волос. А на шее и руках было огромное количество украшений. Она выглядела очень смешно. К тому же говорила только по-французски.

Алексею дочь Муромского не понравилась. А вот отцы Лизы и Алексея стали настоящими друзьями. В конце концов Иван Петрович Берестов и Григорий Иванович Муромский решили, что было бы хорошо, если бы Лиза и Алексей поженились. Иван Петрович сказал сыну, что он хочет его женить на Лизе. Алексей очень удивился:

— Батюшка, мне Лиза Муромская совсем не нравится.

— После понравится, — ответил отец.

— Как хотите, а я не хочу жениться и не женюсь.

— Ты женишься, или я тебе не дам денег. Сделаю тебя нищим. Даю тебе три дня, чтобы подумать.

Алексей знал, что если отец что-нибудь решил, то он уже не откажется от своего решения. И он понял, что по-настоящему любит только Акулину. Тогда он решил поехать к Муромским и поговорить с Лизой. Если она откажется выходить за него замуж, его отец ничего не сможет сделать.

На другой день Алексей поехал к Муромским. Он вошёл в дом ... Лиза ... нет, Акулина, милая смуглая Акулина, не в сарафане, а в белом платье, сидела у окна и читала его письмо. Она была так занята, что не услышала, как вошёл Берестов. Через секунду она подняла голову. Увидев Алексея, она закричала и хотела убежать. Но Алексей удержал её. «Акулина, мой друг Акулина», — повторял он, целуя её руки. В эту минуту дверь открылась, и вошёл Григорий Иванович.

— Ага! — сказал Муромский. — Да вы, кажется, обо всём уже договорились.

Читатели избавят меня от лишней обязанности описывать конец этой истории.

(по А.С. Пушкину)

в) Прочитайте текст ещё раз. Ответьте на вопросы.

1. Почему барышни думали, что Алексей влюблён?
2. Что рассказала Настя о внешности Алексея Берестова?
3. Как познакомились Лиза и Алексей?
4. Как звали девушку с чёрными большими глазами, со смуглым и очень приятным лицом?
5. Как звали толстую, некрасивую девушку, с круглым лицом и маленькими глазами?
6. Почему Лиза сказала, что её зовут Акулиной?
7. Как выглядела Лиза, когда отец знакомил её с гостями?

8. Почему Лиза не понравилась Алексею Берестову?
9. Почему Лиза не хотела, чтобы Берестов её узнал?
10. Как вы думаете, чем закончилась история, которую вы прочитали?

г) Расскажите текст от лица Лизы Муромской, Алексея Берестова, Насти, Ивана Петровича Берестова и Григория Ивановича Муромского.

🎧 АУДИРОВАНИЕ

28. *а) Прослушайте рассказ Сергея. Ответьте на вопросы.*

1. Какого роста была на самом деле Катя?
2. Какие у неё были черты лица?
3. Какие у неё были волосы?
4. Какие у неё были в действительности глаза?
5. Почему Сергей сначала не узнал Катю?
6. Как Сергей потом узнал Катю?

б) Прослушайте рассказ Сергея ещё раз. Скажите, почему Катя не узнала Сергея.

🗣 ГОВОРЕНИЕ

29. *Составьте диалог по данной ситуации.*

Вам звонит незнакомый человек, который хочет с вами встретиться, чтобы передать вам письмо от ваших знакомых. Поблагодарите человека, который вам звонит. Узнайте, где и когда вы можете встретиться. Спросите, как вы узнаете друг друга. Спросите, как выглядит ваш собеседник. Опишите свою внешность.

30. *Опишите внешность изображённых на рисунке людей. Как вы думаете:*

1. Сколько приблизительно лет этим людям?
2. Какого они приблизительно роста?
3. Какие у них лица? Какие черты лица? Какой цвет лица?
4. Какие у них глаза? Большие? Маленькие? Какой у них цвет глаз? Какой у них взгляд?
5. Какие у них улыбки?
6. Какие у них лбы? Какие у них носы? Шеи?
7. Какой у них цвет волос? У них длинные волосы? У них густые волосы?
8. Как они, по вашему мнению, выглядят? Хорошо? Плохо? Моложе своих лет? Старше?

3. С вашим характером легко жить!

☑ ЛЕКСИКА

31. *а) Обратите внимание на слова, с помощью которых описывается характер человека.*

ОБЩАЯ ХАРАКТЕРИСТИКА			ОТНОШЕНИЕ К РАБОТЕ	
У него (неё)	хороший плохой	характер.	Он (она)	добросовестный инициативный опытный	работник. специалист.

ПОЛОЖИТЕЛЬНЫЕ ЧЕРТЫ ХАРАКТЕРА			ОТРИЦАТЕЛЬНЫЕ ЧЕРТЫ ХАРАКТЕРА	
Он (она)	добрый ответственный серьёзный смелый строгий требовательный трудолюбивый умный честный энергичный	человек.	Он (она)	глупый злой легкомысленный ленивый трусливый	человек.

*б) С помощью приставки **не-** образуйте антонимы к словам **добросовестный, опытный, требовательный, честный**.*

*в) С помощью приставки **без-** образуйте антонимы к словам **инициативный, ответственный**.*

*г) Используя информацию упр. 31а, найдите антонимы к словам **хороший, добрый, серьёзный, трудолюбивый, смелый, умный**.*

д) Прочитайте диалоги. Обратите внимание на использование слов, данных в упр. 31а.

— Я сегодня смотрел фильм о Королёве.

— Кто такой Королёв?

— Конструктор. Он создал ракету, на которой Юрий Гагарин полетел в космос.

— Интересный фильм?

— Очень. Я теперь знаю, о каких людях русские говорят «настоящий человек» или «человек с большой буквы».

— О каких?

— Об очень умных, смелых, честных и энергичных людях.

— Королёв был таким?

— Да. А ещё он был трудолюбивым, ответственным и требовательным к себе человеком. Больше всего на свете он не любил злых, легкомысленных, ленивых и трусливых людей. Всю свою жизнь он посвятил космонавтике. О нём можно сказать, что это человек с большой буквы.

32. *Составьте характеристики, антонимичные данным.*

1) Он добрый и честный человек. 2) Она смелый и очень ответственный человек. 3) Эта девочка очень ленивая и легкомысленная. 4) Ну, что я могу сказать? Он плохой и глупый человек. 5) Мария Сергеевна инициативный работник и опытный специалист.

☒ ГРАММАТИКА

1. Образование существительных с отвлечённым значением.
2. Образование и употребление краткой и полной формы имён прилагательных.
3. Образование и употребление превосходной степени имён прилагательных.

33. *а) Образуйте от прилагательных существительные с отвлечённым значением.*

Образец: ответственный — ответственность

Глупый, добросовестный, злой, требовательный, смелый, трусливый, честный, энергичный, безответственный, строгий.

б) Обратите внимание на образование существительных с отвлечённым значением от данных прилагательных.

трудолюбивый — трудолюбие	ленивый — лень	добрый — доброта	умный — ум

в) Используя информацию упр. 33а,б, ответьте на вопросы, образовав от данных в скобках прилагательных существительные.

1) За что Андрея Ивановича так любят в институте? (добросовестный и добрый). 2) За что Николая не любят в школе? (безответственный и ленивый). 3) За что ребята уважают Андрюшу? (смелый и честный). 4) За что ценят Ивана Ивановича? (трудолюбивый, умный и энергичный). 5) За что не уважают Сергея Дмитриевича? (трусливый и безынициативный). 6) За что родители ругают своих детей? (ленивый и недобросовестный). 7) За что родители хвалят своих детей? (трудолюбивый и честный).

34. *а) Образуйте краткую форму от данных прилагательных.*

1) хороший — хорош (-а, -и (-ы)): плохой, смелый, строгий, трудолюбивый, глупый, ленивый, трусливый, ответственный, легкомысленный.

2) добросовестный — добросовестен (добросовестна, добросовестны): инициативный, серьезный, требовательный, честный, энергичный.

б) Обратите внимание на образование краткой формы от данных прилагательных.

добрый — добр, добра, добры	злой — зол, зла, злы

в) Используя информацию упр. 34а,б, выразите ту же мысль иначе.

Образец: Серёжа очень трудолюбивый человек. — Серёжа очень трудолюбив.

1) Анатолий слишком глупый человек. 2) Лена очень смелая девушка. 3) Ваня удивительно честный ребёнок. 4) Он ещё неопытный инженер. Ему нельзя доверить эту работу. 5) Андрей Владимирович крайне добросовестный человек. 6) Саша и Ира очень легкомысленные дети. 7) Маша слишком ленивая девочка. 8) Дима и Петя очень трусливые мальчики.

35. *а) Обратите внимание на использование полной и краткой форм имён прилагательных.*

ПОСТОЯННЫЙ ПРИЗНАК	НЕПОСТОЯННЫЙ ПРИЗНАК
S *какой?* Pr	S Pr
Сергей — **строгий** человек.	Сегодня Сергей особенно **строг**.

б) Используя информацию упр. 35а, вместо точек употребите необходимую по смыслу форму прилагательного.

1) Вообще, он ... человек. А сегодня он ... как никогда (спокойный). 2) Мой отец очень ... человек. Но вчера, когда он разговаривал с нами, он был как-то особенно... (серьёзный). 3) Я не люблю её, она ... женщина. Уже третий день она за что-то ... на меня (злая). 4) Николай очень ... человек. Но иногда он бывает слишком ... , и тогда с ним трудно работать (требовательный). 5) Я знала, что Борис — ... человек. Но вчера вечером я убедилась, насколько он ... (глупый). 6) У меня очень ... бабушка. Но иногда, мне кажется, она бывает слишком ... к некоторым людям, которые не заслуживают её доброты (добрый).

36. *а) Образуйте наречия от данных прилагательных.*

Образец: честн**ый** —честн**о**.

Добросовестный, смелый, строгий, требовательный.

б) Вместо точек употребите существительное, наречие или прилагательное в нужной форме, образовав их от данных в скобках слов.

1) Дима такой ... ученик. ... — его черта характера. И сегодня он выполнил работу действительно ... (добросовестный). 2) Отец очень ... человек. Но вчера, когда я поступил неправильно, он был особенно ... . Он смотрел на меня и говорил со мной очень ... (строгий). 3) Она очень ... человек. Как ... она вела себя вчера. ... — главная черта её характера (смелый). 4) Нельзя сказать, что Анна Николаевна — ... женщина. Но вчера она вела себя ... и говорила ... (глупый). 5) Дмитрий Иванович — человек очень ... по отношению к окружающим, также ... он подходит к себе. Все знают, что он отличается ... , но сегодня он уж как-то особенно ... (требовательный). 6) Ваня — ... человек. Вот и сегодня он поступил ... . В разговоре с нами он был ... как никогда. ... — главная черта его характера (честный).

37. *а) Обратите внимание на образование превосходной степени имён прилагательных.*

1-Й СПОСОБ		2-Й СПОСОБ		3-Й СПОСОБ
самый	красивый строгий	красивее строже	всего (всех)	красив**ейший** строж**айший**

ЗАПОМНИТЕ!

хороший:	самый **хороший**	**лучше** всего (всех)	**лучший**
плохой:	самый **плохой**	**хуже** всего (всех)	**худший**

б) Используя информацию упр. 37а, образуйте превосходную степень всеми возможными способами от данных прилагательных.

Образец: добрый: 1) Он (она) самый добрый человек. 2) Он (она) добрее всех. 3) Он (она) добрейший человек.

Глупый, добросовестный, ленивый, ответственный, серьёзный, смелый, трудолюбивый, трусливый, умный, честный, энергичный.

38. *а) Обратите внимание на способы выражения сравнительных отношений.*

СРАВНИТЕЛЬНАЯ СТЕПЕНЬ				ПРЕВОСХОДНАЯ СТЕПЕНЬ	
Это платье	**красивее**	(+ *р.п.*) + **чем** +(*и.п.*)	моего. моё.	1) Это платье	**самое красивое.** красивее всех.
				2) Это	**красивейшее платье.**

б) Используя информацию упр. 38а, вместо точек употребите слова в скобках в сравнительной или превосходной степени. Превосходную степень образуйте с помощью суффиксов **-ейш-, -айш-**.

Моя сестра ..., чем я (старый). Я очень люблю её, поэтому мне иногда кажется, что она ... меня (красивый и хороший). Она ... меня ростом (высокий). Волосы у неё ..., чем у меня (длинный), а глаза ... моих (большой). Но не это главное. Главное, что она ... в мире человек (добрый и честный). На работе её тоже очень ценят. Её коллеги говорят, что она ... человек, ... специалист, ... работник (умный, опытный, добросовестный). К тому же она ..., чем я (смелый). Она не боится говорить правду в глаза, если считает, что человек поступает неправильно. Ну и, конечно, она ... меня (трудолюбивый и серьёзный). Когда она училась, она получала только пятёрки. Даже моя мама часто говорит мне: «Ты ... своей сестры» (легкомысленный и ленивый). Что же мне делать? Как мне стать такой же, как моя сестра?

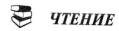

ЧТЕНИЕ

Текст 3

а) Проверьте, знаете ли вы следующие слова и словосочетания. В случае необходимости обратитесь к словарю.

Аспирантура, ведущий инженер, изобретение, проживать, проявлять склонность, соответствовать, сотрудник

б) Прочитайте текст. Положительную или отрицательную характеристику получил с места работы Анатолий Владимирович Токмаков?

ХАРАКТЕРИСТИКА

Токмакова Анатолия Владимировича, ведущего инженера Конструкторского бюро им. С.В. Ильюшина, 1958 года рождения, проживающего по адресу: Москва, ул. Войковская, д. 7, кв. 321.

Токмаков Анатолий Владимирович с 1983 года работает в Конструкторском бюро им. С.В. Ильюшина. С 1983 по 1988 год работал в должности инженера, а с 1988 года по настоящее время занимает должность ведущего инженера.

В этой должности проявил себя энергичным, добросовестным и ответственным работником. Инициативен. Хорошо знает и исполняет свои обязанности. Опытный специалист. Проявляет склонность к самостоятельной творческой работе, автор трёх изобретений. Строгий и требовательный руководитель, пользуется уважением в коллективе. Полностью соответствует занимаемой должности.

Характеристика дана для предоставления в отдел аспирантуры Московского авиационного института.

Директор КБ им. С.В. Ильюшина

Петровский С.С.

25 октября 2005 года

в) Прочитайте текст ещё раз. Найдите в тексте ответы на вопросы.

1. С какого года работает А.В. Токмаков в конструкторском бюро?
2. Какую должность занимает А.В. Токмаков в конструкторском бюро?
3. Что можно сказать о А.В. Токмакове как о сотруднике?
4. Зачем дана характеристика А.В. Токмакову?

АУДИРОВАНИЕ

39. *а) Прочитайте слова, характеризующие человека.*

Энергичный, инициативный, умный, глупый, добрый, злой, серьёзный, легкомысленный, требовательный, честный, смелый, трусливый.

б) Прослушайте информационное сообщение. Подчеркните в упр. 39а слова, которые обозначают те черты характера, которыми, по мнению избирателей, должен обладать политик.

в) Используя слова упр.39а, ответьте на вопрос: «Каким должен быть политик?»

ГОВОРЕНИЕ

40. *Расскажите о своём друге (своей подруге), используя в качестве плана данные вопросы.*

1. Как зовут вашего друга (подругу)?
2. Сколько ему (ей) лет?
3. Где он (она) живёт?
4. Где учится или работает?
5. Где вы познакомились?

6. Как он (она) выглядит?
7. Какой у него (у неё) характер?
8. Какие черты его (её) характера вам нравятся? А какие не нравятся?
9. Какую его (её) черту характера вы считаете самой главной?
10. За что вы любите своего друга (подругу)?

4. Как модно вы одеваетесь!

☑ *ЛЕКСИКА*

41. *а) Обратите внимание на слова, с помощью которых описываются предметы туалета.*

Мужчины	**носят надевают**	брюки. пиджаки. рубашки.	Мужчины Женщины	**ходят в**	куртках. плащах. пальто.
Женщины		блузки. юбки. платья. сарафаны.	Они	**одеты в**	костюмы. свитера. спортивные костюмы. джинсы. футболки. кофты.
У него (у неё)	(не)красивый (не)модная нарядная	платок. фуражка. шляпа. шапка.	Они	**одеваются**	модно. немодно. со вкусом. безвкусно.
	дорогие дешёвые	ботинки. туфли. кроссовки.			
	(не)удобные тёплые	валенки. сапоги.			

б) Прочитайте диалоги. Обратите внимание на использование слов, данных в упр. 41а.

①

— Анна Мария, что носит сейчас молодёжь в Мексике?
— То же, что и во всём мире. Джинсы, футболки, свитера. Когда холодно, все ходят в куртках и плащах. А когда жарко, мужчины носят лёгкие рубашки, а женщины надевают сарафаны.
— А я люблю, когда мужчины одеты в костюмы. Тогда они выглядят очень элегантно.
— Особенно в выходной день на пляже.
— Анна Мария, ну почему ты всегда надо мной смеёшься!

②

— Пань Минь, откуда у тебя такие красивые туфли?
— Вчера купила. Нравятся?
— Очень. Дорогие?
— И дорогие, и неудобные.
— Зачем же ты тогда их купила?
— Хочу модно одеваться. Вот и всё.

в) Используя информацию упр. 41а, ответьте на вопросы.

1) Что носит сейчас молодёжь в вашей стране? 2) В чём ходит сейчас молодёжь в России? 3) В чём обычно ходят на работу бизнесмены? 4) Во что вы сегодня одеты? 5) Что вы надеваете, когда идёте в институт? Как вы одеваетесь?

г) Используя информацию упр. 41а, вместо точек употребите необходимые по смыслу слова в нужной форме.

1) Пожилая женщина ... в светлое платье. 2) Какие брюки ... мужчины в этом сезоне? 3) Молодой человек, пришедший к нам, ... в чёрный костюм. 4) В чём у вас ... школьники? 5) Она ... так безвкусно. 6) В России мужчины и женщины зимой ... в куртках и пальто.

42. *Используя слова для справок, найдите антонимы к выделенным словам.*

Слова для справок: безвкусно, войти, дешёвый, светлый, праздничный, немодно, чёрный, зимний, тяжёлый, некрасивые.

1) <u>Красивые</u> сапоги — ... 2) <u>Летняя</u> одежда — ... 3) Одеваться <u>со вкусом</u> — ... 4) Одеваться <u>модно</u> — ... 5) <u>Выйти</u> из моды — ... 6) <u>Будничная</u> одежда — ... 7) <u>Тёмный</u> костюм — ... 8) <u>Белые</u> туфли — ... 9) <u>Лёгкая</u> сумка — ... 10) <u>Дорогое</u> платье — ...

43. *а) Прочитайте слова, обозначающие материал, из которого сделана одежда. Уточните их значение по словарю.*

Бархат, вельвет, кожа, мех, хлопок, шерсть, шёлк, синтетика.

б) Прочитайте диалог. Обратите внимание на использование слов, данных в упр. 43а.

— Покажите, пожалуйста, эту блузку.
— Пожалуйста.
— Из чего она сделана?
— 100% синтетики.
— Нет, спасибо. В ней будет очень жарко.
— Не хотите блузку из синтетики? Посмотрите тогда вот эту. Здесь 60% хлопка и всего 40% синтетики.
— Нет, спасибо. А вот те блузки?
— Эти блузки из шёлка. Они стоят очень дорого.
— Спасибо. До свидания.
— Пожалуйста.

в) Выразите ту же мысль иначе.

Образец: Меховая шуба — шуба из меха.

1) Шёлковая блузка — ... . 2) Вельветовые брюки — ... . 3) Шерстяной пиджак — ... . 4) Кожаная куртка — ... . 5) Бархатное платье — ... . 6) Синтетическая рубашка — ... . 7) Хлопчатобумажный сарафан — ... .

44. *а) Обратите внимание, какие бывают рисунки на ткани.*

полоска

клетка

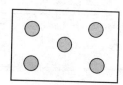
горошек

цветочек

б) Прочитайте диалог. Обратите внимание на использование слов, данных в упр. 44а.

— Покажите, пожалуйста, вот ту рубашку.
— Нет-нет, не эту. А вот ту, в клетку.

в) Назовите рисунок ткани.

Образец: Платье, цветочек — Платье в (+ в. п.) — Платье в цветочек.

1) Пиджак, клетка — ... 2) Сарафан, горошек — ... 3) Брюки, полоска — ...

45. *а) Посмотрите на рисунки и прочитайте подписи под ними.*

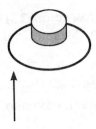
Это шляпа.
У неё широкие поля.

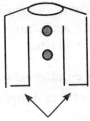
Это рубашка.
У неё длинные рукава.

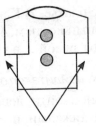
Это рубашка.
У неё короткие рукава.

Это воротник.

б) Прочитайте слова. Уточните их значение по словарю.

Вышивка (вышивание), кружево, орнамент.

в) Прочитайте диалог. Обратите внимание на использование слов, данных в упр. 45а.

— Скажите, пожалуйста, вот эти блузки в полоску с кружевным воротником только с длинными рукавами?
— Нет, есть и с короткими. Сейчас я вам покажу.

г) Образуйте из данных слов словосочетания.

Образец: Мужская рубашка, национальный орнамент — мужская рубашка с национальным орнаментом.

1) Кофта, национальный орнамент — ... 2) Шляпа, широкие поля — ... 3) Блузка, длинные рукава — ... 4) Рубашка, короткие рукава — ... 5) Платье, кружевной воротник — ... 6) Шляпа, узкие поля.

46. *Выразите ту же мысль иначе.*

Образец: На ней была меховая шапка. В руках она держала сумку.— Она была в меховой шапке, с сумкой в руках.

1) На ней было тёмное платье. Его украшал кружевной воротник. 2) На нём были немодные сапоги. У них был низкий каблук. 3) Они были одеты в спортивные костюмы и кроссовки. На плечах у них были тяжёлые рюкзаки. 4) После смерти мужа на ней всегда было чёрное платье. На голове у неё был чёрный платок.

47. *а) Обратите внимание на конструкции, с помощью которых мы оцениваем одежду.*

(кому?) **(не) идёт** *(что?)*	Тане **(не) идёт** эта шляпа.
(что?) **(не) подходит** *(к чему?)*	Эта шляпа **(не) подходит** к платью.

б) Прочитайте диалог. Обратите внимание на использование конструкций, данных в упр. 47а.

— Ну как?
— Свитер хороший, но тебе он совсем не идёт. Не твой цвет. И потом, он не подходит к этим брюкам.

в) Используя информацию упр. 47а, составьте из данных слов предложения.

1) Она, это платье. 2) Он, спортивная рубашка. 3) Свитер, брюки. 4) Туфли, платье. 5) Вы, голубой цвет. 6) Девушка, сарафан. 7) Галстук, костюм. 8) Сумка, пальто. 9) Мать, блузка. 10) Отец, пиджак. 11) Ты, зелёный цвет.

48. *а) Обратите внимание на значения краткой и полной форм прилагательных. Краткая форма указывает на несоответствие размера одежды.*

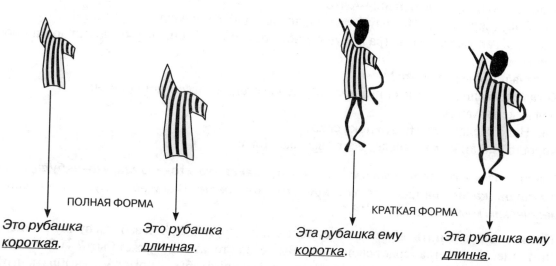

ПОЛНАЯ ФОРМА

Это рубашка <u>короткая</u>.

Это рубашка <u>длинная</u>.

КРАТКАЯ ФОРМА

Эта рубашка ему <u>коротка</u>.

Эта рубашка ему <u>длинна</u>.

б) Используя информацию упр. 48а, вместо точек употребите краткие прилагательные в нужной форме. В случае затруднения воспользуйтесь Грамматическим комментарием, п. 8.

1) В магазине мне понравилось платье. Я примерила его, но не купила, потому что оно мне ... (короткий) . 2) Не советую покупать вам этот плащ. Он вам ... (широкий). 3) Отец располнел, и костюм ему стал ... (маленький). 4) Эти джинсы мне ... (большой), покажите другую пару. 5) Подруга подарила мне туфли, но я их не ношу, потому что они мне ... (узкий).

*в) Обратите внимание на использование приставки **по-**.*

> **по** + *сравнительная степень прилагательного*
>
> Эта блузка мне мала. Дайте на размер <u>побольше</u>.

*г) Прочитайте диалог. Обратите внимание на использование приставки **по-**.*

— Дайте мне, пожалуйста, вот эти белые туфли 36-го размера.
— Пожалуйста.
— Можно примерить.
— Конечно.
— Дайте, пожалуйста, вторую туфлю.
— Пожалуйста.
— Мне кажется, они мне малы. Дайте, пожалуйста, на размер побольше.

*д) Используя информацию упр. 48в, образуйте слова с приставкой **по-**. В случае затруднения воспользуйтесь Грамматическим комментарием, п. 7.1.*

1) Давай возьмём туфли ..., может, будут дольше носиться (дорогой). 2) Мне кажется, что юбка широка мне в поясе. Дайте, пожалуйста, на размер ... (маленький). 3) Я тебе покажу магазин, где ты купишь ... такой же точно галстук (дешёвый). 4) Нет, эти брюки мне длинны. Давай возьмём ... (короткий). 5) Эти туфли мне малы. Дайте на размер ... (большой). 6) Это платье тебе коротко. Возьми то, которое ... (длинное).

49. *а) Прочитайте диалоги. Вместо точек употребите слова **кто-то**, **где-то**, **кто-нибудь**, **что-нибудь, кое-что**. В случае затруднения воспользуйтесь Грамматическим комментарием, п. 18.*

①

— ... оставил у нас в комнате шапку.
— Наверное, как всегда, Пак. Он всегда ... теряет. В прошлый раз он оставил у девочек свой учебник . ... мне говорил, что вчера он искал шапку, но так и не нашёл.
— Пойду схожу к нему.

— Добрый вечер! Кумар, Пак, ... из вас терял шапку?

— Я вчера ... оставил свою шапку. А что?

— Вот, Пак, твоя шапка. Пожалуйста, больше не теряй свои вещи.

— Спасибо. А я уже хотел завтра покупать новую. Кстати, Тьен, ты уже сделал домашнюю работу по русскому языку.

— ... сделал, но не всё. А что?

— Когда сделаешь, дай мне списать, а то у меня сегодня совсем нет времени.

— И чем же ты занят.

— Так. Надо сделать ... . Но это пока секрет.

— Хорошо. Зайди ко мне после десяти вечера. Пока.

б) Вместо точек употребите слова **кто-то, чья-то, каком-то, кто-нибудь, что-нибудь, кем-нибудь, какую-нибудь, какие-нибудь, кое-кто, кое-что, кое- какие.** *В случае затруднения воспользуйтесь Грамматическим комментарием, п. 18.*

1) Прежде чем ... купить, я всегда советуюсь с ... из друзей. 2) Я ... забыла сумку и теперь не могу вспомнить где. 3) ... всегда теряет свои вещи. Вы не знаете, кто это может быть? 4) Сегодня мне надо поехать в магазин и купить ... игрушки для сына. Я хочу, чтобы ... помог мне выбрать игрушки для мальчика семи лет. 5) Смотри, тут лежит .... шляпа; ... оставил её в автобусе. 6) Брюк на стуле не было: ... повесил их в шкаф. 7) ... сувениры я уже купила, но, конечно, нужно будет ещё купить ... для мамы. 8) Дай мне ... рубашку. Всё равно какую. 9) В прошлом году в ... журнале я прочитал интересную статью о современной моде. 10) ... сумка лежит на столе. Ты не знаешь, чья это сумка? 11) ... из вещей я покупаю на рынке, а ... в магазине.

☒ ГРАММАТИКА

> 1. Образование наречий на **-ому, -ему**.
> 2. Трудные случаи склонения и согласования числительных с именами существительными.
> 3. Выражение сравнительных и сопоставительных отношений в простом и сложном предложении.

50. *а) Образуйте наречия от данных слов с помощью суффикса* **-ому (-ему)** *и приставки* **по-**.

   Образец: старый — по-старому.

Новый, разный, осенний, весенний, летний, зимний, мой, твой, наш, ваш.

б) Используя информацию упр. 50а, вместо точек употребите наречия, образовав их от данных в скобках слов.

1) Молодёжь в нашей стране одевается ... (разный). 2) ... (Мой), ей не идёт это платье. А как ... (ваш)? 3) На улице холодно, а она одета ... (летний). 4) Хотя июнь, но погода очень холодная, поэтому все оделись ... (осенний): в плащи и куртки. 5) ... (Твой), эта рубашка подходит к пиджаку. 6) Он всегда носил джинсы и свитера, а сегодня надел костюм. В нём он выглядит совершенно иначе, я бы сказала ... (новый). 7) Зачем ты надела туфли? Сейчас не осень, а зима. А зимой надо одеваться ... (зимний).

51. *а) Образуйте множественное число от данных слов.*

1) **-а, -я:** свитер, платье

2) **-и:** ботинок (о/-), валенок (о/-), платок (о/-)

б) Обратите внимание на использование данного слова.

> **ЗАПОМНИТЕ!**
>
> Слово **пальто** не изменяется и не имеет множественного числа.
>
> *В магазине висело много разных _пальто_.*

в) Продолжите склонение данных существительных.

	очки	джинсы	брюки	сапоги	туфли	ботинки	кроссовки
1) Это	очки	джинсы	брюки	сапоги	туфли	ботинки	кроссовки
2) У меня нет	очков	джинсов	брюк	сапог	туфель	ботинок	кроссовок
3) Меня узнают по	....
4) Я ношу	....
5) Я доволен	....
6) Я хожу в	....

52. *а) Обратите внимание на способы выражения сравнительных отношений.*

1)	**по сравнению** **в сравнении**	**с**	(+ *т.п.*)	По сравнению с пятидесятыми годами мода сильно изменилась.
2)	Сравнительная степень прилагательного (+ *р.п.*)			Это платье красивее моего.
3)	Сравнительная степень прилагательного + **чем** (+ *и.п.*)			Это платье красивее, чем моё.

б) Используя информацию упр. 52а, вместо точек употребите слова в скобках в нужной форме.

1) По сравнению с ... (семидесятые годы) мода стала более демократичной и разнообразной. 2) Зелёное пальто ... (длинный), чем ... (синий). 3) Чёрная юбка ... (короткий, коричневый). 4) Мне кажется, что строгий костюм ... (элегантный), чем ... (джинсы со свитером). 5) В сравнении с ... (прошлый век) одежда стала удобной. 6) Красное платье (красивый, зелёный).

53. *а) Обратите внимание на способы выражения сопоставительных отношений в простом и сложном предложении.*

Простое предложение		Сложное предложение	
не только, ... но и	Эти туфли не только удобны, но и красивы.	же	Будничная одежда была простой, праздничная же одежда была очень нарядной.
как... так и	Как у вас, так и у нас в стране женщины любят красиво одеваться.	тогда как	В России девушки ходили без платка, тогда как замужние женщины обязательно надевали платок.
а не	Эти рубашки сделаны из хлопка, а не из синтетики.	по мере того как	По мере того как я рос, менялись и мои вкусы.
		если... то	Если обувь в крестьянской семье делали мужчины, то одежду изготовляли женщины.

б) Используя информацию упр. 53а, вместо точек употребите слова в скобках.

1) Вышивка ... делала костюм красивее и богаче, ... имела другое значение — защитить того, кто носил эту одежду, от несчастья (не только ..., но и). 2) Вышивание было традиционным занятием для русской женщины ... в бедной, ... богатой семье (как,... так и). 3) В китайских вышивках орнамент многоцветный, в русской ... вышивке орнамент часто бывает одноцветным (же). 4) Вышивки на одежде выполняли шерстяными и шёлковыми нитками, ... женские головные уборы украшали иначе (тогда как). 5) Вологодские кружевные изделия изготовляются из хлопчатобумажных ниток, ... из синтетических (а не). 6) ... в Центральной России женщины носили шерстяные сарафаны, ... в южных областях России женщины носили юбки в клетку (если, ... то). 7) У крестьян в старину обувь ... у мужчин, ... у женщин была одинаковой (как, ... так и). 8) ... девочка подрастала, она всё больше начинала помогать матери, выполняя различные работы по дому (по мере того как).

ЧТЕНИЕ

а) Проверьте, знаете ли вы следующие слова и словосочетания. В случае необходимости обратитесь к словарю.

Беречь, ель, заплетать косу, защищать, изготовление, лапти, лента, местность, несчастье, овечья шерсть, поколение, приданое, посторонний, символическое значение, украшать.

б) Прочитайте письмо. Обратите внимание на особенности русского национального костюма.

Здравствуй, Тьен!

Спасибо за твоё письмо. Я была очень рада его получить. Ты спрашиваешь, как мои дела. У меня всё в порядке. Мне было приятно узнать, что ты интересуешься русским национальным костюмом. Я с удовольствием расскажу тебе о нём.

Крестьянская одежда резко делилась на будничную и праздничную. Будничная одежда была простой, часто её почти никак не украшали, праздничная же, наоборот, была очень нарядной. Любую одежду в деревне очень берегли, потому что доставалась она с большим трудом и каждая вещь должна была служить многие годы, часто не одному поколению семьи.

Женская одежда состояла из длинной рубашки с рукавами. Если в Центральной России поверх неё надевали шерстяной сарафан, то в южных областях женщины носили юбку в клетку, а на голову надевали платок. Девушки, как правило, заплетали одну косу и украшали голову лентой, у замужней же женщины волосы были заплетены в две косы. Девушки могли ходить без платка, тогда как замужняя женщина не могла появляться при посторонних без головного убора. Это считалось неприличным.

Мужская одежда состояла из рубашки и брюк (их называли порты).

Обувь у крестьян, как у мужчин, так и у женщин, была одинаковой. У бедных - лапти. Лапти в сухую погоду были и лёгкой, и удобной обувью. Но в дождь, в холод в лаптях было плохо. Богатые крестьяне на такое время года шили из кожи сапоги. Зато зимой все надевали валенки, которые изготовляли из домашней овечьей шерсти. Были они удобными, тёплыми, мягкими, и ходить в них по льду и снегу - одно удовольствие, хотя особенно красивой обувью их не назовёшь.

Если обувь в крестьянской семье традиционно делали мужчины, то одежду всегда шили женщины. Маленькие девочки уже с шести-семи лет помогали взрослым. По мере того как девочка подрастала, она начинала сама готовить себе приданое. Самыми серьёзными вещами для девушки считались свадебные рубашки для себя и жениха. Воротник мужской рубашки украшали вышивкой. Долгие месяцы девушка вышивала рубашку. По её работе люди судили, какая из неё будет жена и хозяйка, какая работница. Женская свадебная рубашка тоже была богато украшена вышивкой на рукавах, на плечах.

Вышивать было принято в часы, свободные ото всех других работ. Обычно девушки собирались вместе в каком-нибудь доме и садились за работу. Они работали, пели песни, рассказывали сказки или просто разговаривали.

Вышивка на крестьянской одежде не только украшала её, но и должна была защитить того, кто носил эту одежду, от несчастья, от злого человека. Отдельные элементы вышивки имели символическое значение. Вышила женщина ёлочки - значит, желает она человеку счастливой жизни, потому что ель - это дерево жизни и добра. Родился у крестьянки ребёнок. И его первую простую рубашечку она украсит вышивкой в виде прямой линии яркого, радостного цвета. Это прямая и светлая дорога, по которой должен идти её ребёнок.

Вот, кажется, и всё, что я могу рассказать тебе о русском национальном костюме. Когда я писала это письмо, я поняла, что очень мало знаю о твоей стране. Расскажи мне, пожалуйста, как одевались крестьяне у тебя на родине. Передай от меня привет своим родителям.

Всего хорошего. *Юля.*

в) Прочитайте текст ещё раз. Ответьте на вопросы.

1. Как одевались русские крестьяне в будни и праздники?
2. Из чего состояла одежда женщин-крестьянок?
3. Почему замужняя женщина не могла появляться при посторонних без платка?
4. Из чего состояла одежда мужчин?
5. Какую обувь носили крестьяне?
6. Кто делал в крестьянской семье обувь?
7. Кто шил в крестьянской семье одежду?
8. Чем украшались свадебные рубашки?
9. Какое значение придавал народ вышивкам на одежде?

🎧 АУДИРОВАНИЕ

54. *Прослушайте информационное сообщение. Ответьте на вопросы.*

1. Показ каких моделей состоялся в концертном зале «Октябрьский»?
2. Кто покупает модели Зайцева и Юдашкина?
3. Какая одежда преобладала в их коллекциях?
4. Из каких материалов она была выполнена?

🗣 ГОВОРЕНИЕ

55. *а) Сравните русский национальный костюм и костюм, который носят у вас на родине, дополнив данный текст.*

Если в России крестьянки носили сарафан, то у нас в стране они ... В вашей стране замужняя женщина надевала на голову платок, тогда как у нас в стране ... Летом русские крестьяне носили лапти, а зимой — валенки. Наши же крестьяне ... Если в России обувь делали мужчины, а одежду шили женщины, то у нас в стране ...

б) Расскажите о традиционной одежде, которую носят у вас на родине, используя в качестве плана вопросы к тексту 4в.

56. *Расскажите о том, как вы одеваетесь, используя в качестве плана данные вопросы.*

1. Во что вы любите одеваться и почему?
2. Что вы носите летом?
3. В чём вы ходите зимой?

4. Как выглядит ваша любимая одежда (цвет, ткань, рисунок на ткани)?

⟨⟨⟨⟨⟨⟨ 5. Давайте говорить друг другу комплименты... ⟩⟩⟩⟩⟩⟩

☑ ЛЕКСИКА

57. *а) Обратите внимание на комплименты, с помощью которых люди выражают своё одобрение.*

ОЦЕНКА ПОЛОЖИТЕЛЬНЫХ КАЧЕСТВ ЧЕЛОВЕКА	ОЦЕНКА ОТДЕЛЬНЫХ ЧЕРТ ХАРАКТЕРА	ОЦЕНКА ПРОФЕССИОНАЛЬНЫХ КАЧЕСТВ ЧЕЛОВЕКА
Вы такая красивая! С вашим характером легко жить!	У вас лёгкий характер! У вас есть чувство юмора!	Вы хороший специалист! математик! врач!
Какой вы умный! добрый!	Вы очень отзывчивый человек!	

231

б) Прочитайте диалоги. Используя информацию упр. 57а, найдите в них формы речевого этикета. Объясните, почему был сделан комплимент.

①

— Анна Сергеевна! Здравствуйте!

— Здравствуйте, Анна Мария. Как дела? Вы сегодня такая красивая!

— У меня сегодня экзамен. Вот я и решила надеть новый костюм и сделать новую причёску. Может, буду меньше волноваться...

— А кто принимает экзамен?

— Юрий Иванович Смирнов.

— Так что же вы волнуетесь? Он очень добросовестный человек и хороший специалист! Я уверена, что у вас будет всё хорошо!

— Какая вы добрая, Анна Сергеевна! Всегда найдёте нужные слова. Спасибо большое! До свидания.

②

— Ольга Дмитриевна! Мы работаем с вами уже десять лет. А я никогда не видел вас в плохом настроении. Вы всегда улыбаетесь. Всегда дружелюбны. У вас лёгкий характер!

— Спасибо, Дмитрий Петрович. Но вы не совсем правы. И у меня иногда бывает плохое настроение.

③

— Добрый день, Пань Минь! Что это ты такая грустная? Что случилось?

— Экзамен не сдала.

— Ну и что! Бывает. Сдашь в следующий раз. Я тоже не сдала экзамен по математике. Что же теперь, умирать? Выучим и сдадим.

— Мне бы, Катя, твой оптимизм. Как ты можешь не расстраиваться? С твоим характером легко жить!

④

— Николай Юрьевич! Я познакомился с вашей новой статьёй. Это новое слово в науке! Вы настоящий учёный!

— Спасибо, Александр Иванович! Но и вы тоже очень хороший специалист. Говорят, что все студенты нашего института занимаются только по вашему учебнику.

— Не знаю, не знаю, почему они берут в библиотеке именно мой учебник. То ли потому, что он действительно написан неплохо... То ли потому, что других в библиотеке нет.

58. *а) Обратите внимание на комплименты, с помощью которых люди оценивают внешность, одежду и манеру поведения собеседника.*

ОЦЕНКА ВНЕШНОСТИ			ОЦЕНКА ОДЕЖДЫ	
Вы прекрасно выглядите!			Как модно вы одеваетесь!	
У вас	хорошая приятная	улыбка!	С каким вкусом вы одеваетесь!	
	красивые	волосы! глаза!	Вам	идёт так одеваться! к лицу эта блузка!

ОЦЕНКА МАНЕРЫ ПОВЕДЕНИЯ			КОМПЛИМЕНТЫ ПОСЛЕ ДОЛГОЙ РАЗЛУКИ	
С вами	интересно приятно	разговаривать! иметь дело!	Вы	не меняетесь! всё такая же! не стареете! всё молодеете!

*б) Используя информацию упр. 58а, найдите синоним к фразе **вы не меняетесь**.*

в) Прочитайте ответы на комплименты.

Спасибо!	Приятно слышать!
Спасибо за комплимент!	Я рад(а) это слышать!
Ну что вы!	Я то же могу сказать и о вас!

г) Прочитайте диалоги. Используя информацию упр. 58а, найдите в них формы речевого этикета. Объясните, почему был сделан комплимент.

①

— Анна Мария! Сколько лет, сколько зим! Давно же мы не виделись. Наверное, года два-три. А я тебя сразу узнала! Ты не меняешься!

— Я то же могу сказать и о тебе. Ты, Таня, всё такая же. А цвет лица какой хороший! Ты прекрасно выглядишь!

— Ну что ты! Слушай, где ты купила это платье? Такой красивый цвет! Тебе идёт так одеваться! А туфли какие модные! И к платью подходят идеально. Как модно ты одеваешься!

— Приятно слышать! Да и ты тоже одеваешься не хуже. Тебе к лицу эта шляпа. Я бы себе тоже такую с удовольствием купила.

— Ну что, пойдём, посидим в кафе?

— С удовольствием!

②

— Мне нужно сделать фотографию.

— Пожалуйста, садитесь вот сюда.

— Смотрите на меня. Улыбнитесь! Смелее! У вас такая хорошая улыбка! Я обратил на это внимание, как только вы вошли.

— Спасибо за комплимент.

③

— Александр Иванович! Я всё сделала. Возьмите ваши бумаги. Они лежат у меня на столе.

— Спасибо, Анна Сергеевна. С вами приятно иметь дело! Вы всегда всё делаете вовремя.

— Я рада это слышать.

59. *Вместо точек употребите необходимый по смыслу комплимент.*

1) — Катя, какой у тебя красивый костюм! ... выглядишь! Как модно ...
— Спасибо, Пань Минь!

2) — Николай Юрьевич, ... специалист! Вы нам очень помогли.
— Я ... сказать и ...

3) — Александр Иванович, вы не только ... преподаватель, но и ... переводчик!
— ..., Дмитрий Петрович!
— Нет-нет, это правда, не скромничайте, пожалуйста.

4) — Кого я вижу! Сколько лет, сколько зим! ... молодеешь!
— Приятно ...

5) — Вы сегодня такая ...
— Спасибо за ...

6) — Мне было приятно с вами поговорить. Вы очень приятный, тактичный молодой человек. С вами ...
— ...

7) — Ну рассмешили. Давно я так не смеялся. У вас есть ...
— Я ... сказать и ...

✖ ГРАММАТИКА

| 1. Употребление слов **какой** и **как**. |

60. *а) Вместо точек употребите слово **какой** в нужной форме.*

1) ... вы умный! 2) ... вы красивая! 3)... у тебя красивое платье ! 4) ... вы хороший специалист! 5) ... у вас прекрасные дети! 6) ... вы интересный человек.

*б) Вместо точек употребите слова **какой** или **как**.*

1) ... модно вы одеваетесь! 2) ... хорошо вы выглядите! 3) ... вы добрый человек! 4) ... у вас прекрасный муж! 5)... у вас лёгкий характер! 6) ... с вами интересно разговаривать!

в) Вместо точек употребите глагол в нужной форме.

1) Вы прекрасно ... (выглядеть)! 2) Вы не ... (меняться)! 3) Ты не ... (стареть)! 4) Вы все ... (молодеть). 5) Ты хорошо ... (переводить)! 6) Тебя ... (молодить) это платье!

 ЧТЕНИЕ

Текст 5

а) Проверьте, знаете ли вы следующие слова. В случае необходимости обратитесь к словарю.

Конкретный, собеседник, стереотипы, уместно, чаепитие, этикет.

б) Прочитайте фрагмент лекции. Обратите внимание на условия использования тех или иных форм русского речевого этикета.

НЕКОТОРЫЕ ПРАВИЛА РУССКОГО РЕЧЕВОГО ЭТИКЕТА

Темой нашей сегодняшней лекции является русский речевой этикет. Для начала ответим на вопрос: что же такое этикет? Этикет — это установленный порядок поведения, то есть умение вести себя в той или иной ситуации. Соответственно речевой этикет — это социально закреплённые стереотипы общения. Они включают в себя умение правильно поздороваться и попрощаться, в случае необходимости извиниться перед собеседником или поблагодарить его. Часто возникает необходимость поздравить собеседника с праздником или с каким-то важным событием в его жизни, а также высказать в связи с этим свои пожелания. Важной частью русского речевого этикета является умение сделать своему собеседнику комплимент. Рассмотрим на конкретном примере, как следует вести себя, если вы пришли в гости.

Если вас пригласили в русскую семью, то вам обязательно предложат вместе поужинать или выпить чашку чая. Во время ужина или чаепития будет уместно сделать комплимент хозяйке дома, приготовившей для вас угощение. Например, сказать: «Вы прекрасная хозяйка! Как вкусно вы готовите!»

Если ваш русский друг живёт вместе с родителями, братьями и сёстрами и вы познакомились с ними, ему будет приятно услышать от вас похвалу в их адрес. В этом случае вы можете оценить как положительные качества человека в целом, так и отдельные черты его характера. Например: Какая красивая у тебя мама! Какой добрый у тебя папа! У твоей сестры лёгкий характер! У твоего брата есть чувство юмора! Вашему собеседнику будет приятно услышать и положительную оценку внешности, одежды близких ему людей. Ему, несомненно, понравится, если вы скажете: «Как хорошо выглядит твоя мама! Как модно она одевается! Ей к лицу это платье!»

Мужчинам комплименты по поводу одежды делаются гораздо реже, чем женщинам. Если же вы хотите сделать комплимент мужчине, то лучше обратите внимание на его манеру поведения, его деловые или личные качества. Скажите: «С твоим папой интересно разговаривать!» — и вашему собеседнику будет очень приятно это услышать.

Таким образом, используя правильно формы русского речевого этикета, вы сумеете создать о себе приятное впечатление, вас всегда будут рады видеть, с вами будут охотно общаться.

в) Прочитайте текст ещё раз. Ответьте на вопросы.

1. Что такое этикет?
2. Что такое речевой этикет?
3. Какие стереотипы общения включают в русский речевой этикет?
4. Когда и какие комплименты уместно сделать хозяйке дома?
5. Какие комплименты следует сделать, если возникла необходимость оценить положительные качества человека в целом или отдельные черты его характера?
6. Какие комплименты следует сделать, если возникла необходимость оценить внешность и одежду человека?
7. На что следует обратить внимание, если возникла необходимость сделать комплимент мужчине? Какие комплименты делаются мужчине?
8. Зачем нужно правильно использовать формы русского речевого этикета?

61. *Прослушайте диалоги. Скажите, какие комплименты были сделаны и почему?*

🗣 *ГОВОРЕНИЕ*

62. *Сделайте комплименты этим людям.*

1) У Нади красивые глаза.
2) У Саши лёгкий характер.
3) Вера модно одевается.

4) Иван Петрович хороший специалист.
5) С Колей всегда интересно разговаривать.
6) С Леной вы не виделись много лет.

ПРОВЕРЬТЕ СЕБЯ!

☑ КОНТРОЛЬНАЯ РАБОТА ПО ЛЕКСИКЕ

1. *Вместо точек употребите слова* **кто-то**, **кто-нибудь**, **кое-кто**.

1) ... звонил мне, но я не успел подойти к телефону. 2) Телефон звонит уже пять минут, может, ... возьмёт трубку. 3) ... прожил в Москве уже год, а не был ещё в центре города.

2. *Замените выделенные словосочетания близкими по значению.*

1) Таня и Андрей **разошлись**. 2) Вчера у моей мамы в гостях была **дочь её родной сестры**. 3) У меня есть **папа и мама**. 4) Аня — **жена Саши**. 5) Коля — **муж Юли**.

3. *Найдите синонимы к данным словосочетаниям.*

1. маленький рост
2. открытый взгляд
3. прекрасный человек
4. весёлый ребёнок

а) прямой
б) радостный
в) небольшой
г) очень хороший

4. *Найдите антонимы к прилагательным.*

1
1. высокий лоб
2. добрый ребёнок
3. умный человек
4. длинный нос

а) злой
б) низкий
в) короткий
г) глупый

2
1. худая шея
2. грустная улыбка
3. ленивая девочка
4. молодая женщина

а) старая
б) трудолюбивая
в) весёлая
г) полная

3
1. густые волосы
2. тёмные волосы
3. яркие губы
4. толстые губы

а) светлые
б) бледные
в) тонкие
г) редкие

4
1. хороший специалист
2. серьёзный человек
3. смелый мальчик
4. дорогой костюм

а) легкомысленный
б) дешёвый
в) плохой
г) трусливый

☒ КОНТРОЛЬНАЯ РАБОТА ПО ГРАММАТИКЕ

1. *Вместо точек употребите слова в скобках в нужной форме.*

1) В семье наших ... (соседи) три сына. 2) Моих ... (сёстры) нет дома. 3) С ... (братья) она давно не виделась. 4) У него четверо ... (дети). 5) Он регулярно пишет письма своим ... (родители). 6) С исключительной ... (добросовестность) он подошёл к выполнению этой работы. 7) У нас в классе учится 30 ... (человек): 8 ... (мальчик) и 22 ... (девочка). 8) Ей больше ... (31 год). 9) Ему почти ... (50 лет). 10) Ему около .. (45 лет). 11) Они остались довольны ... (друг друга).

2. *Вместо точек употребите наречия, существительные или прилагательные в нужной форме, образовав их от данных в скобках слов.*

1) Это была ... девушка. Она была ... всех своих подруг. Но сегодня она была особенно ... (красивый). 2) Ты сегодня уж очень ... . Нельзя быть таким ... . Не смотри на меня так ... (строгий). 3) Она так ... ко мне. ... — главная черта её характера. Она ... в мире человек (добрый). 4) Мой брат ... меня. Я знаю, что женщины почему-то любят ... мужчин (высокий).

🔖 КОНТРОЛЬНАЯ РАБОТА ПО ЧТЕНИЮ

1. *Прочитайте текст. Напишите ответы на данные после текста вопросы.*

ЖЕНЩИНА И БИЗНЕС

(интервью с Александрой Чеботарёвой, генеральным директором фирмы «Русская мода»)

— Что вы вкладываете в понятие «деловая женщина»?

— Прежде всего профессионализм и умение руководить людьми, ориентироваться в сегодняшней экономической ситуации.

— Всё это требует специального образования?

— Необязательно. По образованию я преподаватель русского языка, окончила Московский педагогический институт им. Н.К. Крупской, так что с самого начала была далека от моего сегодняшнего дела. Однако за восемь лет работы в фирме пришлось многому научиться. Было трудно, но что поделаешь...

— В большинстве случаев бизнесом занимаются мужчины. Как складывались ваши отношения с представителями сильного пола?

— Ну, сначала они, конечно, сомневаются относительно моих деловых качеств. Потом, когда увидят, с какой ответственностью и добросовестностью я отношусь к своему делу, их сомнения исчезают. Возникает доверие к партнёру, уверенность в том, что я не подведу.

— Насколько мне известно, у вас есть семья. Как вам удаётся совместить и бизнес, и семейные обязанности?

— Одно другому не мешает. Тем более что у меня уже взрослые дети... Старший сын по специальности экономист. Младший — студент технологического института. Кроме того, наша фирма семейная: мой муж и старший сын работают вместе со мной. Поначалу работать с мужем было сложно — всё равно что второй раз выйти замуж. Работа — это не дом. Я эмоциональна, а муж очень спокойный, но в то же время требовательный человек. Старший сын энергичен, но ему ещё не хватает внимания и уверенности в правильности принимаемых им решений.

— Ну что же, мне остаётся только поблагодарить вас за интервью и пожелать дальнейших успехов.

Вопросы к тексту:

1. Какой женщиной считает себя Александра Чеботарёва?
2. У Александры Чеботарёвой высшее или среднее образование?
3. Что ценят в ней партнёры по бизнесу?
4. Каково семейное положение Александры Чеботарёвой?

КОНТРОЛЬНАЯ РАБОТА ПО АУДИРОВАНИЮ

1. *Прослушайте диалог. Ответьте на вопрос: «Кто приходил к Тане?»*

КОНТРОЛЬНАЯ РАБОТА ПО ГОВОРЕНИЮ

1. Опишите внешность, характер, одежду этого человека. Сделайте ему три комплимента.

ГРАММАТИЧЕСКИЙ КОММЕНТАРИЙ

1. Падежи

1.1. Падежи имён существительных, прилагательных, числительных и местоимений

Падеж	Условное обозначение	Падежный вопрос		
		Существительные	Прилагательные	
			Мужской и средний род	Женский род
Именительный	**и.п.**	*кто? что?*	*какой? какое?*	*какая?*
Родительный	**р.п.**	*кого? чего?*	*какого?*	*какой?*
Дательный	**д.п.**	*кому? чему?*	*какому?*	*какой?*
Винительный	**в.п.**	*кого? что?*	*какого? какой? какое?*	*какую?*
Творительный	**т.п.**	*кем? чем?*	*каким?*	*какой?*
Предложный	**п.п.**	*о ком? о чём?*	*о каком?*	*о какой?*

ИМЯ СУЩЕСТВИТЕЛЬНОЕ

2. Род и число имён существительных

2.1. Род имён существительных

Мужской род		Средний род		Женский род	
Окончание	Пример	Окончание	Пример	Окончание	Пример
нулевое	мальчик стол	**-о** **-е**	письмо море	**-а** **-я**	сестра семья
Слова, обозначающие лиц мужского пола: папа, мужчина ...				*Слова с нулевым окончанием: вещь, дверь ...*	

2.2. Число имён существительных

Род	Единственное число	Множественное число		
		Окончание	Пример	ИСКЛЮЧЕНИЯ
мужской	стол мальчик рабочий	**-ы** **-и** **-ие**	столы мальчики рабочие	брат — братья муж — мужья глаз — глаза номер — номера город — города поезд — поезда друг — друзья сын — сыновья дом — дома свитер — свитера крестьянин — крестьяне
средний	письмо море	**-а** **-я**	письма моря	*Не имеют формы мн. ч. слова:* купе, пальто, радио, метро
женский	сестра семья рабочая	**-ы** **-и** **-ие**	сёстры семьи рабочие	дочь — дочери мать — матери

3. Склонение имён существительных

3.1. Именительный падеж имён существительных единственного и множественного числа

		Ед. ч.	Мн. ч.	Ед. ч.	Мн. ч.	Ед. ч.	Мн. ч.
		Мужской род		Средний род		Женский род	
Основа:	твёрдая	стол	-ы	письмо	-а	сестра	-ы
	мягкая	портфель	-и	море	-я	неделя	-и
		—	—	—	—	вещь	-и
На -ье, -ья		—	—	воскресенье	-я	семья	-и
На гл.+j, -ий, -ие, -ия		трамвай санаторий	-и -ии	здание	-ия	фамилия	-ии

3.2. Родительный падеж имён существительных

3.2.1. Родительный падеж имён существительных единственного числа

		Мужской род		Средний род		Женский род	
		и.п.	р.п.	и.п.	р.п.	и.п.	р.п.
Основа:	твёрдая	стол	-а	письмо	-а	сестра	-ы
	мягкая	портфель	-я	море	-я	неделя	-и
		—	—	—	—	вещь	-и
На -ье, -ья		—	—	воскресенье	-я	семья	-и
На гл.+j, -ий, -ие, -ия		трамвай санаторий	-я -ия	здание	-ия	фамилия	-ии

3.2.2. Родительный падеж имён существительных множественного числа

		Мужской род		Средний род		Женский род	
		и.п. (ед.ч.)	р.п. (мн.ч.)	и.п. (ед.ч.)	р.п. (мн.ч.)	и.п. (ед.ч.)	р.п. (мн.ч.)
Основа:	твёрдая	стол	-ов	слово	слов	женщина	женщин
	мягкая	портфель	-ей	море	-ей	неделя	недель
	на ш, ж, ч, щ	врач	-ей	—	—	вещь	-ей
На -ья		—	—	—	—	семья	-ей
На гл.+j, -ий, -ие, -ия		трамвай санаторий	-ев	здание	-ий	фамилия	-ий

3.3. Дательный падеж имён существительных единственного и множественного числа

	Единственное число						Множественное число
	Мужской род		Средний род		Женский род		
	и.п.	д.п.	и.п.	д.п.	и.п.	д.п.	д.п.
Основа: твёрдая	стол	-у	письмо	-у	сестра	-е	-ам
мягкая	портфель	-ю	море	-ю	неделя	-е	-ям
	—	—	—		вещь	-и	-ам
На -ье, -ья	—	—	воскресенье	-ю	семья	-е	-ям
На гл.+j,-ий, -ие, -ия	трамвай санаторий	-ю -ию	здание	-ию	фамилия	-ии	-иям

3.4. Винительный падеж имён существительных

3.4.1. Винительный падеж имён существительных женского рода единственного числа

		и.п.	в.п.
Основа: твёрдая		сестра	-у
мягкая		неделя	-ю
		вещь	=и.п.
На -ья		семья	-ю
На -ия		фамилия	-ию

3.4.2. Совпадения окончаний

Род	Единственное число		Множественное число	
	Неодушевлённое сущ. в.п. = и.п.	Одушевлённое сущ. в.п. = р.п.	Неодушевлённое сущ. в.п. = и.п.	Одушевлённое сущ. в.п. = р.п.
мужской	стол портфель	мальчика коня	столы портфели	мальчиков коней
средний	письмо море	—	письма моря	—
женский	—	—	газеты книги	женщин нянь

3.5. Творительный падеж имён существительных единственного и множественного числа

	Единственное число						Множественное число
	Мужской род		Средний род		Женский род		
	и.п.	т.п.	и.п.	т.п.	и.п.	т.п.	т.п
Основа: твёрдая	стол	-ом	письмо	-ом	сестра	-ой	-ами
мягкая	портфель	-ем	море	-ем	неделя	-ей	-ями
	—	—	—		вещь	-ю	-ами
На -ье, -ья	—	—	воскресенье	-ем	семья	-ёй	-ями
На гл.+j, -ий, -ие, -ия	трамвай санаторий	-ем -ием	здание	-ием	фамилия	-ией	-ями

3.6. Предложный падеж имён существительных

3.6.1. Предложный падеж имён существительных единственного и множественного числа

Основа	Единственное число						Множественное число
	Мужской род		Средний род		Женский род		
	и.п.	**п.п.**	и.п.	**п.п.**	и.п.	**п.п.**	**п.п**
Основа: твёрдая	стол	**-е**	письмо	**-е**	сестра	**-е**	**-ах**
мягкая	портфель	**-е**	море	**-е**	неделя	**-е**	**-ях**
	—	—	—	—	вещь	**-и**	**-ах**
На -ье, -ья	—	—	воскресенье	**-е**	семья	**-е**	**-ях**
На гл. +j, -ий, -ие, -ия	трамвай санаторий	**-е** **-ии**	здание	**-ии**	фамилия	**-ии**	**-ях** **-иях**

3.6.2. Имена существительные, имеющие в предложном падеже окончание -у

и.п.	**п.п.**	и.п.	**п.п.**	и.п.	**п.п.**
аэропорт лес порт пруд угол	в аэропорту в лесу в порту в пруду в углу	берег ветер луг мост пол	на берегу на ветру на лугу на мосту на полу	снег шкаф	в (на) снегу в (на) шкафу

3.7. Склонение разносклоняемых существительных ИМЯ, ВРЕМЯ

и.п.	р.п.	д.п.	в.п.	т.п.	п.п.
имя	имени	имени	имя	именем	об имени
время	времени	времени	время	временем	о времени

3.8. Трудные случаи склонения имён существительных

Единственное число	Множественное число					
и.п.	и.п.	р.п.	д.п.	в.п.	т.п.	п.п.
брат	братья	братьев	братьям		братьями	о братьях
дочь	дочери	дочерей	дочерям		дочерями	о дочерях
друг	друзья	друзей	друзьям		друзьями	о друзьях
жена	жёны	жён	жёнам		жёнами	о жёнах
мать	матери	матерей	матерям		матерями	о матерях
муж	мужья	мужей	мужьям	= р. п.	мужьями	о мужьях
отец	отцы	отцов	отцам		отцами	об отцах
ребёнок	дети	детей	детям		детьми	о детях
—	родители	родителей	родителям		родителями	о родителях
сестра	сёстры	сестёр	сёстрам		сёстрами	о сёстрах
сосед	соседи	соседей	соседям		соседями	о соседях
сын	сыновья	сыновей	сыновьям		сыновьями	о сыновьях
человек	люди	людей	людям		людьми	о людях

4. Склонение имён и фамилий

4.1. Склонение фамилий (в единственном числе)

Падеж	Мужской род					Женский род		
	Фамилии на:					Фамилии на:		
	-ов, -ин	-ой, -ский		нулевое окончание		-ова, -ина, -ая, -ская		нулевое окончание
и.п.	Попов	Толстой	Введенский	Мицкевич	Блок	Попова	Введенская	Блок
р.п.	-а	-ого		-а		-ой		—
д.п.	-у	-ому		-у		-ой		—
в.п.	-а	-ого		-а		-у	-ую	—
т.п.	-ым	-ым	-им	-ем	-ом	-ой		—
п.п.	-е	-ом		-е		-ой		—

4.2. Склонение имён (в единственном числе)

Падеж	Мужской род			Женский род		
	Имена на:			Имена на:		
	-ий	-ей	нулевое окончание	-а	-я	-ия
и.п.	Василий	Андрей	Иван	Анна	Софья	София
р.п.	-я	-я	-а	-ы	-и	-и
д.п.	-ю	-ю	-у	-е	-е	-и
в.п.	-я	-я	-а	-у	-ю	-ю
т.п.	-ем	-ем	-ом	-ой	-ей	-ей
п.п.	-ии	-е	-е	-е	-е	-ии

4.3. Склонение отчеств (в единственном числе)

Падеж	Мужской род	Женский род
	Отчества на -ович, -евич	Отчества на -овна, -евна
и.п.	Иванович	Ивановна
р.п.	-а	-ы
д.п.	-у	-е
в.п.	-а	-у
т.п.	-ем	-ой
п.п.	-е	-е

ИМЯ ПРИЛАГАТЕЛЬНОЕ

5. Род и число имён прилагательных

Единственное число						Множественное число	
Мужской род		Средний род		Женский род			
Слово	Окончание	Слово	Окончание	Слово	Окончание	Слово	Окончание
молодой новый горячий	**-ой** **-ый** **-ий**	молодое новое горячее	**-ое** **-ое** **-ее**	молодая новая горячая	**-ая**	молодые новые горячие	**-ые** **-ые** **-ие**

6. Склонение имён прилагательных

6.1. Именительный падеж имён прилагательных единственного и множественного числа

Основа	Единственное число			Множественное число
	Мужской род	Средний род	Женский род	
твёрдая	интересный	интересное	интересная	интересные
мягкая	синий	синее	синяя	синие
на **г, к, х**	маленький	маленькое	маленькая	маленькие
безударная на **ш, щ, ч**	большой	большое	большая	большие
ударная на **ш, щ, ч**	горячий	горячее	горячая	горячие

6.2. Родительный падеж имён прилагательных единственного и множественного числа

Основа	Единственное число						Множественное число
	Мужской род		Средний род		Женский род		
	и.п.	р.п.	и.п.	р.п.	и.п.	р.п.	р.п
твёрдая	интересный	**-ого**	интересное	**-ого**	интересная	**-ой**	**-ых**
мягкая	синий	**-его**	синее	**-его**	синяя	**-ей**	**-их**
на **г, к, х**	маленький	**-ого**	маленькое	**-ого**	маленькая	**-ой**	**-их**
безударная на **ш, щ, ч**	большой	**-ого**	большое	**-ого**	большая	**-ой**	**-их**
ударная на **ш, щ, ч**	горячий	**-его**	горячее	**-его**	горячая	**-ей**	**-их**

6.3. Дательный падеж имён прилагательных единственного и множественного числа

Основа	Единственное число						Множественное число
	Мужской род		Средний род		Женский род		
	и.п.	д.п.	и.п.	д.п.	и.п.	д.п.	д.п.
твёрдая	интересный	-ому	интересное	-ому	интересная	-ой	-ым
мягкая	синий	-ему	синее	-ему	синяя	-ей	-им
на г, к, х	маленький	-ому	маленькое	-ому	маленькая	-ой	-им
безударная на ш, щ, ч	большой	-ому	большое	-ому	большая	-ой	-им
ударная на ш, щ, ч	горячий	-ему	горячее	-ему	горячая	-ей	-им

6.4. Винительный падеж имён прилагательных

6.4.1. Винительный падеж имён прилагательных женского рода единственного числа

Основа	и.п.	в.п.
твёрдая	интересная	-ую
мягкая	синяя	-юю
на г, к, х	маленькая	-ую
безударная на ш, щ, ч	большая	-ую
ударная на ш, щ, ч	горячая	-ую

6.4.2. Совпадения окончаний

Род	Единственное число				Множественное число			
	С неодушевлённым сущ. в.п. = и.п.		С одушевлённым сущ. в.п. = р.п.		С неодушевлённым сущ. в.п. = и.п.		С одушевлённым сущ. в.п. = р.п.	
мужской	красивый хороший	стол	красивого хорошего	мальчика	красивые хорошие	столы	красивых хороших	мальчиков
средний	красивое синее	море	—		красивые синие	моря	—	
женский	—		—		красивые хорошие	книги	красивых хороших	женщин

6.5. Творительный падеж имён прилагательных единственного и множественного числа

Основа	Единственное число						Множественное число
	Мужской род		Средний род		Женский род		
	и.п.	т.п.	и.п.	т.п.	и.п.	т.п.	т.п
твёрдая	интересный	-ым	интересное	-ым	интересная	-ой	-ыми
мягкая	синий	-им	синее	-им	синяя	-ей	-ими
на г, к, х	маленький	-им	маленькое	-им	маленькая	-ой	-ими
безударная на ш, щ ,ч	большой	-им	большое	-им	большая	-ой	-ими
ударная на ш, щ, ч	горячий	-им	горячее	-им	горячая	-ей	-ими

6.6. Предложный падеж имён прилагательных единственного и множественного числа

Основа	Единственное число						Множественное число
	Мужской род		Средний род		Женский род		
	и.п.	п.п.	и.п.	п.п.	и.п.	п.п.	п.п
твёрдая	интересный	-ом	интересное	-ом	интересная	-ой	-ых
мягкая	синий	-ем	синее	-ем	синяя	-ей	-их
на г, к, х	маленький	-ом	маленькое	-ом	маленькая	-ой	-их
безударная на ш, щ, ч	большой	-ом	большое	-ом	большая	-ой	-их
ударная на ш, щ, ч	горячий	-ем	горячее	-ем	горячая	-ей	-их

7. Степени сравнения имён прилагательных

7.1. Образование сравнительной степени имён прилагательных и наречий

Основа на г, к, х +суффикс -е: дорогой – дороже		Основа на согласный +суффикс -ее: красивый – красивее
ЧЕРЕДОВАНИЯ	ИСКЛЮЧЕНИЯ	ИСКЛЮЧЕНИЯ
г/ж дорогой – дороже дк/ж гладкий – глаже зк/ж узкий – уже к/ч лёгкий – легче х/ш тихий – тише	высокий — выше глубокий — глубже далёкий — дальше долгий — дольше маленький — меньше короткий — короче сладкий — слаще тонкий — тоньше широкий — шире	богатый — богаче большой — больше густой — гуще дешёвый — дешевле крутой — круче молодой — моложе плохой — хуже простой — проще старый — старше толстый — толще твёрдый — твёрже хороший — лучше частый — чаще чистый — чище

7.2. Образование превосходной степени имён прилагательных

1-й способ	2-й способ	3-й способ (суффиксальный)	
самый, наиболее + прилагательное	сравнительная степень + всех, всего	основа на согласный + суффикс -ейш-	основа на г, к, х + суффикс -айш-
			ЧЕРЕДОВАНИЯ
самый красивый	красивее всех красивее всего	красивейший	г/ж строгий — строжайший к/ч высокий — высочайший х/ш тихий — тишайший

8. Краткая форма имён прилагательных

Перед конечным согласным основы – гласный	Основа оканчивается на **к**, перед **к** – твёрдый согласный	Основа оканчивается на **н**; основа оканчивается на **к**, перед **к** – мягкий согласный или **й**
молодой — молод (молода, молодо, молоды)	близкий — близОк (близка, близко, близки)	чёрный — чёрЕн (черна, черно, черны) стойкий — стоЕк (стойка, стойко, стойки)
ИСКЛЮЧЕНИЯ		
большой — велик добрый — добр злой — зол	маленький — мал ограниченный — ограничен подлый — подл	самоотверженный — самоотвержен светлый — светел хитрый — хитёр

ИМЯ ЧИСЛИТЕЛЬНОЕ

9. Склонение имён числительных

9.1. Склонение количественных числительных

А

Падеж	1			2		3	4
	Мужской род	Средний род	Женский род	Мужской род	Женский род		
и.п.	один	одно	одна	два	две	три	четыре
р.п.	одного		одной	двух		трёх	четырёх
д. п.	одному		одной	двум		трём	четырём
в.п.	одного, один, одно		одну	двух, два, две		трёх, три	четырёх, четыре
т.п.	одним		одной	двумя		тремя	четырьмя
п.п.	об одном		об одной	о двух		о трёх	о четырёх

Б

Падеж	5, 6, 7, 9, 10, 11, 12, 13, 14, 15, 16, 17, 18, 19, 20, 30	50, 60, 70	8	80
и.п., в.п.	пять, десять	пятьдесят	восемь	восемьдесят
р.п., д.п., п.п.	пяти, десяти	пятидесяти	восьми	восьмидесяти
т.п.	пятью, десятью	пятьюдесятью	восемью	восемьюдесятью

В

Падеж	40, 90, 100	150
и.п., в.п.	сорок, девяносто, сто	полтораста
р.п., д.п., т.п., п.п.	сорока, девяноста, ста	полутораста

Г

Падеж	200	300	400	500-700, 900	800
и.п., в.п.	двести	триста	четыреста	пятьсот	восемьсот
р.п.	двухсот	трёхсот	четырёхсот	пятисот	восьмисот
д.п.	двумстам	трёмстам	четырёмстам	пятистам	восьмистам
т.п.	двумястами	тремястами	четырьмястами	пятьюстами	восемьюстами
п.п.	о двухстах	о трёхстах	о четырёхстах	о пятистах	о восьмистах

9.2. Согласование существительных с числительными в именительном и родительном падежах

1, 21, 31, 41, 51 ...	+ и. п. единственного числа	сорок один стол
2, 22, 32, 42, 52 ... **3**, 23, 33, 43, 53 ... **4**, 24, 34, 44, 54 ...	+ р. п. единственного числа	сорок два стола
0, 5, 6, 7, 8 ... **11**, 12, 13, 14, 15 ... **20**, 25, 26, 27, 28 ... **много, мало, немного** **несколько, сколько**	+ р. п. множественного числа	сорок пять столов

9.3 Согласование существительных с числительными в родительном, дательном, творительном и предложном падежах

ЗАПОМНИТЕ!

1. Существительное имеет тот же падеж, что и числительное!

более <u>сорока</u> <u>миллионов</u> рублей

    р.п.   р.п.

2. При склонении изменяются все части числительных.

и.п.	пятьсот девяносто один		в.п.	пятьсот девяносто один
р.п.	пятисот девяноста одного		т.п.	пятьюстами девяноста одним
д.п.	пятистам девяноста одному		п.п.	о пятистах девяноста одном

9.4. Трудные случаи согласования числительных с существительными

Числительные	Слова			
1, 21, 31, 41, 51...	человек	ребёнок	год	раз
2, 22, 32, 42, 52... **3**, 23, 33, 43, 53... **4**, 24, 34, 44, 54...	человека	ребёнка	года	раза
0, 5, 6, 7, 8... **11**, 12 ,13 ,14, 15... **20**, 25, 26, 27, 28... **несколько, сколько**	человек	детей	лет	раз
много, мало, немного	людей	детей	лет	раз

10. Образование и склонение порядковых числительных

10.1. Образование порядковых числительных

Числи-тельные	-ый	Числи-тельные	-ой	Числи-тельные	-ий
1	первый	2	второй	3	третий
4	четвёртый	6	шестой		
5	пятый	7	седьмой		
9	девятый	8	восьмой		
10–20, 30	десятый, двадцатый, тридцатый	40	сороковой		
50, 60, 70, 80	пятидесятый, шестидесятый, семидесятый, восьмидесятый				
90	девяностый				
100	сотый				
1000	тысячный				

10.2. Склонение порядковых числительных в единственном и множественном числе

ЗАПОМНИТЕ!
Порядковые числительные склоняются так же, как и имена прилагательные.

Падеж	Единственное число			Множественное число
	Мужской род	Средний род	Женский род	
и.п.	первый третий	первое третье	первая третья	первые третьи
р.п.	первого третьего	первого третьего	первой третьей	первых третьих
д.п.	первому третьему	первому третьему	первой третьей	первым третьим
в.п.	первого третьего первый ... третий	первое третье	первую третью	первых третьих первые третьи
т.п.	первым третьим	первым третьим	первой третьей	первыми третьими
п.п.	о первом о третьем	о первом о третьем	о первой о третьей	о первых о третьих

11. Собирательные числительные

11.1. Согласование собирательных числительных с существительными

ъ

двое, трое, четверо, пятеро, шестеро, семеро | + р.п. множественного числа ⟶ шестеро мальчик**ов**

11.2. Употребление собирательных числительных

ъ

Собирательные числительные употребляются,

если существительное обозначает:

лицо мужского пола	парные предметы	со словами **сутки**, **дети**
↓	↓	↓
двое мужчин	двое очков	двое суток

12. Способы выражения приблизительного количества

Точное количество чего-либо	Приблизительное количество чего-либо		
сорок пять лет	перестановка слов		лет сорок пять
	около больше меньше	+ р.п.	**около** сорока пяти лет
	приблизительно почти	+ и.п.	**почти** сорок пять лет

МЕСТОИМЕНИЕ

13. Склонение местоимений

13.1. Склонение личных местоимений

и.п.	р.п.	д.п.	в.п.	т.п.	п.п.
я	меня	мне	меня	мной	обо мне
ты	тебя	тебе	тебя	тобой	о тебе
он (оно)	его (от него)	ему (к нему)	его (за него)	им (с ним)	о нём
она	её (от неё)	ей (к ней)	её (за неё)	ей (с ней)	о ней
мы	нас	нам	нас	нами	о нас
вы	вас	вам	вас	вами	о вас
они	их (от них)	им (к ним)	их (за них)	ими (с ними)	о них

Падеж	Единственное число			Множественное число
	Мужской род	Средний род	Женский род	
и.п.	мой, твой, свой, наш, ваш	моё, твоё, своё, наше, ваше	моя, твоя, своя, наша, ваша	мои, твои, свои, наши, ваши
р.п.	-его		-ей	-их
д.п.	-ему		-ей	-им
в.п.	= р.п. или = и.п.	= и.п.	-ю (-у)	, =р.п. или и.п.
т.п.	-им		-ей	-ими
п.п.	-ем (-ём)		-ей	-их

ГЛАГОЛ

14. Времена глагола

14.1. Образование прошедшего времени

Инфинитив	Единственное число			Множественное число
	Мужской род	Средний род	Женский род	
дела-ть	дела | л | делал	дела | л | о делало	дела | л | а делала	дела | л | и делали

14.2. Образование будущего времени

Число	Сложное будущее время: глагол **быть** + инфинитив		Простое будущее время: совершенный вид глагола
единственное	я **буду** ты **будешь** он (она, оно) **будет**	делать	я сделаю ты сделаешь он (она, оно) сделает
множественное	мы **будем** вы **будете** они **будут**	делать	мы сделаем вы сделаете они сделают

15. Спряжение глаголов

15.1. Личные окончания глаголов в настоящем и будущем времени несовершенного и совершенного вида

Число			I спряжение: глаголы на -ать (-ять), -ть, -оть и др.				II спряжение: глаголы на -ить + смотреть, видеть, ненавидеть, зависеть, дышать, слышать, держать и др.	
			Несовершенный/совершенный вид				Несовершенный/совершенный вид	
			делать/ сделать	на -ать	жить/ пожить	на -ть	строить/ построить	на -ить
единст- венное	я ты	(с)делаю (с)делаешь	-ю (-у) -ешь	(по)живу (по)живёшь	-у (-ю) -ёшь	(по)строю (по)строишь	-ю (-у) -ишь
	он она оно	(с)делает	-ет	(по)живёт	-ёт	(по)строит	-ит
множест- венное	мы вы они	(с)делаем (с)делаете (с)делают	-ем -ете -ют (-ут)	(по)живём (по)живёте (по)живут	-ём -ёте -ут (-ют)	(по)строим (по)строите (по)строят	-им -ите -ят (-ат)

15.2. Особенности спряжения возвратных глаголов

		Несовершенный/совершенный вид		
		Единственное число	Множественное число	
		(по)кататься		
гласный + сь согласный + ся	я ты он (она, оно)	(по)катаюсь (по)катаешься (по)катается	мы вы они	(по)катаемся (по)катаетесь (по)катаются

15.3. Разноспрягаемые глаголы

Число		хотеть	бежать
единственное	я ты он (она, оно)	хочу хочешь хочет	бегу бежишь бежит
множественное	мы вы они	хотим хотите хотят	бежим бежите бегут

15.4. Трудные случаи спряжения глаголов

Число		дать	есть	мочь	висеть (повесить)	класть	лечь	ставить (поставить)
единственное	я ты он	дам дашь даст	ем ешь ест	могу можешь может	— висишь висит	кладу кладёшь кладёт	лягу ляжешь ляжет	ставлю ставишь ставит
множественное	мы вы они	дадим дадите дадут	едим едите едят	можем можете могут	висим висите висят	кладём кладёте кладут	ляжем ляжете лягут	ставим ставите ставят

16. Повелительное наклонение

16.1. Образование повелительного наклонения

Глаголы	Инфинитив	1-е лицо	Конечная буква	Повелительное наклонение Единственное число	Множественное число
с основой на гласную	чита-ть	чита-ю	й	читай	читайте
на -ить	пош-ить	пошью (ь/е)		пошей	пошейте
с корнями -да-, -зна-, -ста- и суффиксом -ва-	да-ва-ть	—		давай	давайте
с основой на согласную, ударное окончание	ид-ти́	иду́	и	иди	идите
на -ну	крик-ну-ть	крикну		крикни	крикните
безударное окончание	быть	бу́ду	ь	будь	будьте

ЗАПОМНИТЕ !

Есть: ешь, ешьте   Ехать: езжай, езжайте

ПРИЧАСТИЕ

17. Образование причастий от глаголов совершенного и несовершенного вида

17.1. Активные и пассивные причастия

Вид глагола, переходность	Инфинитив	Активные причастия Настоящее время	Прошедшее время	Пассивные причастия Настоящее время	Прошедшее время
		Суффиксы			
		-ущ-, -ющ-, -ащ-, -ящ-	-вш-, -ш-	-ем-, -им-	-енн-, -ённ-, -нн-, -т-
НСВ переходный	читать строить	читающий строящий	читавший строивший	читаемый строимый	— —
НСВ непереходный	читаться строиться	читающийся строящийся	читавшийся строившийся	— —	— —
СВ переходный	прочитать построить	— —	прочитавший построивший	— —	прочитанный построенный
СВ непереходный	приехать прийти	— —	приехавший пришедший	— —	— —

17.2. Образование активных причастий настоящего времени

Инфинитив	3-е лицо, множественное число	Суффикс	Причастие
писать	пиш-ут	**-ущ-**	пиш-**ущ**-ий
читать	чита-ют	**-ющ-**	чита-**ющ**-ий
спать	сп-ят	**-ящ-**	сп-**ящ**-ий
слышать	слыш-ат	**-ащ-**	слыш-**ащ**-ий

17.3. Образование активных причастий прошедшего времени

Инфинитив	Основа глагола	Суффикс	Причастие
чита-ть	на гласный	**-вш-**	чита-**вш**-ий
приве́з-ти	на согласный	**-ш-**	привё́з-**ш**-ий

17.4. Образование пассивных причастий настоящего времени

Инфинитив	1-е лицо, множественное число	Суффикс	Причастие
читать	чита-ем	**-ем-**	чита-**ем**-ый
слышать	слыш-им	**-им-**	слыш-**им**-ый

17.5. Образование пассивных причастий прошедшего времени

Инфинитив	Основа глагола	Суффикс	Причастие
прочита-ть	на гласный **-а (-я)**	**-нн-**	прочита-**нн**-ый
привез-ти	на согласный	**-ённ-**	привез-**ённ**-ый
прове́ри-ть	на гласный **-и (-е)**	**-енн-**	провер-**енн**-ый
откры́-ть	на гласные **-ы, -у, -о**	**-т-**	откры-**т**-ый

17.6. Образование краткой формы пассивных причастий

Глагол СВ, переходный	Полное причастие	Краткая форма			
		он	она	оно	они
построить	построен-ный	построен	построена	построено	построены
сделать	сделан-ный	сделан	сделана	сделано	сделаны
открыть	открыт-ый	открыт	открыта	открыто	открыты

ЧАСТИЦЫ

18. Частицы КОЕ-, ТО-, НИБУДЬ-

кое-	-то	-нибудь
Говорящий имеет информацию, но пока не называет её конкретно.	Говорящий не имеет информации о том, кто, когда или где совершает действие.	Действие направлено на любой объект из ряда однородных.
*Сейчас вы узнаете **кое-что** интересное.*	***Кто-то** стучит в дверь. Не знаю, кто это может быть.*	*Мне надо с **кем-нибудь** посоветоваться.*
Действие охватывает часть однородных объектов.	В вопросительных предложениях всегда употребляется частица **-нибудь**.	
*Я **кое-что** слышал об Иване.*		

ВЫРАЖЕНИЕ ПРОСТРАНСТВЕННЫХ ОТНОШЕНИЙ С ПОМОЩЬЮ ПРЕДЛОГОВ

19. Употребление предлогов В и НА для обозначения местонахождения лица, объекта

в + предложный падеж		на + предложный падеж	
страна, государство, республика	в Китае	остров, полуостров	на Тайване
город, деревня, переулок	в Пекине	улица, проспект, площадь, бульвар	на улице
учреждение	в институте	факультет, отделение, курс	на пятом курсе
дом, подъезд	в большом доме	этаж	на первом этаже
ЗАПОМНИТЕ!			
на заводе	**на** фабрике	**на** концерте	**на** выставке

20. Употребление предлогов для характеристики местоположения кого-либо или чего-либо в пространстве

Родительный падеж		Творительный падеж		Предложный падеж
у недалеко далеко близко слева справа	от	между над под	перед за рядом с	в на

ВЫРАЖЕНИЕ ВРЕМЕННЫХ ОТНОШЕНИЙ

21. Выражение временных отношений с помощью предлогов

Указывает на временной предел действия	до + р.п.	До пятницы я не смогу пойти с тобой в кино.
Указывает на временной промежуток	с + р.п. ... до + р.п. с + р.п. ... по + в.п.	С понедельника до вторника я занят. С понедельника по вторник я занят.
Указывает на то, сколько времени пройдёт до того, как произойдёт событие	за +в.п. ... до +р.п.	Я пришёл в институт за пять минут до начала занятий.
Указывает на событие, вслед за которым совершается действие	после + р.п.	После занятий в институте я иду домой.
Указывает на временной интервал, вслед за которым совершается действие	через + в.п.	Через месяц у меня каникулы.
Указывает на то, сколько времени прошло после того, как произошло событие	через + в.п. после + р.п.	Я пришёл домой через час после обеда.
Указывает на время действия	в + п.п. в + в.п.	В июне у нас экзамены. В среду у нас экзамен.
Обозначает срок, на который распространилось или будет распространяться действие	на + в.п.	Я оформил регистрацию на один год.
Указывает на то, что событие происходит в определённый интервал времени	в течение + р.п.	В течение недели я болел.
Указывает на то, что одно событие происходит в период другого события	во время + р.п.	Во время каникул я встретил друга.
Обозначает период, в течение которого действие совершилось или совершится	за + в.п.	Я решил задачу за пять минут.

СЛОЖНЫЕ ПРЕДЛОЖЕНИЯ

22. Виды сложных предложений

Значение	Союзы	Пример
Цель	**чтобы**	Он пошёл в магазин, **чтобы** купить хлеб.
Время	**пока** **после того как** **как только** (союз подчёркивает быструю смену событий) **когда** **до того как**	**Пока** я был в институте, он ходил в магазин. **После того как (как только/когда)** я пришёл из института, я пошёл в магазин. **До того как** я пошёл в институт, я сходил в магазин.

Условие:
   реальное
   ирреальное
	если ... , (то)
	если бы ... , (то)
		Если у меня будут болеть глаза, я пойду к врачу.
		Если бы у меня болели глаза, я бы пошёл к врачу.

Уступка: одно действие противоречит другому	**хотя** **несмотря на то что**	**Хотя (несмотря на то что)** я был болен, я пошёл в институт.
Причина	**потому что** **так как**	Я не пошёл в институт, **потому что (так как)** был болен.
Следствие	**поэтому**	Я был болен, **поэтому** не пошёл в институт.

23. Косвенная речь

Тип предложения	Прямая речь	Средство связи	Косвенная речь
Повествовательное	Саша сказал: «Я иду в институт».	**что**	Саша сказал, **что** он идёт в институт.
Побудительное	Саша сказал: «Купи хлеб!»	**чтобы**	Саша сказал, **чтобы** я купил хлеб.
Вопросительное (с вопросительным словом)	Саша спросил: «Кто читал эту книгу?»	**вопросительное слово**	Саша спросил, **кто** читал эту книгу.
Вопросительное (без вопросительного слова)	Саша спросил: «Ты читал эту книгу?»	**ли**	Саша спросил, читал **ли** я эту книгу.